Europa wächst zusammen, die europäischen Nachbarn kommen sich näher, und der Wunsch, sich besser kennenzulernen, nimmt zu.

Erst wenn die Menschen in Europa sich bewußt sind, daß sie nur gemeinsam ein Europa in Frieden und Freiheit schaffen können, wird die europäische Einigung mit Leben erfüllt werden und Bestand vor den Herausforderungen der Zukunft haben. Jean Monnet, einer der Gründerväter der Europäischen Gemeinschaft, hat dies so formuliert: „Wir koalieren nicht Staaten, wir vereinigen Menschen".

Der Reichtum Europas ist die kulturelle Vielfalt der einzelnen Nationen und ihre im Laufe von Jahrhunderten entstandenen Besonderheiten. Das Feiern von Festen, die durch die verschiedenen Landschaften geprägt und von den dort lebenden Menschen in ihrer jeweils spezifischen Art gestaltet wurden, bringt die kulturelle Vielfalt in besonderer Weise zum Ausdruck.

Wir alle freuen uns bei Besuchen in unseren Nachbarländern, an deren Traditionen teilnehmen zu können – sei es bei offiziellen Anlässen oder bei Freunden privat.

Wenn dieses Buch über das Festefeiern in den Ländern der Europäischen Union durch die Darstellung der verschiedenen landestypischen Festkulturen uns die Kultur der Nachbarn mehr erschließt, dann hat es einen wichtigen Zweck erfüllt.

Ich wünsche Ihnen viel Vergnügen beim Lesen und natürlich beim Feiern.

Dr. Georg Jarzembowski, MdEP

Feste feiern in Europa

Edition Europa

Dieses Buch wurde im Auftrag der Deutschen Abgeordneten der EVP-Fraktion
im Europäischen Parlament produziert.

ISBN 3-931773-05-1

Konzept und Realisation — Ulrich Kuhn-Hein
Redaktion — Petra Holzmann, Dr. Stefan Tholl
Fotografien — Abbildungsnachweis im Anhang
Layout, Satz und Litho — DinGs. GmbH, St. Ingbert-Oberwürzbach

Printed in Germany

Titelbild — Karwoche in Calandra (Teruel), Spanien
Fotograf: Dr. Rolf Neuhaus

Zum Inhalt

Europa bringt uns zusammen

Zusammen sind wir Europa

Als die Idee an mich herangetragen wurde, ein Buch über die Festkultur der einzelnen Nationen der Europäischen Union zu erstellen, erschien mir die Aufgabe reizvoll und zugleich nicht unmöglich. Zwar ließen sich bei relativ kurzer Bearbeitungszeit und dem erwarteten Umfang des Projektes gewisse Schwierigkeiten von vornherein prognostizieren, aber auf der anderen Seite war die Aufgabe vor allem interessant und erst in zweiter Linie schwierig.

Als die ersten Recherchen begonnen hatten, die ersten Autoren gefunden und mit zunehmender Beschäftigung mit dem Projekt die Tiefe des Themas ausgelotet war, wurde der eigens konstituierten Fachredaktion und mir klar, daß dieses stark volkskundlich zu behandelnde Thema sich in vielen Bereichen nur von äußerst kompetenten und berufenen Spezialisten angemessen ergründen läßt. Zwar war kein wissenschaftliches Werk geplant, und es standen für jedes Land nur zwölf Seiten insgesamt zur Verfügung, aber die Aussage über die eigentlich eher locker gestellte Frage „Wie feiern die Europäer ihre Feste?“ ließ sich nur durch intensives Quellenstudium und ständiges Vergleichen der Autorenaussagen mit den üblicherweise akzeptierten Meinungen zu diesem Thema darstellen.

Die Redaktion für dieses Projekt, unter anderem besetzt mit Petra Holzmann und Dr. Stefan Tholl, beide Kunsthistoriker, hatte glücklicherweise den Vorteil, daß in einigen Ländern selbst für diese verkürzte und verallgemeinerte Form der Darstellung Kapazitäten gewonnen werden konnten, die in diesem Bereich de facto die Lehrmeinung repräsentieren. So kann ich nach ständiger Überprüfung und Abstimmung mit Sicherheit davon ausgehen, bei allen 15 dargestellten Ländern fundierte Erkenntnisse über Herkunft vieler Feste, bis heute erhaltene Traditionen und Einblicke in die Festkulturen der einzelnen Nationen zu präsentieren.

Die Unterschiedlichkeit der Autorencharaktere wirkt sich genauso auf den Stil der Länderkapitel aus wie auf ihre Art, dieses Thema anzugehen und verschiedene Schwerpunkte zu setzen. Doch gerade diese Mixtur verschiedener Stile, unterschiedlich kritischer Beschreibungsebenen oder einfach nur der uneingeschränkt begeisterten Anhängerschaft für ein Land spiegelt die Mischung, die Europa im lauttönenden Zusammenklang der verschiedenen nationalen Melodien als Gesamterscheinung – vor allem für Nichteuropäer – so interessant werden läßt.

Es zeigten sich in der Entwicklung des Themas eine solche Vielfältigkeit an Festen und interessanterweise auch diverse unterschiedliche Auffassungen, welchen Stellenwert das Feiern innerhalb des restlichen Lebens in Gesellschaft und Familie einzunehmen im Stande ist, wie man es kaum hatte erwarten können. So ist man teilweise überrascht von der Intensität, mit der auch heute noch vor allem in den mediterranen Ländern religiöse Festlichkeiten, ob Prozessionen mit Selbstgeißelung oder überschwenglich gelebte Feiertagsbräuche, begangen werden. Man erfährt vom jahrhundertelangen gegenseitigen Einfluß der Kulturen aufeinander auch beim Feste feiern – denn wer in ein anderes Land geht, nimmt meistens seine Festtagsbräuche mit und läßt, bleibt er nur mit einer ausreichenden Zahl von Landsleuten eine ausreichende Anzahl von Jahren, zumindest Spuren der angenehmen Seite seiner Fremdheit, nämlich seine Art Feste zu feiern, im Gastland.

Mit dem Herausgeber einig in ihrer Einschätzung sind sich allerdings die meisten Autoren, daß durch die ständig wachsende Weltherrschaft der immer mehr vernetzten TV-Angebote und die weltweiten Kommunikationsmöglichkeiten die traditionellen Formen insgesamt abnehmen werden. Zum Teil werden sie quasi als indentitätsstiftende Maßnahmen von den einzelnen Regionen wieder gefördert, zum Teil verblassen sie aber mangels Teilnahme jüngerer Generationen vollkommen, oder sie erhalten sich auf wundersame Weise ganz von selbst genug Anhänger, ohne daß irgendwie nachgeholfen wurde.

Nach meiner Auffassung, erst recht nach der Erfahrung dieser Arbeit, wird im alten „Kultur-Europa" stets ein großer Teil traditioneller Festkultur erhalten bleiben, weil unsere Art zu leben und zu feiern über Generationen hinweg ihre festen Ausprägungen gefunden hat, die auch heute noch einen wesentlichen Einfluß auf unser Leben ausüben, ohne daß wir dies unbedingt direkt wahrnehmen. Jedoch, wie alles im Fluß der Entwicklung seine Form verändert, so werden auch die alt hergebrachten mit den neu wachsenden Kulturausprägungen verschmelzen oder diese ablösen.

Nur ganz wenige Traditionen werden „original" erhalten bleiben, und wenn dies der Fall ist, dann besteht immer die Gefahr, daß solche Feierlichkeiten zu ausgehöhlten Fest-Veranstaltungen mit historischem Charakter werden. Die ständige Veränderung, wie sie ja auch in den letzten Jahrhunderten vor sich ging, wird auch hier positiv wirken können, solange die Wertigkeit einer eigenen nationalen Identität ohne Chauvinismusanklänge vermittelt werden kann. Die Anerkenntnis des Wertes der eigenen Kultur – und damit auch der individuellen Art Feste zu feiern – bildet die Voraussetzung, ein lebendiges, sich kulturell befruchtendes und fröhliches Europa zu bauen.

Allen Leserinnen und Lesern wünsche ich viel Vergnügen bei der Lektüre der einzelnen Kapitel.

Ulrich Kuhn-Hein
Herausgeber

Belgien

Der Umzug der berühmten belgischen Riesen, hier in Ath, ist vielbesuchte Attraktion

Muntere Totentänzer
So feiert man in Belgien

Auch ein Eierfest mit Umzug der Hühner kann man in Belgien erleben

Der amerikanische Autor Arthur Frommer rühmte Belgien in einem detaillierten Porträt als „masterpiece". Er bezog sich dabei auf die große flämische Malerschule der Rubens, van Eycks oder Brueghels. Besonders typisch empfand er jene Szenen freßlustiger Bauernhochzeiten, die deftiges Genießen in einem dem Schlaraffenland ähnlichen ländlichen Ambiente darstellen.

Treffender für die belgische Realität dürften allerdings die weniger geschätzten Teufelsszenen des sogenannten „Höllenbrueghels", Pieter des Jüngeren, gelten, die etwas von der dunklen Kehrseite der Lust in einem Land vermitteln, das erst 1830 nach einem diplomatischen Pokerspiel in die Unabhängkeit entlassen wurde. Dem vorausgegangen war eine unbeabsichtigte, aber dennoch erfolgreiche Revolution, die das Libretto für eine Seifenoper abgeben könnte. Nach einer pathetischen Aufführung in der Brüsseler „Monnaie" stürzten Eiferer wie in einer Schnapslaune auf die Straße und lösten tatsächlich einen Putsch gegen die verhaßten Niederländer aus.

Flamen und Wallonen

Was bislang gerne übersehen wurde: Belgien birgt seit seinem Entstehen auf dem recht weltfremden Reißbrett europäischer Machthaber einen doppelten, niemals überwundenen Gegensatz. Es besteht aus den sich seit jeher beargwöhnenden Flamen und Wallonen, sowie obendrein aus Freidenkern und Katholiken. Das ist permanenter Sprengstoff in einem Land, dessen räumliche Enge im letzten Weltkrieg von einem amerikanischen General als „großes Dorf“ bezeichnet wurde. So wirkt die in diesem verfeindeten Dorf nicht abreißen wollende Kirmes von Folkore und Festveranstaltungen wie ein Betäubungsmittel, der Drang nach all den historischen Maskeraden wie eine Flucht aus der garstigen Wirklichkeit, die unablässigen Bitt- und Blutprozessionen schließlich wie ein Orakel, dem Unabänderlichen wenigstens himmelwärts zu entkommen.

Der Ommegang

Das wohl beeindruckendste aller belgischen Feste, der historische Brüsseler „Ommegang“, spiegelt all diese Zwiespältigkeiten. Ursprünglich als ein religiöser Umgang von Stadtvierteln und Wohngemeinschaften gedacht, die an ihren Grenzen das sogenannte Böse beschwören und Wohltaten herabbitten, bekam diese Tradition der Gemeinden von St. Géry, St. Michel und St. Jean im Jahre 1359 im Sablon-Viertel eine neue Qualität. Hier soll eine wundertätige Madonna ihre diskrete Hand im Spiel gehabt haben, und bald wurde der „Ommegang“ zu einem Defilee der Mächtigen, wo sich Stelzenmänner, Landsknechte und Fahnenschwinger den Rang abliefen.

Heute erlebt dieses bunte Schauspiel auf dem alten Brüsseler Markt, einem der schönsten Plätze der Welt, sein von Zehntausenden verfolgtes Finale. Dann ziehen die begehrte Regentin Maria von Ungarn, der Orden vom Heiligen Vlies sowie der Hofstaat Kaiser Karls V. ins Rathaus ein, und dennoch kann dieses happy end nicht darüber hinwegtäuschen, daß sich erneut an den sensiblen Sprachengrenzen Brüssels die politischen Eiferer unversöhnlich gegenüberstehen. Schon haben deren Forderungen nach Staatsauflösung und Separatismus das Parlament erreicht, während der Autor Jacques Neirynck unter dem Titel „Die Belagerung Brüssels“ einen Erfolgsroman veröffentlichte, dessen Inhalt dem Sitz von NATO und EU ein ähnlich schlimmes Schicksal wie das von Sarajewo voraussagt.

Die Pauwelfeesten

Konzentrieren sich die Feste Walloniens auf mythische Themen oder Freiheitskämpfe, bezieht man sich in Flandern überwiegend auf das Gedenken christlicher Heiliger und Märtyrer. So etwa anläßlich der berühmten „Pauwelfeesten“ in Galmaarden,wo zwei Junggesellengruppen in traditionellen Kostümen miteinander in eine anspruchsvolle Konkurrenz treten; ein den ganzen Ort immer wieder aufwühlendes Ereignis, das sich nach strenger Vorschrift von November bis zum Höhepunkt am 25. Januar erstreckt.

Karneval in Binche

Ein wegen seiner Farbenpracht und den rumorenden Aufmärschen auch überregional geschätztes Fest ist der Karneval in dem wallonischen Städtchen Binche. Der mit Wappentieren, Schellen und hohen Straußenfedern geschmückte „Gille“ ist ein wackerer Garant von Wiedergeburt und Fruchtbarkeit, dessen Botschaft sich im Laufe der Zeremonien leise steigert und schließlich unter den aufpeitschenden Schlägen der Trommler zu einem Crescendo anhebt, das die rußige Kohle- und Stahlregion noch einmal erzittern läßt.

Schnaps als Zaubertrank

Kennzeichnend ist, daß all diese Feste in Flandern, Wallonien, Brüssel oder der kleinen deutschsprachigen Gemeinschaft ihre entfesselnden Kräfte vielfach vom weißen Schnaps beziehen, der in Unmengen verzehrt wird. Er ist nicht nur ein Schutz gegen die winterliche Kälte, sondern auch so etwas wie ein Zaubertrank, der es den Belgiern gestattet, diese Feste tatsächlich bis zum Umfallen zu feiern.

Im kleinen, sich längs der belgisch-deutschen Grenze schlängelnden Ländchen zwischen Eupen, Malmedy und St.Vith geschieht dies vorzugsweise zu Karneval, der in ungetrübter rheinischer Nachbarschaft als „fünfte Jahreszeit" gefeiert wird. Begonnen wird traditionsgemäß bereits am jecken 11.11., während es nach der „liturgischen Pause" zur Weihnachtszeit erst recht mit den Prinzenproklamationen und Kappensitzungen losgeht. Am „Fettdonnerstag" stürmen allerorten die „alten Weiber" die Rathäuser, deren Schlüssel demonstrativ abgetreten werden. Bis zum grauen Aschermittwoch tobt sich das „närrische Volk" bei Rosenmontags- und Kinderzügen auf den Straßen aus.

Mardi gras und Aschermittwoch

In der ehemaligen „preußischen Wallonie", in Malmedy, erhält der Karneval eine originelle romanische Note, deren Turbulenz bereits an vier fetten Donnerstagen anhebt und im „Cwarmé" erst beim Schlußfeuer am „mardi gras" erlischt. In Stavelot, dem Nachbarstädtchen im Bezirk der ehemaligen berühmten Doppelabtei, ziehen die Umzüge erst zur Fastenmitte am Sonntag Laetare aus, dann aber als unverkennbare „blancs moussis", die mit weißen Kapuzenkostümen, langen roten Nasen, Besen und Schweinsblasen eine Konfettischlacht veranstalten und zugleich daran erinnern, daß in den mittelalterlichen Klöstern mitunter sehr weltliche Maskenfeste stattgefunden haben.

Fastenfeuer und mondäne Masken

Karneval auch in Bouge, wo das Fastenfeuer, nicht minder bemerkenswert, einen Holzmeiler von 400 Quadratmeter umfaßt, während man es im Nordseebad Ostende etwas mondäner mit kunstvollen Masken hält, die nach Vorlagen des hier besonders verehrten Malers James Ensor angefertigt werden. In der neuen wallonischen Hauptstadt Namur liebt man vor allem die historische Reminiszenz, wenn etwa vier junge Bürschchen auf dem Rücken eines überlebensgroßen „Bayard"-Pferdes erscheinen, das aus der Legende von den vier Haimonskindern stammt, die in der alten Abtei Stablo-Malmedy verfaßt worden ist und noch immer die Phantasie der Menschen im Maasland beflügelt.

Nicht minder groß die berühmten belgischen „Riesen", die bei Umzügen in Brüssel, Mechelen, Lede oder Ath aufmarschieren, jeweils, wie etwa der „Lange man" von Hasselt, das sakrale und zivile Statussymbol der Region darstellend.

Das Katzenopfer von Ypern

Vor dem alten Belfried und der Tuchhalle des ostflandrischen Ypern sind es die Katzen, denen am zweiten Sonntag im Mai die Aufmerksamkeit tausender Zuschauer gilt. Die Grenzstadt erinnert somit an das rituelle Katzenopfer von 1817, wobei heutzutage die lebenden Tiere durch Plüschkatzen ersetzt werden. Volks- und Aberglaube rücken auch eng beieinander, wenn etwa im flämischen Betselare oder im Ardennenstädtchen Vielsalm mitten im heiteren Sommer Hexenumzüge stattfinden und das Grauen der alten Hinrichtungstechniken wachrufen. Sommerlich auch die Ausgelassenheit im ehemaligen Lütticher Weberviertel jenseits der Maas, wo es am Fest Maria Himmelfahrt zu anarchischen Auswüchsen in der „Freien Republik von Outremeuse" kommt.

Nach einer frommen Prozession und einer in wallonischem Dialekt gehaltenen Predigt steigert sich im Laufe des Tages die „feurige Stadt" in einen von Péketschnaps beflügelten Rausch,

Der Katzenumzug von Ypern hat Geschichte und viele junge Anhänger

Karnevalsbrauchtum in Binche hat große Tradition

der erst im Morgengrauen rund um die Kirche St. Pholien abklingt, wo sich einst ein Kumpan des hier beheimateten Georges Simenon an einer Türklinke erhängte und einem berühmten Roman seinen Titel gab.

Christi Himmelfahrt in Brügge

Die weiten Flächen Flanderns mit ihren Kathedralen „als einzige Gebirge" und den melancholischen Kunststädten als dunkle Kulisse bieten viel Raum für pathetische religiöse Feierlichkeiten. Allen voran das von den Dichtern Rilke und Rodenbach besungene „Venedig des Nordens": Brügge.

Hier zieht alljährlich am Fest Christi Himmelfahrt die Heilig-Blut-Prozession aus, bei der eine kostbare Reliquie gezeigt wird, die Graf Dietrich von Flandern nach dem vom heiligen Zisterzienserabt Bernard von Clairvaux in Vézelay gepredigten Kreuzzug aus den Händen von Balduin III., dem König von Jerusalem, erhielt. Dem langen, beeindruckenden Zug mit dem sich hinauf nach Golgatha schleppenden Schmerzensmann folgen nahtlos die Honoratioren aus Kirche und Staat, Bischöfe und Äbte, Minister und Bürgermeister. Eine sehr belgische Szene: Immer ist Passion.

Bußprozession hinter den Dünen

Nicht minder beziehungsreich ist die Bußprozession im kleinen mittelalterlichen Städtchen Veurne unmittelbar hinter den Nordseedünen. Barfüßige und Vermummte schleppen schwere Kreuze durch die Gassen. Ein unheimlich wirkender Umzug, der auf eine Initiative des Gra-

Die Heilig-Blut-Prozession hat in Brügge die passende Bühne

Vermummte schleppen schwere Kreuze durch die Gassen des Städtchens Veurne

fen Robert von Flandern zurückgeht, der echte Teile des Heiligen Kreuzes aus Palästina zurückbrachte.

Schwarze, an spanische Mystiker und den grausamen Besatzer Alba erinnernde Büßer auch am Karfreitag von Lessines, wogegen in Andenne, Nivelles und Mons die Kanonissinnenprozessionen die heilige Begga verehren. Das sind hoffnungsvollere, frauliche Bilder, die vor allem bei den zahlreichen Marienfeiern überall in Belgien festlich begangen werden. In Halle zieht die Schwarze Madonna aus, der der Humanist Justus Lipse eine besondere Hymne widmete.

In der Bischofsstadt Mechelen wird die Liebe Frau von Hanswijk aus dem Jahre 968 verehrt, die 1277 die Stadt vor der Pest rettete. In Hakendover und Tienen ziehen Zehntausende zu Fuß und zu Pferd über Land dem Erlöser und seiner Mutter voraus.

Aber Belgiens bunte Prozessionen wandeln auf dem dünnen Eis kirchlichen Niedergangs. Das ehemals so katholische Land wird von der großen Welle westeuropäischer Säkularisation erfasst. Der Besuch der Sonntagsmessen hat stark nachgelassen, zahlreiche Klöster und Seminare stehen leer. Bleibt ein Zipfel Rührseligkeit, den eben noch Volksfeste und Folkloreaufmärsche mobilisieren.

Dank für die Hilfe gegen die Pest

Eine Art Heimweh nach der intakten Zeit, so wie jene Szene vom Fest der Geburt Mariens am 8. September in der alten Bischofsstadt Tournai, unmittelbar an der flämisch-französischen Sprachengrenze. Da flattern noch die schwarz-gelb-roten Landesfarben, wenn in schweren Samt gehüllte junge Mädchen die silberne Madonna durch die Straßen tragen. Wie der Geschichtsschreiber Heriman berichtet, geht die Tradition auf das Pestjahr 1090 zurück, als die Seuche eingedämmt werden konnte und der Bischof eine Dankprozession ausziehen ließ. Gegen welche belgische Pest sollten heutzutage die Glocken Sturm läuten?

Dreifaltigkeitssonntag in Mons

Doch selbst im verkohlten Borinage, wo der arme Vincent van Gogh einst den Bergleuten predigte und seine „Kartoffelesser" malte, bewahrt man sich eisern die Traditionen kirchlicher Aufmärsche. Etwa in Mons, wo sich der Niedergang von Kohle und Stahl besonders schmerzlich auswirkt und ein Proletariat von Arbeitslosen in den Cafés herumsitzt, wird am Dreifaltigkeitssonntag des Kampfes von St. Georg mit dem Drachen gedacht.

Waudru im „goldenen Wagen"

Dann werden die Reliquien der Lokalheiligen Waudru in einem neugotischen Schrein von sechs Pferden über das Kopfsteinpflaster gezogen. Ringsum auf den Straßen und Plätzen strecken die Menschen dem „goldenen Wagen" persönliche Gegenstände entgegen, denen nach einer Berührung mit dem Schrein glücksbringende Qualitäten zuerkannt werden. Bruderschaften und uralte Handwerksgilden ziehen von den vier Stadtpfarreien sternförmig zur Stiftskirche, und für die befristete Zeit eines Vormittags erfüllt noch einmal so etwas wie „Einheit" die zerissene wallonische Metropole.

Auch die ländliche Tradition in Rutten geht fast auf das zehnte Jahrhundert zurück. Ähnlich wie in Marbisoux in Wallonisch-Brabant liefert die Rückkehr von Pilgern aus Santiago di Compostella das Vorbild. Pilgerstab, Feldflasche, Rosenkranz und die typischen Schalen der Jakobsmuscheln bilden hier die Requisiten für eine Prozession, die dem heiligen Evermarius gilt und zu der die himmlischen Engel ebenso gehören, wie die das Allerheiligste flankierenden Bergleute mit Helm und Grubenlampe.

Die Spur archaischen Aberglaubens

In Gistel verehrt man die Märtyrerin Godelieve, in Nassogne den irischen Mönch Mono. Nivelles zieht zur heiligen Gertrud aus, während in Lembeek ein Arm des heiligen Veron am Morgen des zweiten Ostertages rundgetragen wird.

Die Liste ließe sich fortsetzen: Überall regionale und lokale Wetter- und Jahreszeitenheilige. Überall auch eine Spur archaischen Aberglaubens im bröckelnden christlichen Gewande und eine Heftigkeit der Teilnahme, die für einen Festtag über die Misere der Kirchenbesuche hinwegsingen möchte.

„Besatzerküche" belgischer Prägung

Daß gutes Essen „Leib und Seele zusammen hält", davon weiß manches belgische Kochbuch heiße Geschichten zu erzählen, deren Vielfalt an die Orgien Rabelais' oder des Bierkönigs Gambrinus erinnern. All die Besatzer, ob Burgunder, Österreicher, Spanier oder Niederländer, die über jene sonderbaren, von der brisanten Sprachengrenze durchquerten Provinzen herrschten, hinterließen auch ihre Spuren in den Kochtöpfen. Da riecht es bisweilen nach einer sonderbaren Kreuzung niederländischer Deftigkeit und französischer Eleganz, aus der sich jedoch im Laufe langer, genußreicher Jahrhunderte ein typisch belgisches Aroma entwickelt hat.

Da schmurgeln Wildbraten oder Seezungen in schäumenden Gueuzesaucen, da dampfen Kalbskopf oder Milchschweinchen auf frischer Kresse, in zerbeulten Kesseln werden Muscheln gereicht, Genter Pastete konkurriert mit Pferdewurst aus Lokeren, während man in den Brasserien zu den dunklen Trappistenbieren aus Orval, Chimay, Rochefort oder Westmalle die entsprechenden Abteikäse serviert.

Fischfestival und Käsedoppelwoche

Die Lütticher Potée-Eintöpfe sind nicht minder begehrt wie die flämischen Gulasch-Karbonaden. Grüner Aal wird Ende Juni beim Fischfestival von Mariakerke aufgetischt, während die Bauern von Lo zu einer „Käsedoppelwoche" einladen. Brüsseler Chicorée wird ebenso geschätzt wie Rosenkohl und Mastpoularden, wogegen die Waterzooi den wässrigen Namen für eine Mischung aus Suppe und Hauptgericht liefert, die so genial wohl nur der Vielfalt belgischer Freßpassionen entstammen kann. Ganz zu schweigen von all den Gebäcken, Gelees, Pfannkuchen oder Pralinen, die in den Caféhäusern zwischen Arlon und Antwerpen gereicht werden.

Krevetten, Schnecken und andere Schaltiere

Die Qualität belgischer Küche lebt stark vom kulinarischen Kontrast zwischen den Ardennen und der Nordseeküste, die nicht nur auf ihre sehr speziellen Speisekarten pochen, sondern auch auf ihre deftigen Festtage. Dann sieht man etwa zwischen Sint Idesbald De Haan Fischersfrauen und -kinder, die riesige Schalentiere und Schneckenhäuser auf dem Kopf tragen. Sehr beliebt ist vor allem das Krevettenfest von Oostduinkerke, einem kleinen Seeort, wo noch tagtäglich die Männer bei Ebbe während zwei Stunden mit den Pferden ausziehen, die bis zum Brustriemen im

Brüssels Ommegang auf dem historischen Marktplatz zählt zu den eindrucksvollsten Festen in Belgien

Viele Belgier freuen sich auf das jährliche Krabbenfest

kalten Wasser waten und ein Schleppnetz hinter sich ziehen, bevor die Körbe an den Flanken der Tiere mit Krevetten gefüllt werden.

St. Hubert in den Ardennen

Wild und Geflügel beherrschen dagegen den „Internationalen Tag der Jagd“ im Ardennenstädtchen St. Hubert. Die Legende erzählt, daß dem Heiligen hier in den dichten Wäldern ein Hirsch mit leuchtendem Kreuz zwischen dem Geweih erschien und ihn zu größerer Frömmigkeit ermahnte. Wenn dann am ersten Septembersonntag in der barocken Basilika der Festgottesdient beginnt, ist die Kirche überfüllt mit Jägern, Förstern, Falknern und Jagdhornbläsern, während draußen am Portal schon die Meuten

Das Eselsrennen in Neubrück ist eines der Feste, bei denen es sehr lustig zugeht

kläffen und die Treiber im Gebüsch verschwinden. Keine Frage, daß am Abend nach dem Halali ringsum in den Restaurants Reh-und Hasenrücken, Wildschwein- und Hirschragout, Fasane mit Weinkraut, Preiselbeeren und Kroketten serviert werden.

Die ganze herbstliche Saison über werben die Ardennen zwischen Florenville und Durbuy mit „gastronomischen Wochenenden", feierlichen Freßtagen, bei denen sich der tiefe Forst ringsum zugleich als Wanderparadies empfiehlt.

Ausgelassene „Hochfeste"

Naht die stille Zeit des Jahresendes, geraten die Belgier diesseits und jenseits der Sprachengrenze in wahre Festtagseuphorie, die von der Werbebranche im Lebensmittelsektor nahezu frivol angeheizt wird. Weihnachten und Neujahr sind natürlich „Hochfeste", die allerdings zwischen Orval und Ostende nach dem abendlichen Kirchgang in eine Ausgelassenheit umkippen, die hierzulande als „Réveillon" bezeichnet wird.

Ein „Aufwecken" nach eines Jahres Last oder den dunklen Adventtagen, dem zuhause oder anderswo nach Champagner und 5-Gang-Menu bis zum Morgengrauen ein großes Tanzvergnügen folgt.

Der König eint die Belgier

Die Belgier lieben die Geselligkeit. Beobachtet man sie bei Volksfesten sowie im Urlaub an der Küste oder in den Ardennen, fällt rasch auf, daß die so gerne politisch genutzten flämisch-wallonischen Gegensätze kaum eine Rolle spielen.

Als König Baudouin, ein Garant gefährdeter belgischer Einheit, starb, waren es mehr als eine halbe Million Menschen, die Tag und Nacht an seinem offenen Sarg im Brüsseler Stadtschloß vorüberzogen. Hier war sie endlich greifbar, die schweigende Mehrheit eines so in seine Genüsse selbstverliebten Landes, daß es darüber irre zu werden droht und, vollgestopft mit all den Pasteten, Braten und Bieren, dem Absturz entgegentorkelt.

Todessehnsucht und melancholischer Abschied haben ja eine sonderbare Tradition in einem zwiespältigen Volk, das mehr mit dickem Bauch als von dicken Nacken regiert wird. „Gott ist kein Heiliger" lästerten schon die surrealistischen Gründerväter um René Magritte, und der geniale Barde Jacques Brel rief, den nahen Tod vor Augen, dazu auf, zu singen und zu lachen, wenn er in die Grube fahre.

Die Verführung am „Suppenkräuterberg"

Schließlich jene Botschaft des vorzugsweise zum Korkenzieher umfunktionierten Brüsseler Altstadt-Idols „Manneken Pis", das reihum die Belagerung sauerländischer Landfrauen und japanischer Fototouristen mit einem erfrischenden „Ihr könnt mich mal" anpinkelt. Unterdessen lockt in den verwinkelten Gassen, die „Petite Rue de Bouchers" (kleine Straße der Metzger) oder „Rue de la Montagne des herbes potagères" (Straße des Berges der Suppenkräuter) heißen, die betörende Verführung.

Die belgische Küche ist allerdings keineswegs das Reservat renommierter Nobelköche, sondern ganz schlicht Bestandteil eines allgemeinen Lebensstils, der den Genuß routiniert zu beherzigen weiß. So sehr, daß all jene kleinen Kompromisse, die man der Leidenschaft so zugesteht, allmählich abzufärben drohen auf Arbeitsmoral und Disziplin. Dort, wo das gute Essen und Trinken derart intensiv zum bevorzugten Kommunikationsmittel politischen und geschäftlichen

Handelns wird, gerät die nimmersatte Begierde zur ständigen Versuchung, die allgemeine Gefräßigkeit zur öffentlichen Gefahr.

Fritten als belgisches Lebensgefühl

Mit Drei-Sterne-Gastronomie und vermessenem Lebensstil hat das allerdings nichts gemein. Das sehr soziale Bier hält gegenüber den Weinkarten ebenso tapfer die Stellung, wie die vulgären Fritten gegenüber all den Attrappen der „nouvelle cuisine". Irgendein in einem klapprigen Zigeunerwagen installierter Frittenkessel, dampfend, neonbeleuchtet im Schatten einer alten Kirchenmauer – das sagt mehr über belgisches Lebensgefühl aus als der schwärmende Hochglanz der Tourismusindustrie.

Sich auf dem Heimgang als zweiter Kassierer des städtischen St. Amandus-Schützenvereins noch so eine Tüte salziger Pommes zu genehmigen und dabei sogleich einen kongenialen Durst auf ein Pintje in der Eckkneipe „Chez Léon" zu verspüren, das ist das wahre Glück, Belgier zu sein.

Dem sie umschleichenden Tod haben sie nicht, wie die Deutschen Klassiker-Schwermut, nicht wie die Spanier Mystiker-Leidenschaft oder wie die Briten kühlen Sarkasmus entgegenzusetzen. Die Belgier verachten den Tod, sie üben sich nicht asketisch auf ihn ein. Ihre Feste und Folklore sind ein nahezu alltäglicher Aufstand gegen das Sterben, das sie mit Weihrauchfahnen, Trommelwirbel und den Geistern von Suppengrün und Knochenmark vertreiben. Sie trinken kein „letztes Glas im Stehen", sondern immer ein vorletztes ...

Allerdings ist das Königreich Belgien im Spätsommer 1996 von einem Schock heimgesucht worden, der in der wechselvollen Geschichte des Landes seinesgleichen sucht. Der Fall des monströsen Kinderschänders Dutroux und die Pannen bei der langjährigen Suche nach dem Mörder des Lütticher Ex-Ministers André Cools hatten die Wirkung eines Erdbebens, von dem man einige Zeit befürchten mußte, es werde das ohnehin labile Staatsgefüge vollends zum Einsturz bringen. Ausländische Beobachter, die bislang den Kult eines genüßlichen, den Künsten und dem guten Essen verpflichteten Belgienbildes pflegten, sprachen plötzlich von einem „Land ohne Seele".

Der Schock ohne Beispiel

Kein Zweifel, die Geschichte von jener sich aus allen Verwicklungen mit Bierruhe am eigenen Schopf herausziehenden Nation, die durch alle Jahreszeiten hindurch ihre Feste bis zum Umfallen feiert, muß nun völlig neu betrachtet werden. Lebenlust und Lebensfreude erhalten vor dem Hintergrund der dramatischen Ereignisse eine Dimension des Diabolischen, die es notwendig macht, das Festefeiern und seine historisch-soziologischen Grundlagen kritisch zu hinterfragen.

Ein Spiegel belgischer Befindlichkeit

So spiegelt das robuste Feiern dieses Landes nicht nur einen reichen Querschnitt europäischer Hin- und Hergeschichte, erklärt nicht nur eine permanente Lustrebellion gegen räumliche Enge und klimatische Tücke, sondern verweist gerade in seiner Heftigkeit und Vielfalt auf die eigentlichen Abgründe ringsum. Bevor des Königs kleines Reich vollends zusammenbricht, machen Brueghels muntere Totentänzer immer noch einen drauf.

Dänemark

In den Sommermonaten treiben in ganz Dänemark die Wikinger ihr Unwesen

Möglichst raus und gern gut essen So feiert man in Dänemark

Segelwettbewerbe erfreuen sich großer Beliebtheit, wie hier das Rennen in Sjaelland Rundt Ende Juni jeden Jahres

Einige dänische Feiertage sind sehr anstrengend. Für Ausländer jedenfalls, wenn sie mehr oder weniger zufällig daran teilnehmen, sich also nicht durch wochenlanges Eßtraining darauf vorbereitet haben. Den Hamburger Schriftsteller Siegfried Lenz hätte eine jütländische Kaffeetafel einmal beinahe an den Rand des Platzens gebracht. Er rettete sich durch heimliches Verkrümeln. Dabeibleiben, bis nur noch Krümel auf dem Tisch sind – das hätte er nicht durchgehalten.

Dänen und Däninnen – sofern die nicht gerade auf Diät sind – essen gut, gerne und viel. Aber man erwarte keine großartigen Gourmet-Erlebnisse. Gegessen wird gewöhnlich, was schon immer geschmeckt hat. Angefangen bei gemahlenem Rindfleisch mit brauner Soße und „weißen Kartoffeln“ (Salzkartoffeln) bis hin zum runden Kranzkuchen, dessen oberste Scheiben harmlos klein sind. Aber bis man unten angekommen ist! (Fragen Sie Siegfried Lenz.)

Ein Volk feiert die Prima inter pares

Das heute wohl dänischste Fest aber wird nicht mit der Kuchengabel in der Hand gefeiert, sondern mit begeistert geschwenkten Papierfähnchen. Am 16. April hat Königin Margrethe Geburtstag. Sie bewegt sich jetzt auf den 60. im Jahr 2000 zu.

Frühjahr 1940 in Dänemark. Am 9. April fielen deutsche Truppen in Dänemark ein und besetzten das Land innerhalb von zwei Tagen. (Am 9. April flaggt Dänemark morgens auf Halbmast, um 12 Uhr gehen die Flaggen auf Vollmast hoch.) Eine Wolfszeit, wie man in Skandinavien trübe Zeitläufte nennt. Da kam eine Woche später im Schloß Amalienborg eine lebenskräftige Prinzessin zur Welt. Das erste Kind der königlichen Familie. Ein Lichtblick für die Menschen im überfallenen und besetzten Dänemark.

Die Prinzessin wurde 1973 gekrönt. Beliebt war die charmante Margrethe schon als Kind. Beliebt blieb sie als Königin, und außerdem hat sie die Hochachtung aller Dänen und Däninnen gewonnen. Sie ist eine Kulturpersönlichkeit, hat Bücher übersetzt und geschrieben, an archäologischen Expeditionen teilgenommen, gemalt und gezeichnet, Kinderbücher illustriert. Sie hat sich klar und mit Überzeugung für die Gleichberechtigung der Geschlechter und für das Zusammenleben mit Einwanderern und Flüchtlingen ausgesprochen. Ihre Diktion ist zwar sacht, läßt aber an Klarheit nichts zu wünschen übrig.

Was Margrethe sagt, wird in Dänemark beachtet

An ihren Geburtstagen versammeln sich die Menschen auf dem großen Platz von Schloß Amalienborg mit Papierfähnchen und sogar Flaggen in der Hand und rufen wieder und wieder „Til lykke!". An runden Geburtstagen, wie wieder im April 2000, läßt sie sich von der königlichen Kutsche durch die Stadt fahren. Dann ist der Jubel besonders groß, und viele Augen werden naß.

Ein Tag wie jeder andere

Es mag überraschen: In Dänemark mit seiner starken Gewerkschaftsbewegung und sozialdemokratischen Partei ist der 1. Mai kein Feiertag. Fragt man, wieso, dann erhält man als Antwort meist ein Achselzucken. Schon seit Jahrzehnten haben die Arbeiter und Arbeiterinnen nicht mehr den Bedarf, sich durch nach außen gezeigte Stärke zu manifestieren.

Es liegt wohl, um ein Lieblingswort des Alten aus Oggersheim zu benutzen, kein Handlungsbedarf vor. Dieses Gemeinwesen ist aus dem sozialdemokratischen Sauerteig der Solidarität gebacken. Ein Werk von Thorvald Stauning (1873-1942), der als erster sozialdemokratischer Ministerpräsident im Krisenjahr 1933 für einen Akkord der sozialen Klassen sorgte. Den Buchstaben nach ist dieser Akkord natürlich längst obsolet geworden, aber sein Geist lebt immer noch.

Tag des Grundgesetzes

Dänemark ist wirklich ein merkwürdiges Land, aber man sollte diese Merkwürdigkeit ernstnehmen. Im europäischen Revolutionsjahr 1848 bestieg in Dänemark der 40jährige Frederik VII. den Thron, und mit gutem Grund hat er eine Statue vor Schloß Christiansborg, dem Sitz des Folketing, des dänischen Parlaments, erhalten.

Die Bürger Kopenhagens probten den Aufruhr. Sie wollten beim König vorsprechen und ihn auffordern, er solle doch bitte eine Verfassung ausarbeiten lassen. Frederik saß im Schloß, umgeben von den Hütern der Ordnung im Staat. Sie versicherten, alles sei gerichtet, nie würde der Pöbel zum Schloß durchdringen. Da soll Frederik einen Satz gesagt haben, der in jenem Jahr allen Herrschern gut angestanden hätte - und den man darum nicht oft genug wiederholen kann: „Auf meine Untertanen schießt man nicht."

Am 5. Juni 1849 bekam das dänische Volk ein Grundgesetz. Und das wird heute noch gefeiert. Gegen Mittag veröden die Büros und Fabriken. Die Ururenkel jener Dänen, auf die der König nicht schießen ließ, gehen noch schnell in die Geschäfte (die haben geöffnet), kaufen Wein,

Bier, Brot und Käse ein, viele auch einen Haufen jener roten dänischen Pølser-Würstchen und Mostrich dazu. Dann geht es nach Haus. Bei schönem Wetter wird im Garten oder auf dem Balkon gefeiert.

Zu später Stunde sind die Frederik-Anekdoten dran. Und davon gibt es viele. Er war nämlich ein rechter Filou, dieser Frederik, der sich in die Balletteuse Louise Rasmussen verliebte, sie „zur linken Hand" ehelichte und als Lehnsgräfin Danner hoffähig machte. Die Untertanen verehrten ihn. Er starb 1863. Sein Wahlspruch war: „Des Volkes Liebe ist meine Stärke".

Sankthansaften am 23. Juni – da wird gefeiert

Natürlich gibt es sie auch in Dänemark – die überkommenen Bräuche aus heidnischer Zeit. (Wo in der christlichen Welt gäbe es sie nicht?) Irgendein Heiliger Vater muß da ein wenig gemogelt haben. Weil diese neugetauften Nordmänner oben an den äußersten Außenposten der Christenheit nicht vom Fest der Sommersonnenwende ablassen wollten, erklärte er es kurzum zum Fest für Johannis den Täufer. Nun durfte gefeiert werden. Und die Feuer am 23. Juni, sie wurden im späten Mittelalter sachte, sachte zu Symbolen der Hexenverbrennung umgedeutet. Damit war die christliche Welt wieder in Ordnung.

Wie überall in Nordeuropa sind auch die Bürger und Bürgerinnen Dänemarks von staatlichen Gesetzen und Verordnungen eingezwängt. Eine Verordnung besagt, daß es verboten ist, in freier Natur offene Feuer zu entfachen. Diese Verordnung gilt nur am 23. Juni nicht.

Das muß gefeiert werden. Schon Tage zuvor aufgeschichtete Holzstöße gehen in Flammen auf. Trotz aller Vorsichtsmaßnahmen (auch dafür gibt es Verordnungen) kommt die Feuerwehr ins Schwitzen. Eigentlich sollte man diesen Tag auf Sankt Florian umwidmen.

Der Abend des offenen Feuers ist auch ein Abend der offenen Türen. Wenn die Holzstöße zur Glut niedergebrannt sind – oder im Regen kokelnd und räuchernd vor sich hinglimmen –, dann gerät man unversehens wieder in ein Gespräch mit den Nachbarn, die man sonst in der Eile des Tages nur eben mal freundlich grüßt: „Kommt doch rüber, wir haben den Gartengrill auf der Veranda schon angekurbelt."

Am schönsten ist es natürlich, wenn Sankthansaften auf einen Freitag oder Sonnabend fällt. Dann endet er dort, wo liebe Nachbarn noch ein paar Flaschen Bier im Kühlschrank haben.

„Skål!" „Skål!" „Skål!" Und: „Det er flott!!!" Sie essen dazu eine kalte Leckerei, die „Solen over Bornholm" (Sonne über Bornholm) heißt. Ein geräucherter Bornholmer Hering auf dunklem Brot, mit einem Eigelb in der Mitte.

Auf der Fahnenstange weht lustig der Dannebrog, die rot-weiße Dänenfahne. Außer im Regen. Dann hängt sie müde herab. Og det er ikke flott.

Ringreiten – eine Cavalleria jutlandica

Warum eigentlich hat der kleine Wurmfortsatz des Kontinents auf wenigen hundert Kilometern Länge gleich drei Namen? Holstein ganz im Süden, dann Schleswig (auf dänisch Slesvig) und dann schließlich Jütland (dänisch Jylland). Die Menschen dort, die jahrhundertelang auf ihr Deutschtum – alternativ ihre Danskhed – so stolz waren und verbissen für sie gekämpft haben (da hat Frederik VII. auf seine deutschen Untertanen schießen lassen), sie sind einander sehr ähnlich. Jedenfalls vom Allgäu aus gesehen.

Vor allem in Südjütland treffen sich im Sommer die Ringreiter zum Wettstreit und beweisen ihre Geschicklichkeit

Das gilt auch für ihre „Sitten und Gebräuche". Für Ausländer (dazu gehören auch die Leute aus dem Allgäu) sind Unterschiede nur schwer auszumachen. Naja, von der Sprache abgesehen. Die dänischen Jütländer sprechen Deutsch so lustig aus, es macht Spaß, ihnen zuzuhören.

Allgäuer, kommst du in den Wurmfortsatz: Verschaffe dir einen Sitzplatz bei den Ringreiterfesten. Es gibt sie von Nordholstein bis Südjütland. Ein Erlebnis der anheimelnden Art sind sie Anfang Juli in Aabenraa. Im Zentrum Südjütlands. Gleich nördlich der Grenze, treffen sich Anfang Juli etwa 500 Ringreiter zum Wettstreit.

Gestriegelte Pferde. Klassisch gekleidete Reiter mit schwarzen Stiefeln, weißer Stiefelhose, Reitfrack und Jagdkappe. Eine rote Nelke im Revers mag von der Ehefrau sein, eine rote Rose wohl schon eher von der Herzallerliebsten. Beim Wettkampf gilt es, mit der Lanze in die Mitte eines aufgehängten Rings hineinzustechen. Die

Tagelang schichtet man riesige Holzstöße auf, um sie zur Sonnenwendfeier anzuzünden

Trefferzahl bestimmt sowohl für den einzelnen als auch für Mannschaften die Wertung bei Turnierende.

Ein großes Essen wird abends von den Siegern gegeben. Tagsüber ist die Kost eher frugale Massenverpflegung: Erbsen- und Kartoffelsuppe, Currywurst südlich und rote Pølser nördlich der Grenze. Na, da gibt es dann wohl noch einen Unterschied: Zum Abschluß trinkt das Deutschtum Doppelkorn, die Danskhed aber Ålborg Jubileum.

Gänse und Enten sind am Martinstag und an Weihnachten der traditionelle Augen- und Gaumenschmaus

Ein Gänseopfer für zwei Martini

Fragt man einen Dänen, was am 10. November los ist, dann wird er antworten: „Da ißt man Enten." Und wenn man ihn fragte, was am 10. November los war, dann dürfte die Antwort wohl lauten: „Da aß man Gänse."

Gemeinsam wird der Weihnachtsbaum für das Familienfest erstanden

Der Tradition nach ist der Martinstag zwei Gottesmännern geweiht, die aber wohl – hätten die beiden Martini einander jemals getroffen – sofort in heftigen Streit verfallen wären: Hier Frankreichs Schutzpatron, der heilige Martinus von Tours, der um 400 unserer Zeitrechnung gestorben ist. Unsterblich wurde er in den Hütten und Katen, weil er in Amiens seinen Mantel zerschnitt und die Hälfte einem frierenden Bettler gab; der andere Martinus wurde am 11. November getauft und ging in die Kirchengeschichte ein, weil er wider den Ablaß und den verderbten Hof des Papstes in Rom predigte. So ist Martin Luther denn für die einen Reformator und für die anderen ein Abtrünniger.

Wenn eine dänische Familie Sie am 10. November, dem Martinsabend, zur Martinsgans bittet, sollten Sie auf jeden Fall zusagen. Dänische Hausfrauen und Hausmänner wissen gut, wie man erst im Bratofen und dann mit Füllungen und Beilagen – wie Äpfel, Pflaumen und Rotkohl – ein Mahl zaubert, das sogar Siegfried Lenz mit seinen Erlebnissen an der jütländischen Kaffeetafel versöhnen könnte.

Falsch geschnattert

Warum gerade Gans? Die Tiere müssen es ihrer kreischenden Geschwätzigkeit zuschreiben, wenn sie am 10. November auf die Speisekarte rutschen. Der frühere Soldat Martin, um 400 geboren und erst mit 18 Jahren getauft, sollte im Jahr 371 Bischof von Tours werden. Aber das wollte er nicht. Er floh vor seinen Glücklichmachern, suchte sich aber als Versteck dummerweise einen Stall mit Gänsen aus. Die haben dann dafür gesorgt, daß Martin doch Bischof wurde, und die Strafe dafür bekommen sie alljährlich am 10. November.

Nachtrag: Warum aß man früher Gänse und heute hauptsächlich Enten (obwohl die doch den Martinus von Tours gar nicht zum Bischof hochgeschnattert haben)? Die Antwort verblüfft: Weil der Backherd einer europäischen Normalküche für Gänsebraten nicht groß genug ist.

Julefrokost, Juleaften, Jul og Nytår

Der dänische Weihnachtstag ist auf originelle Weise zweigeteilt: Bis zum Nachmittag des 24. Dezember ist die Verkehrspolizei bis zum späten Abend im Einsatz, dann wird sie von den Brandstationen abgelöst, wo die Männer schon mit Feuerspritze bei Fuß warten.

Die Polizei erhofft, daß ihre Sonderschichten präventive Wirkung haben werden und noch weniger Menschen sich mit noch weniger Bruchteilen von Promille ans Steuer setzen. Es ist nämlich guter Brauch bei dänischen Geschäftsleuten, daß sie ihre Partner, Auftraggeber und Kontrahenten zu „Julefrokost“ einladen, einem ausgedehnten Mittag in einem hübschen Restaurant. Und dabei geht es fröhlich zu. Und zu einem traditionellen „Julefrokost“ gehören nun einmal Akvavit und Øl. Da bleibt keine Kehle trocken.

Die Sondereinsätze der Polizei zeigen bereits seit Jahren Wirkung. Trotz oft schlechten Wetters mit Graupelschauern und Glatteis geht die Zahl der Unfälle zurück, und die Taxifahrer haben Hochkonjunktur.

Am 24. Dezember sind wieder Enten an der Reihe. Zwar haben sie keinen Bischofskandidaten wider Willen verraten, aber dran glauben müssen sie doch. Das Weihnachtsessen als reichlich und fett zu bezeichnen, ist eher eine liebenswürdige Untertreibung. Und auch, wenn man es fettärmer zubereitet: Als Nachspeise gibt es überall Milchreis mit zerlassener Butter, Zimt, Kaneel und Zucker. Verborgen ist im Reisberg eine einzige Mandel. Wer sie in seiner Portion entdeckt, der bekommt ein Geschenk extra – die Mandelgave.

Während der Kühlschrank sich in den Tagen danach von seinen Blähungen langsam erholt, gehen die Hausfrauen und Hausmänner daran, das Silvesteressen vorzubereiten. Hauptperson ist auch in Dänemark der Dorsch. Gekocht und ungewürzt hat er eher die Funktion einer „Sättigungsbeilage“ für den Magen. Für den Gaumen bestimmt sind die vielen Häufchen Gehacktes: Zwiebeln, Rote Bete, Hering, Eier, Dill und was man sonst noch bieten möchte. So schnabulieren sich die Dänen und Däninnen von einem Jahr ins nächste.
„Godt Nytår!“

Fastelavn - at seå katten av tynden

Mit der Reformation wurde die Fastenzeit abgeschafft, die in Dänemark ohnehin nur eine Woche gedauert hatte. Aber auch die neue Kirche kam nicht ganz ohne Kompromisse aus. Drei Tage vor Aschermittwoch mußte sie zugestehen: Specksonntag, Speckmontag und den Weißen Dienstag. Geblieben ist davon bis heute der „Fastelavn“.

Gut genährt mochten die Dänen auf Kraftproben und andere körperliche Vergnügen nicht verzichten. (Einem dieser Vergnügen galt nach Feststellungen der Brauchtumsforscher das gegenseitige Durchprügeln mit Reisigruten, das den Blutkreislauf gehörig in Schwung bringt.) Damals kamen als Nachahmung der Ritterturniere die Ringreiterspiele auf, die später sukzessive in den Sommer verlegt wurden.

Geblieben ist von vielen primitiven Kraftprotzspielchen der Brauch, die Katze aus der Tonne zu schlagen. Man setzte eine Katze (oder einen Hahn) in eine Tonne mit kleinem Schlupfloch und drosch auf die Tonne ein, bis das anfangs ängstlich verkrampfte Tier in Panik herumsauste und schließlich den Ausschlupf fand.

Auch heute wird am Fastnachtsabend von Kindern die Katze aus der Tonne geschlagen – aber ohne Katze (und ohne Hahn). Was irgendwann mal aus der Tonne herausspringt, sind kleine Geschenke. Während die Kinder sich an Schokolade und Bonbons laben, essen die Erwachsenen Boller: Kopenhagener aus Blätterteig mit Rosinen drinnen und süßen Glasuren drumherum.

Ostern: Keine Eier und danach Gebetstag

Wer der Lebenskunst unserer nördlichen Nachbarn bis hier gefolgt ist, wird ohne Verwunderung zur Kenntnis nehmen, daß sie auch das Osterfest („Påske“) zunächst einmal mit gutem Essen im Familienkreis feiern, mit der Påskefrokost am 1. Feiertag um die Mittagszeit. Dabei gibt es zwei Unterhaltungsthemen: Was man letztes Jahr zu Ostern gegessen hat und ob der Frühling nun bald kommt, oder – alternativ – ob das gute Wetter sich halten wird.

Ein heidnischer Brauch hat sich in Dänemark nicht gehalten: Der Kult ums Osterei. So bleibt den dänischen Eltern das Bemalen und Verstekken erspart, den dänischen Kindern das Suchen.

Mit der Reformation verschwanden zunächst die Buß- und Bettage, von denen es mehrere jährlich gab, aus dem Kalender. Dann wurden einige wieder eingeführt und wieder abgeschafft. Die endgültige Regelung fand Christian V., und sie gilt bis heute noch: Einmal jährlich ist Großer Gebetstag. Der König meinte, man sollte dem Bedürfnis seiner Untertanen nach Fröhlichkeit entgegenkommen.

Darum bestimmte er als Feiertag nicht einen Sonntag im trüben Herbst, sondern einen Freitag im Frühling, den vierten nach Ostern.
It's picnic-time!
So klug konnten Könige sein.

Der Dannebrog und die Geschichte

Der kleine Gallier Asterix hat ausgesprochenes Glück gehabt, weil es die Römer waren, die ihm gegenüberstanden und nicht etwa die Dänen. Die nämlich wären genauso pfiffig wie er gewesen und hätten ihn auf die Dauer ausgetrickst. Da hätte auch kein Hinkelstein geholfen.

Übrigens haben die dänischen Wikinger sich etwa ein Jahrtausend nach Asterix im Frankenreich festgesetzt und nach Hägar-Art Paris geplündert. Die Normandie erinnert mit ihrem Namen noch heute an diese Zeit. Und nicht nur mit ihrem Namen. Nach wie vor können Sie auf französische Staatsbürger treffen, die Ihnen versichern: „Ich bin nicht Franzose, ich bin Normanne“. Während die Schiffe der verschiedenen deutschen Kriegsmarinen vorwiegend von Bayern besetzt und gelenkt wurden, stellten in Frankreich die Männer aus der Normandie jahrhundertelang einen wesentlichen Teil der Schiffsbesatzungen.

Weniger bekannt als die Ausflüge der Wikinger nach Süden und Westen sind die Versuche der dänischen Könige, Herren über die Ostsee zu werden. Die Taten von Valdemar dem Sieger geistern noch heute durch die Geschichtsbücher.

Jener Valdemar, der sich das Attribut „der Sieger“ erkämpfte, kam im Jahr 1170 als Sohn von Valdemar dem Großen auf die Welt. Kinder von Großen haben – das zeigt auch die Kulturgeschichte – im allgemeinen zwei Möglichkeiten: Entweder geben sie schon früh die Hoffnung auf, neben dem Vater zu bestehen, oder aber sie beschließen: „Dem werd ich's zeigen!“

Valdemar bestieg erst mit 32 den Thron. Nach damaligen Begriffen kein junger König mehr, und entsprechend tatendurstig war jener Valdemar. Fast vierzig Jahre lang tobte er sich aus und heftete Siege an seine Fahne. Von den Toten und

Gerne und oft hissen die Dänen ihren Dannebrog

Jedes Jahr zu Pfingsten wird's beim Karneval in Kopenhagen exotisch

Verstümmelten sprach man damals nicht, aber heute ist den Dänen wohl bewußt, daß diesen Kämpfen Leben und Gesundheit von Tausenden junger Menschen geopfert wurden.

Das mit „an die Fahne heften" stimmte am Anfang nicht so richtig. Valdemars grimme Kämpen hatte keine Fahne, die ihnen voran flatterte. Die bekamen sie erst am 15. Juni anno 1219, und der Überlieferung nach soll Gott selbst sie vom Himmel herabgesandt haben.

Valdemar wollte seinem Land die Handelswege nach Osten sichern. Dort lag die reiche Stadt Nowgorod, in jener Zeit die Drehscheibe des Osthandels in Nordeuropa, gegründet einige Jahrhunderte vorher von den schwedischen Wikingern.

Valdemar, der in erster Ehe 1205 eine böhmische und 1214 eine portugiesische Königstochter heiratete, war sich der Möglichkeit wohl be-

International bekannt ist das viertägige Rockfestival, das jährlich Ende Juni in Roskilde stattfindet

wußt, daß man Kriegszüge vom Papst absegnen lassen kann, wenn man sie schon vor Beginn zu Kreuzzügen umfunktioniert. Mithin beschloß er, die „wilden Esten" (so wurden sie damals genannt) in den Schoß der Kirche zu führen.

Valdemar einigte sich zunächst mit den Rittern des Deutschen Ordens und überließ ihnen die Südhälfte des Baltikums gegen ihr Versprechen, nicht im Norden zu intervenieren. Die Bekehrung der Heiden konnte beginnen. Unwissend, wie Heiden zu jener Zeit nun einmal waren, setzten die Esten sich gegen das dänische Invasionsheer zur Wehr. Und sie machten ihrem Beinamen alle Ehre. In der Schlacht (es war eher ein Hinschlachten) von Lyndaniz brachten sie die Dänen in arge Bedrängnis.

Da geschah es: Vom Himmel flatterte eine rote Fahne mit weißem Kreuz herab. Nun wußten die Dänen: Gott ist mit uns! Die Schlacht wurde gewonnen, die Heiden mußten sich bekehren lassen. Nahe dem Schlachtfeld, dort wo ihre Schiffe aufs Ufer gelaufen waren, gründete Valdemar der Sieger die Stadt Reval, natürlich um eine Zwingburg herum. Sie hieß bei den Esten Tans Linn (Burg der Dänen) und ist heute die Hauptstadt des nördlichsten baltischen Landes: Tallinn.

Mit zunehmendem Alter (und nach einigen verlorenen Schlachten) wandte Valdemar sich den Staatsgeschäften im Innern zu. Er gab dem Reichsteil Jütland ein Landrecht, das „Jyske Lov", Nordeuropas erstes Gesetzbuch. Es beginnt so: „Auf Gesetz soll das Land errichtet werden, und gäbe es kein Gesetz im Lande, dann hätte der das Meiste, der sich am meisten zuschanzen kann."

Das mit dem Dannebrog („buntes Tuch der Dänen") verhält sich wohl eher so, daß Valdemar eine vom Papst geweihte Fahne auf die Fahrt nach Osten mitgenommen hatte und sie zum psychologisch entscheidenden Zeitpunkt entrollen ließ. Hätte er damit auch Asterix ausgetrickst? Jede Spekulation darüber führt ins ständig größer werdende Reich der virtual reality.

Wenn die Dänen heute ihre Fahne aufziehen – und das tun sie ja gern und oft – dann denken sie nicht an die Schlacht von Lyndaniz und auch kaum noch an das „Jyske Lov". Sie sehen die Fahne gern wehen, weil sie so hübsch ist und alle Dänen vereint.

Merke: Sie sind nicht stolz darauf, Dänen zu sein, sondern sie sind froh darüber, daß sie „vellykkede dansker" – wohlgelungene Dänen – sind.

Der runde Geburtstag

Nur Ausländer mag es wundern, daß das Recht der Dänen und Däninnen aufs Feste-Feiern (oder feste Feiern?) nicht im Grundgesetz zementiert ist. In Dänemark ist der Fall klar: Das Feiern gehört zu den elementaren Notwendigkeiten des Menschen, und es wäre doch komisch, wenn im Grundgesetz stünde: „Jeder Staatsbürger und jede Staatsbürgerin, dazu auch alle in Dänemark lebenden oder vorübergehend anwesenden Ausländer und Ausländerinnen haben das Recht, zu essen und zu trinken."

Diese drei – wie die Nordamerikaner es nennen würden – Essentials Essen, Trinken und Feiern, dazu fröhlich sein, singen und hundertmal „Til lykke" rufen, fließen regelmäßig an einem Tag zusammen, täglich Hunderte von Malen: am runden Geburtstag.

Der erste ist nicht der vierzigste. Den feiern auch die Dänen nicht sonderlich, denn da stekken sie gleich allen Frauen und Männern der Industrieländer mitten in der midlife-crisis. Darum ist der Fünfzigste der erste – und dabei wird der Vierzigste gleich nachgeholt. Solch ein Fünfzigster kann teuer werden wie eine kaukasische Hochzeit. Für die gefeierte Person gilt es doch zu zeigen, daß viele sie feiern möchten (oder daß sie möchte, daß viele sie feiern möchten). Im Geburtsjahr dieses Buches lud Renate ein. Sie ist Deutsche und wohnt schon viele Jahre in Dänemark. Zu ihren Eigenheiten gehört, daß sie sich in Zeitungen und Zeitschriften von Berlinske Tidende über Ekstra Bladet und Politiken bis hin zum Stern über jedes Kreuzworträtsel stürzt und es in Minutenschnelle löst. Darum kennt sie die Namen sämtlicher griechischen Götter und Göttinnen samt den römischen Pendants in allen Schreibweisen auswendig, und wenn man sie nach einer finnischen Hafenstadt mit drei Buchstaben fragt, dann grinst sie nur: „Hä, hä, hä!"

Da sie im Hochsommer Geburtstag hat, mietete sie nahe bei Kopenhagen das ganze kleine Barackenlager eines Pfadfinderklubs der Heilsarmee. Das war vergleichsweise billig, denn auch in Dänemark kommen die Pfadfinder nur noch selten zusammen. Alles war bereit: Der Speisesaal zum Feiern, die Zweibettzimmer zum Schlafen, Tische und Stühle draußen zum Frühstück und sogar ein Gymnastiksaal zum Turnen. Ein kleiner Bach in der Nähe trug auch zur Gestaltung der ersten runden Geburtstagsfeier von Renate bei: Es wird niemanden verwundern, daß zu später Stunde einige der Gäste über und über mit Entenflott bedeckt waren.

Bekannte und Verwandte aus Deutschland waren angereist, und aus Kopenhagen kamen dänische Freunde und Freundinnen. So begann der Nachmittag. Eine lange Reihe von Gratulanten, die ihre Geschenke abluden: „Til lykke! Til lykke! Til lykke!" „Tak! Tak! Tak!"

Dann begann die von Siegfried Lenz - zu recht würde ich sagen – gefürchtete Kaffeetafel. Sie fiel nicht ganz so üppig aus, denn sie war doch nur das Hors d'œuvre jenes Gesamtkunstwerks, als das man einen runden Geburtstag in Dänemark erlebt. Schon die Kuchen und Küchelchen – auch auf dänisch Petits fours genannt – waren mit kleinen Papier-Dannebrogs geschmückt, die an zahnstocherartigen Fahnenstangen hingen. Dieser traditionelle dänische Schmuck für Festessen fand sich bei jeder Speisenfolge wieder – außer im Spinat und in den Saucen. Dänische Leser würden jetzt vom Chronisten erwarten, daß er alle Speisen bis spät in die Nacht hinein aufzählt und durch ein kleines Attribut feinsinnig andeutet, ob sie den Erwartungen entsprachen oder nicht.

Mitteleuropäische Leser begnügen sich hoffentlich hiermit: In kleinen Portionen an blankgescheuerten Holztischen mit Blumensträußen und herzförmigen Lichtlein darauf gab es alles, was von den Küsten der Nord- und Ostsee bis den arabischen Gestaden des Mittelmeers genossen wird. Dazu alles für die, die auch trinkend etwas genießen möchten. „Wer zählt die Flaschen, nennt die Namen ...!" Aber im großen Ganzen ging es gesittet zu, was sich ja nicht zuletzt daran zeigt, daß die Erhitzten und Erhitztinnen züchtig bekleidet ins Entenflott sprangen. Doch bis es soweit war, wurde das Geburtstagskind in Ansprachen über den grünen Spinat (der auch zum „Kalten Tisch" mit seinen kleinen warmen Leckereien gehörte) gelobt.

Danach begannen die Rundgesänge, vorwiegend anspruchslose Lobliedchen auf das Geburtstagskindlein, zu singen nach dänischen Melodien, bei denen die Zugereisten passen mußten. Aber das war ja nicht so schlimm, denn den dänischen Text konnten sie ja ohnehin nicht mitsingen. Weiter: Eine Polonaise, an deren Ende Renate auf ihren Stuhl sank.

Nun gratulierten alle noch einmal, und jeder klebte der schon längst Erschöpften ein kleines goldenes oder rotes Herzchen auf die Wangen, auf die Nase, auf die Stirn und, als da alles voll war, auch auf Hals und Nacken. Dann begannen die „Nattetimerne", das Hinübergleiten in die samtenen Stunden einer prächtigen Sommernacht. Wie's war? Also, wenn sie mich fragen ... Aber im Bach war ich jedenfalls nicht.

Deutschland

Geschmückte Pferde und Reiter im Sonntags-Staat gehören zum Pfingstreiten im niederbayerischen Kötzing

Tradition und Bodenständigkeit
So feiert man in Deutschland

Das Lazarus-Aufwerfen in Jülich, Rheinland, hat eine lange und lebendige Tradition

Wie überall in Europa, werden auch im deutschsprachigen Raum die großen Jahresfeste aufwendig gefeiert, vor allem Ostern und Weihnachten. Daneben aber gibt es eine große Zahl anderer Feste, die entweder im ganzen Land oder auch nur in einzelnen Regionen bräuchlich begangen werden, so daß sie kaum noch in das Bewußtsein breiterer Bevölkerungsschichten treten.

Feste und Bräuche in christlicher Tradition

Die Unterschiede haben verschiedene Gründe. Der Fasching oder Karneval etwa wird traditionell nur in den katholischen Gebieten gefeiert, während er in den evangelischen keine Rolle spielt. Dagegen bedeutet der Bußtag mehr oder weniger eine evangelische „Erfindung", an der die Katholiken keinen Anteil haben, auch wenn im Zeitalter des Fernsehens und der großen Bevölkerungsmobilität solche Unterschiede zunehmend verwischt werden.

Ein Gang durch den Jahreslauf zeigt, daß es einmal eine stabile Ordnung der Feste und Bräuche gegeben hat, die sämtlich in der christlichen Tradition Europas verankert waren. Vieles davon ist im Laufe der Zeit verschwunden, anderes dagegen hat sich wenigstens an einzelnen Orten gehalten. Mehr und mehr haben auch die Volks- und Trinkfeste, wie das Münchener Oktoberfest oder der Cannstadter Wasen, an Boden gewonnen, die mit Religion nichts zu tun haben, sondern ihre Entstehung und Verbreitung rein kommerziellen Interessen verdanken. Sie ersetzen in vielen Fällen ältere Festformen, wie zum Beispiel die Kirchweihfeste, die einmal im ganzen Land verbreitet waren, heute aber eher selten begegnen.

Wie feierte man früher?

Besonders interessant für die Art und Weise, wie man früher gefeiert hat, sind lokale Sonderformen des Brauches, die sich bevorzugt in Randzonen des Kultur- und Wirtschaftslebens erhalten haben. Sie lassen oft noch Reste ursprünglicher Sinngebungen erkennen.

Das gilt beispielsweise für den Brauch des Nikolaustages (6. Dezember), der seine feste Stellung inmitten der alten, inzwischen untergegangenen Fastenzeit vor Weihnachten und dem Epiphaniastag (6. Januar) hatte. An diesem Tag pflegte man im Umfeld der christlichen Kirche die Kinder in den Grundkenntnissen der Christenlehre zu befragen, d. h. ihr Wissen um die eigene Religion zu überprüfen.

Schwarze Männer als Nikolaus

Am Nikolaustag selbst oder auch an dessen Vorabend findet in Unterentersbach bei Zell am Harmersbach im Schwarzwald der Bickeselumgang statt, bei dem die unartigen Kinder, die nicht genug gelernt haben, durch schwarze Männer und eben diesen Esel erschreckt werden. An anderen Orten füllen Väter und Mütter die vor die Türen gestellten Schuhe ihrer Kinder mit Süßigkeiten und anderen Gaben, wobei dann wohl auch einmal eine Rute für diejenigen mit dabei sein mag, die im zurückliegenden Jahr allzu viel Schabernack getrieben haben.

Die Einteilung des Kalenders

Alle derartigen Feste und Bräuche folgen im Grunde einem sehr genauen Plan liturgischer Herkunft, hinter dem letztlich die doppelte Idee steht, einerseits das ganze Leben des Menschen im Sinne der christlichen Heilsbotschaft zu durchdringen und andererseits zu einer gesunden Lebensökonomie beizutragen, durch die Arbeit und Fest in ausgewogener Weise aufeinander folgen.

Das Brauchwesen des Jahreslaufes, ob es sich nun nach dem Naturjahr oder nach dem Kirchenjahr richtet, orientiert sich, historisch betrachtet, prinzipiell an der Ordnung des Kalenders, der in seiner heutigen Gestalt das Produkt verschiedener Versuche darstellt, das astronomische Jahr – das die Zeitspanne umfaßt, die vergeht, bis die Erde wieder zu dem (willkürliche gewählten) Ausgangspunkt ihrer Bahn zurückgekehrt ist – sinnvoll zu gliedern.

Julianischer Kalender für das „bürgerliche" Jahr

Der Julianische Kalender blieb die Grundlage des „bürgerlichen" Jahres mit dem Beginn am 1. Januar. Silvesterfeuerwerk und Böllerschießen dienen bis heute dem Salut des neu beginnenden Jahres und haben mit Dämonenabwehr und ähnlichem nichts zu tun. Dem Julianischen Kalender wurde im Zuge der Christianisierung die bei den germanischen Stämmen übliche Zeiteinteilung in Sommer- und Winterhalbjahr unterworfen. Die Bräuche von „Walpurgisnacht" am 30. April und am 1. Mai erinnern bis heute an den Übergang vom Winter- zum Sommerhalbjahr.

In der Nacht vor dem 1. Mai tobt sich, wie schon Johannes Praetorius in seinem Buch „Blockes-Berges Verrichtung" 1669 festhält und wie Goethe es in der Walpurgisnacht-Szene seines „Faust" voraussetzt, noch einmal der Winter aus, tanzen die Hexen, treiben die jungen Burschen allerlei Unfug, wenn sie etwa in Kirchzarten im Breisgau alles, was in dieser Nacht irgendwo herumsteht, zusammentragen, oder wenn sie Ortsschilder vertauschen und so aus Freiburg beispielsweise „Döggingen" werden lassen usw..

Traditionen im Marienmonat Mai

Am 1.Mai errichtet man Maibäume, feiert man die Maikönigin, die im christlichen Bereich zur Maienkönigin Maria umgewandelt wird, der ja der ganze Monat geweiht ist, lädt man zum Maitanz - denn jetzt hat das Sommerhalbjahr begonnen, wie es im Volkslied heißt: „Der Winter ist vergangen, ich seh des Maien Schein".

Der Beginn des neuen Jahres

Was den Jahresanfang am 1. Januar betrifft, wurde er stets mit allerlei Glückwünschen für das neue Jahr begangen. Der Versuch der Kirche, das mit Rechtsgewohnheiten verbundene, heidnische Neujahrsfest am 1. Januar abzuschaffen, schlug fehl, so daß man sich entschloß, dem Fest einen geistlichen Sinn zu geben: Es wurde als „Festum Circumcisionis Domini" (Fest der Beschneidung) in den liturgischen Kalender mit aufgenommen, während man parallel einen eigenen Neujahrsbeginn propagierte, nämlich den 6. Januar, das Epiphaniasfest, an dem die „Sternsinger" umherzuziehen pflegen, heute - aufgrund entsprechender Anstöße des „Päpstlichen Missionswerkes der Kinder" in Aachen und Wien - meist Knaben und Mädchen, während es früher die erwachsenen Männer waren, die Sternsingerrotten, wie man sie heute noch in Heiligenblut im Kärntner Mölltal findet.

Die Gewohnheit der „Sternsinger", bei ihren Umzügen zum Epiphanias-Fest die Zahl des neuen Jahres und den Segenswunsch C + M + B („Christus Mansionem Benedicat" = „Christus segne dieses Haus", volkstümlich Caspar, Melchior, Balthasar) an die Türen zu schreiben, erinnert an die Funktion des Tages als kirchlicher Neujahrstag, mit dem das Heilsjahr im engeren Sinne beginnt.

Das Osterfest mit seinen Bräuchen

Das Osterfest als Erinnerungsfeier an die Auferstehung Jesu setzte die Tradition des jüdischen Passahfestes fort – ein Freudenfest zur Erinnerung an den Auszug aus Ägypten. Der gesamte kirchliche Festkalender ist auf das bewegliche Osterfest und das nichtbewegliche Epiphaniasfest bezogen. Ostern und Epiphanie erhielten schon früh enthaltsame Vorbereitungszeiten, die Fastenzeiten, zugeordnet, die die Vorfreude auf das jeweilige Fest erhöhen sollten. Beide Fastenzeiten dienten zugleich der Unterrichtung der Taufbewerber bzw. der Kinder im christlichen Glauben.

Die Taufbewerber wurden in der Oktav des Osterfestes in die Gemeinschaft der Gläubigen aufgenommen, am Weißen Sonntag, an dem noch heute die Kommunionen gefeiert werden; in St. Peter im Schwarzwald werden dabei die Mädchen in der alten Brauttracht geweiht – sie tragen das „Schäppel", die mittelalterliche Brautkrone, die sie gewissermaßen zu Teilhaberinnen an der himmlischen Brautschaft mit Christus macht.

Die Fastenzeiten vor Ostern und Epiphanie dauerten jeweils 40 Tage. Diese 40 Tage aber wurden unterschiedlich berechnet, so daß sie entweder am Dienstag nach Invocavit oder aber sechs Tage früher, am Aschermittwoch, begannen. Die Vorabende der beiden Fastenzeiten wurden mit üppigen Festen begangen: dem späteren Martinsfest am 11. November und der Fastnacht, die also durch die gleiche Funktion miteinander verbunden waren, lange bevor die Fastnachtsnarren auf die Idee kamen, im Hinblick auf die Narrenzahl 11 ihre Veranstaltungen mit konstitutiven Sitzungen am 11. 11., dem 11. Tag im 11. Monat, einzuleiten, manchmal (wie in Mainz) pünktlich um 11 Uhr, 11 Minuten.

Die reich geschmückten Osterbäume sind jedes Jahr z.B. in der Oberpfalz zu sehen

Beim Karneval in Köln haben auch originelle Einzelkostüme Trdition

Fasching und der christliche Glaube

Fastnacht, Fasching oder Karneval einerseits und die Fastenzeit andererseits hängen also eng miteinander zusammen; ihr Termin und ihr Inhalt richten sich nach der Fastenzeit. Die Darstellung vergänglicher Pracht durch Faschingskönige oder – prinzen – wie im Fall der Kölner Prinzengarden – erfüllt also keineswegs nur den Zweck der Unterhaltung, sondern sie geschieht unter dem Gesichtspunkt, die Lebensalternative zwischen einer christlichen Diesseits- und einer Jenseitsorientierung aufzuzeigen.

Für das Jahr 1529 z. B. läßt sich in Gent ein Fastnachtskönig mit dem Namen Nebukadnezar nachweisen. Dies aber war der Name des Königs von Babylon gewesen, der den Staat Juda zerstört und dessen Volk in die Babylonische Gefangenschaft geführt hatte, im Mittelalter ein verbreitetes Sinnbild des Teufels. Über seine Figur wurde der Blick des Publikums in der Fastnacht auf Babylon gelenkt, den Teufelsstaat, das Gegenbild zum Gottesstaat der Gläubigen, Jerusalem. Im Fasching wird also eine Gegenwelt zum Christlichen aufgebaut, ein Teufelsstaat, in dem folgerichtig der Teufel das Sagen hat, so z. B. in der Hornberger Fasnet.

Schellenträger am Fastnachtssonntag

Der Bibeltext der Epistel des Fastnachtssonntages beschrieb als kennzeichnendes Merkmal jener, die sich zu der christlich definierten Liebe nicht bekennen, die klingende Schelle. Damit waren die Mitglieder der „cupido"-Gemeinschaft als Schellenträger benannt, und zwar genau am Fastnachtssonntag, um den herum die Narren bis heute mit ihren Schellen landauf, landab auf die Straße gehen – in Rothenturm nicht anders als z. B. in Villingen.

Wunderbare Masken, wie hier ein Teufelsgesicht, sind wesentlicher Bestandteil vieler Fastnachtsumzüge

Auch Strohgestalten, wie hier aus Baden-Württemberg, gehören zur traditionellen Fastnachtsverkleidung und -maskierung

Unterschiedliche Bräuche zu Fasching

Doch zurück zum Brauchkalender. Schon Papst Gregor der Große (um 600) und dann auch das Konzil von Benevent 1091 empfahlen, die Sonntage als Gedächtnistage der Auferstehung von der Fastenzählung auszunehmen und den Beginn der Fastenzeit auf den Mittwoch nach Quinquagesima zu legen, den späteren Aschermittwoch. Die darauf beruhende „neue" oder „Herren"-Fastnacht löste erst unter dem Einfluß der Jesuiten im 17. und 18. Jahrhundert allgemein die „alte" oder „Bauernfastnacht" ab. In einigen Orten des Markgräflerlandes und in Basel besteht der alte Fastnachtstermin bis heute fort.

Glühende Scheiben als Läuterung

Die Bräuche des sogenannten Funkensonntags, nämlich des Sonntags nach Aschermittwoch, gehören also zum alten Fastnachtstermin. Das gilt insbesondere für das Scheibenschlagen, das meist auch von den Fastnachtsvereinen durchgeführt wird, in Kirchzarten beispielsweise von den „Kontra-Brüdern", die als „Schiibe-Bube" Holz für das Feuer sammeln, dann die viereckigen, in der Mitte durchlöcherten Holzscheiben herstellen und diese nach Einbruch der Dunkelheit und dem Abbeten des Rosenkranzes im Feuer glühen.

Diese glühenden Scheiben werden dann, verbunden mit ehrenden, mahnenden oder rügenden Worten, für bestimmte Personen „geschlagen", wobei jede Scheibe einem Menschen zugeordnet ist.

Daß es sich hierbei um ein Reinigungsritual am Ende der Fastnacht handelt, bei dem es ähnlich um die Läuterung geht wie bei der Vorstellung von der reinigenden Kraft des Fegefeuers, erscheint offensichtlich. Das älteste Zeugnis für diesen Brauch stammt vom 21. März 1090, als durch eine fehlgeleitete Scheibe die Klosterkirche zu Lorsch abbrannte; es handelte sich um Klosterbrauch.

Krippenspiele und Lichterbräuche

Prinzipiell sind auch alle Weihnachtsbräuche abhängig von der alten Perikopenordnung. Die Lesung der Weihnachtsgeschichte nach Lukas in der Matutin des ersten Weihnachtstages bot die Grundlage für die Krippenspiele, sowohl auf katholischer als auch auf evangelischer Seite.

Die Perikope der Messe des ersten Weihnachtstages, das Evangelium nach Johannes mit dem Wort vom Licht, das in der Finsternis leuchtet, bestimmte die zahlreichen Lichterbräuche des Weihnachtsfestes, von der Lichterpyramide bis zum Lichterbaum, wie er sich nach älteren Vorbildern seit 1800 als oberschichtliche Innovation allgemein durchsetzte, begünstigt vor allem durch protestantische Pastoren – Carl Schwerdtgeburths bekanntes Bild „Luther unter dem Weihnachtsbaum" bedeutete allerdings einen drastischen Anachronismus, denn zu Luthers Zeit gab es noch keinen Weihnachtsbaum.

Weihnachten und Advent

Die sehr jungen, erst Mitte des 19. Jahrhunderts am „Rauhen Haus" in Hamburg durch den evangelischen Pfarrer Johann Hinrich Wichern aufgekommenen Adventskränze mit zunehmender Zahl der Lichter hatten ihren Bezugspunkt in der Liturgie und konnten sich deshalb im Rahmen einer Nord-Süd-Bewegung im evangelischen wie im katholischen Raum ohne Mühe durchsetzen. Erhalten blieb in der Mitte der alten Fastenzeit der Tag für die Glaubensprüfung der Kinder, das spätere Nikolausfest am 6. Dezember.

Die Aufgabe der meisten Bräuche besteht darin, die konkreten Sinngebungen der Jahresfeste hervorzuheben. Wie der Anfang des Geschehens, das zur Auferstehung führte, liturgisch im Einzug Jesu in Jerusalem gesehen wird, beginnen auch die Osterbräuche am Palmsonntag mit der Herstellung der Osterpalmen, die Leiden und Triumph Christi zum Ausdruck bringen sollen.

Palmen und Esel zu Ostern

Die bis zu acht Meter hohen Palmen, die am Palmsonntag in der Kirche aufgestellt werden, sollen die südländischen Palmen ersetzen. Die Palmeselumzüge, die ebenfalls den Einzug Jesu in Jerusalem nachspielten, sind durch die Aufklärung weithin verdrängt worden.

Ratschen statt Glockenklang

Von den Bräuchen der Karwoche hat sich am längsten das „Ratschen" erhalten, das aus dem Brauch des Judas-Austreibens als End- und Höhepunkt der Trauermette des Karmittwochs hervorgegangen ist. Der mit verschiedenen Arten von Kastenratschen hervorgerufene Lärm dient dazu, statt der Glocken zu den Gottesdiensten das Karfreitags zu rufen.

In manchen Orten „ratschen" die Buben auch gruppenweise vor den Häusern und erhalten dafür Gaben. Der Geräuschpegel einer solchen Ratsche ist so groß, daß teilweise ein einziges Instrument genügt, um das ganze Dorf herbeizurufen. Wichtig sind an diesen Instrumenten die hölzernen Hämmer, die an den Vorgang der Kreuzigung erinnern sollen, so wie entsprechende Lieder darauf hinweisen, in denen es heißt: „Maria hört die Hämmerlein klingen".

Bunte Eier – für die Weihe gekennzeichnet

In manchen Lebenserinnerungen wird berichtet, daß an Ostern zu Gründonnerstag die ersten Eier gefärbt wurden. Wer dann zu Besuch kam, bekam ein gefärbtes Osterei, und wenn man zu jemandem ging, war es ebenso. Diese Bräuche haben sich bis heute erhalten und haben ihre Ursache in dem früheren Verbot des Eieressens in der Fastenzeit, das durch die kirchliche Eierweihe im Kanon der Ostermesse aufgehoben wurde.

Um sie von den anderen Eiern, die nicht zur Weihe getragen wurden, zu unterscheiden, färbte man diese Ostereier ein, und zwar zunächst nur rot. Später ging man dazu über, diese Ostereier auch mit allerlei christlichen Sinnbildern zu verzieren, etwa mit dem Zeichen des Lamms, das auf das Opfer hinweist, oder mit der Osterfahne und mit sonstigen figürlichen oder ornamentalen Darstellungen. Die Ostereier gaben auch eine beliebte Patengabe und ein Geschenk unter Liebesleuten ab, weshalb man sie mit entsprechenden Aufschriften versah.

Die Protestanten, die den Brauch aus Gründen ihrer Rechtfertigungslehre verwarfen, kamen im 17. Jahrhundert auf den Gedanken, den „Osterhasen" für die Ostereier verantwortlich zu machen, und so von den Fastenvorschriften der katholischen Seite abzulenken.

Warum man dabei auf den Hasen verfiel, mag ein Hinweis des Goethe-Malers Heinrich Wilhelm Tischbein aus Hain im evangelischen Nordhessen erklären, der über die Ostereierherstellung im Hause seines Großvaters um 1760 berichtete, daß man hier zu Ostern das Dreihasenbild als Osterschmuck verwendete. Wenn nun dieses Hasen-Trinitäts-Sinnbild die Ostereier zierte, mithin das Osterfest die Eier mit den

Der genaue Abstand muß beim „Eierlaufen" schon sein

Hasen brachte, konnte man durch einen naiven Umkehrschluß leicht auf den Gedanken kommen, daß auch der Hase die Eier brächte, wie es dann in evangelischen Familien behauptet wurde. Es besteht übrigens keinerlei Veranlassung, in den Osterbräuchen irgendwelche heidnischen Relikte zu vermuten oder die frei erfundene Göttin Ostara für die Ostereier verantwortlich zu machen.

„Eierlesen" – ein spezieller Osterbrauch

Immerhin gab es an Ostern auch weltliche Eierspiele, die mit dem Osterfest primär nicht in Zusammenhang standen, dann aber auf Betreiben der Jesuiten auf das Osterfest, speziell den Ostermontag, gelegt und so in das christliche Weltbild integriert wurden. In Kirchzarten wird dieses „Eierlesen" von zwei Parteien, Sammler und Läufer, sowie von Räuber und Gendarm gespielt. Zunächst legt man 100 Eier im Abstand von genau 50 cm aus. Auf ein vereinbartes Zeichen hin beginnt der Sammler Ei für Ei in einen an der Spitze der Reihe aufgestellten Korb zu legen, während in derselben Zeit der Läufer in den zwei Kilometer entfernten Nachbarort Oberried und zurück laufen muß. Unterwegs muß er außerdem dreimal einkehren und je einen Viertelliter Wein trinken.

Während der Wettstreit vonstatten geht, treten die Räuber auf den Plan und versuchen, sich Eier

Enggedrängt an schmalen Tischen sitzt man lustig und vergnügt zu Tausenden beim Dürkheimer Wurstmarkt in der Pfalz

für ein Mahl zu stehlen, doch die Reihe wird von dem Gendarmen bewacht. Es kommt zu einer Prügelei, bei der die Räuber siegen; friedlich können sie ihre Beute braten. – Was dieses Spiel soll, wird leicht begreiflich, wenn man die Chancen der Kontrahenten erwägt. Die Aufgabe, nacheinander 100 Eier aufzulesen, scheint eine Kleinigkeit zu sein. Berechnet man aber die Wegstrecke, die dabei zu bewältigen ist, so ergibt sich eine Strecke von etwa fünf Kilometern, die also in diesem Fall einen Kilometer länger ist als der Weg des Läufers; der aber muß dreimal einkehren, wodurch er Zeit verliert, und Wein trinken, der seine Kondition mindert. Die Räuber, die dem Sammler Eier stehlen wollen, begünstigen diesen, da er die gestohlenen Eier ja nicht mehr aufzulesen braucht. Der Gendarm, der das verhindern will, handelt also im Interesse des Läufers.

Man sieht, daß hier ein mathematischer Kopf am Werk war, und tatsächlich findet sich das Spiel zuerst als eingekleidete Rechenaufgabe im Rechenbuch des Rechenmeisters Simon Jacob

Der Weihnachtsmarkt vor dem Kölner Dom ist jedes Jahr eine beeindruckende Festlichkeit im Lichtermeer

An St. Martin finden viele Kinderumzüge mit Laternen oder mit „Gänse-Symbolen“ statt

von Coburg, 1557 und 1574, sogar in zwei Fassungen. Da bei diesem Spiel viele Eier benötigt werden, die man eigens dazu aufbewahren muß, begünstigt dies den Umstand, es zu Ostern auszutragen. Das sehr beliebte „Eierlesen“ hat sich an vielen Orten erhalten, z. B. in Remlingen/Unterfranken, wo besonders viele Eier gesammelt werden, bevor der Wettkampf losgeht, der den Konkurrenten an einen eigens dafür vorgesehenen „Eierlaufstein“ führt.

Fronleichnam

Das thematisch zum Gründonnerstag gehörende, aber mit dem Klagecharakter der Karwoche („kara“ heißt Klage) nicht zu vereinbarende Fest der Einsetzung der Altarsakramente von Brot und Wein wurde als Fronleichnamsfest auf den ersten Donnerstag nach der Oktav des Pfingstfestes gelegt, mit dem der engere Osterfestkreis schließt. Beim feierlichen Bittgang anläßlich des Fronleichnamsfestes wird die Hostie in einer Monstranz dem Volk der Gläubigen gezeigt. In Orvieto, Italien, dem Ursprungsort der Prozession, spielt man heute noch das damalige Geschehen nach, z. T. in historischen Kostümen, wobei Vergangenheit und Gegenwart auf eine eigentümliche Weise miteinander verschmelzen, mit Trommlern und Schweizer Garde, mit Gelehrten und Fürsten.

Fronleichnamsprozessionen in Deutschland

In Deutschland führt die Fronleichnamsprozession zu vier Stationsaltären, die den vier Himmelsrichtungen entsprechen. Der ganzen Welt soll dadurch gewissermaßen der Triumph der Kirche offenbart werden. Der Weg der Prozession wird mit Blumen bestreut oder mit Blumenteppichen belegt; dies resultiert aus der alten Vorstellung, daß das Überirdische die Erde nicht berühren dürfe.

Wie kommt der Blumenteppich nach Deutschland?

Die Ausbreitung der Blumenteppiche begann nach Anstößen aus Rom 1772 von Genzano di Roma in den Albaner Bergen, wo man noch bei der „Infiorata“ 1984 die breiten Teppiche mit ihren genau erwogenen Bildmotiven sehen konnte, über die nach Einbruch der Dunkelheit die Fronleichnamsprozession führte. Über Forli bei Neapel gelangte 1842 das Blumenteppichlegen nach Hüfingen im Schwarzwald, von wo aus es sich weithin verbreitete, etwa nach Freising oder zuletzt nach Bad Krozingen.

Vereinzelt finden sich heute zum Fronleichnamsfest noch die barocken Triumphbögen, z. B. in Mardorf/Hessen. Sie bilden auf der via triumphalis die Ehrenpforte für den Heiland.

St. Martin mit Umzügen und Gänsebraten

Die Feier des Martinstages am 11. November schließlich erhält ihre Bedeutung von der ursprünglichen Aufgabe der vorweihnachtlichen Fasten- bzw. Adventszeit, die in einer Besinnung auf den christlichen Glauben und damit auf die Notwendigkeit der Zuwendung zum Nächsten liegt. Deshalb führt man vielerorts die überlieferte Episode der Mantelteilung am Stadttor von Amiens auf. In Freiburg im Breisgau z. B. oder in Kirchzarten erscheint der Heilige als römischer Kriegsmann. Das Spiel selbst erfolgt unter Teilnahme der Schuljugend auf dem Platz vor der Schule; es hebt die Pflicht zur Nächstenliebe deutlich hervor. Zum Zeichen des Bekenntnisses finden zudem Laternenumzüge statt.

Der Umstand, daß die Fastenruhe fröhliche Feste ausschloß, ließ den Vorabend im Mittelalter zu einem beliebten Herbstfest werden, bei dem Gänse geschlachtet und verzehrt wurden;

auch darauf wird, z. B. in Freising, hingewiesen. Im Hinblick auf den Martinstag, als Namenstag Martin Luthers, ließen die Protestanten die Bräuche dieses Tages bestehen, versuchten sie aber auf Luther umzudeuten.

Nikolaus

Schließlich zum Nikolaustag am 6. Dezember, in dessen Mittelpunkt die Katechisierungsspiele stehen, innerhalb deren die Prüfung der Kinder in den Grundlehren des Christentums erfolgt. In der Normalform dieses Brauches prüft der heilige Bischof Nikolaus die Kinder, indem er das Vaterunser, das Glaubensbekenntnis usw. abfragt. Ihn begleiten Engel und Teufel, die für Lohn und Strafe zuständig sind. Während manchmal der Bischof selbst belohnt, erscheint er doch nie ohne den teuflischen Begleiter, der die Bösen in die Kiepe oder in den Sack steckt.

Der Teufel als Seelenverschlinger

Ähnlich verläuft das Spiel heute noch in Unterentersbach bei Zell a. H., wo die teuflischen Begleiter noch im Jahre 1983 an ihren Kiepen tatsächlich „Kinderbeine" befestigt hatten. Das Modell dieses im Grunde seelenverschlingenden Teufels, der als solcher schon im Nürnberger Schembartlauf begegnet, bildeten alte Höllendarstellungen mit dem Teufel als Seelenverschlinger, z. B. im Baptisterium in Florenz oder als Kapitell der Kirche Saint-Pierre in Chauvigny, die ihrerseits auf dem antiken Saturn-Mythos beruhen.

Nikolaus in der darstellenden Kunst

Im evangelischen Einflußbereich wurden die Gestalten des Bischofs Nikolaus und seines Knechtes miteinander verschmolzen. Während der Knecht Ende des 18. Jahrhunderts immer noch Begleiter des Bischofs ist, aber schon deutlich in den Vordergrund tritt, verschmilzt er mit diesem in späteren Darstellungen zu einer einzigen Figur, die Rute und Sack kennzeichnen. Am Ende bleibt nur der Knecht Ruprecht übrig, der die bösen Kinder in den Sack steckt, die braven aber belohnt.

Doch die letzte Perversion ist nicht einmal dort erreicht, wo diesem Weihnachtsmann eine Weihnachtsfrau zur Seite tritt, die dann mit ganz anderen Reizen aufwartet, sondern erst da, wo der „St. Claus" gänzlich aus seinem Umfeld gelöst und zum surfenden Alten wird, wie auf einer Postkarte aus den USA von 1980. Wen wundert es da, daß aus dem Kinderbischof ein Weihnachtsmann wurde, den niemand mehr ernst nimmt?

Zerfall oder Erhalt der Festkultur?

So hat sich der Kreis geschlossen, und gerade dieses letzte Beispiel mag zeigen, wie leicht aus an sich und in sich sinnvollen Aktionen durch mangelndes Verständnis für das Gemeinte Gebilde entstehen, die nichts anderes mehr belegen als den Zerfall christlicher Festkultur. Hier entgegenzusteuern und sich diese Kultur zu erhalten, dürfte eine lohnende Aufgabe sein, bei deren Lösung man sich an den wenigstens in Rand- und Rückzugsgebieten vorhandenen intakten Formen orientieren kann.

So mag dieser Überblick über das Brauchtum des christlichen Festkalenders die Vielschichtigkeit des Überlieferten – vom bürgerlichen und liturgischen Kalender bis hin zu den wichtigsten Einzelphänomenen – bewußt machen und dazu ermutigen, das Einzelne von der Struktur des Ganzen aus zu beurteilen, zu sehen, wie gefährdet diese Traditionen sind, und darüber zu diskutieren, ob es sich lohnt, dieses abendländische Kulturgut zu erhalten.

Finnland

Auch an „Juhannus" flattert die Fahne mit dem blauen Kreuz

Helle Nächte und bunte Luftballons
So feiert man in Finnland

In der Mittsommernacht brennen überall die Johannisfeuer

Saunabaden – das ewige Fest der Finnen

Es gibt keinen Tag der Sauna in Finnland, wie es etwa Mittsommer oder Weihnachten gibt. Für die Finnen ist eigentlich jeder Tag ein Tag der Sauna. Haben sie doch dieses Schwitzkästchen erfunden, hat es sich doch zusammen mit der finnischen Bezeichnung dafür über die ganze Welt verbreitet. Zusammen mit der Sauna hat sich auch ein Saunamythos entwickelt. Was doch die Sauna alles sein soll! Gesundbrunnen, Jungbrunnen, Abhärter, Geburts- und Sterbezimmer, Krankenstube und nicht zuletzt ein heiliger Raum, in dem man das Leben anbetet und die Ewigkeit verehrt.

Zuallererst ist die Sauna ein Ort für körperliche Reinigung. Als die Finnen noch keine weltbekannten Architekten hatten – also vor etwa 4.000 Jahren –, buddelten sie einfach Löcher in die Erde, machten dort ein Feuer an, deckten das Loch oben ab und hockten sich neben die Feuerstelle. Als sie sich vor etwa 2.000 Jahren im heutigen Finnland zur Ruhe setzten, ersannen und erbauten sie die hölzernen Saunahäuschen. Wer sich neu ansiedelte, zimmerte zuerst die Sauna hoch, damit die Familie schnell ein Dach über dem Kopf hatte, und ging dann an den Bau des eigentlichen Hauses.

Die Sauna jener Vor-Vorfahren hatte eine offene Feuerstelle in der Mitte des einzigen Raumes. Sie wurde ordentlich geheizt, mit der Wärme breitete sich auch der Rauch aus, den man drinnen behielt, weil sich durch ein Abzugsloch mit dem Rauch zusammen ja auch die Wärme verflüchtigt hätte. Der nächste und bislang letzte Schritt auf dem Weg zur Vollzivilisation war die Ofensauna mit den heißen Steinen als Abdeckung. Dieser Prototyp wird nur durch die Art des Ofens und den Luxusgrad der Ausstattung variiert.

Das tägliche Fest des Finnen: Die Sauna

Im Land der tiefen Wälder wurde der Saunaofen natürlich mit Holz beheizt, am liebsten mit Holz von Laubbäumen. Ein herrlicher Duft! Dann kam in den 1960er Jahren das Dunkel der Dekadenz über Finnland, und der Holzofen mußte dem Elektroofen weichen. Heute sitzen die Finnen sogar im Sommer auf dem Land gewöhnlich in einer elektrisch beheizten Sauna. Und während ihnen der Schweiß aus den Poren quillt, reden sie nostalgisch davon, wie schön der Duft der Holzöfen war. In der Bauernzeit war der Samstagnachmittag für den wichtigsten Besuch der Sauna bestimmt: nach der Wochenarbeit und vor dem Kirchgang. Verstädterung und 36-Stunden-Woche haben auch diese Gewohnheit verändert: Man geht, wann es einem gerade paßt (die Elektrosauna läßt sich ja durch Knopfdruck schnell und mühelos anheizen) oder wenn man im Etagenhaus vom Vermieter im Rahmen des Benutzungsplans eine Zeit zugewiesen bekommen hat.

Und was tun die Finnen in der Sauna? Sie schwitzen. Meistens getrennt nach Männern und Frauen. Nur Familien und die engere Verwandtschaft verzichten auf diese Trennung. Die Sauna gibt es gemischt erst, seit sie zum Exportartikel wurde, und diese Form ist im Ausland weit stärker verbreitet als in Finnland. Sauna ist Körperreinigung und Geselligkeit. Am langweiligsten ist es, wenn man allein sitzt und schwitzt. Dann hat auch Lesen keinen Zweck. Man nimmt den Inhalt nicht richtig auf, und das Papier zerknittert in der feuchtheißen Luft. Man soll die Sauna so genießen, wie man gerade mag. Es gibt keine Vorschrift, wie lange man auf der Pritsche sitzen und wie heiß die Luft sein muß. Auch die Finnen passen Hitze und Dauer so an, wie sie es gewohnt sind oder wie ihnen gerade zumute ist. 80 Grad sollte sie schon haben, und 7-10 Minuten sollte man es schon aushalten. Dann raus unter die Dusche, hinein in den See oder gar – was nicht viele tun – im Winter ins Eisloch. Ebenso wenig obligatorisch ist die Birkenrute, ohne die für manche kein Saunagang vorstellbar ist, während viele andere ganz gut auch ohne sie zurechtkommen. Das wiederholt man, so oft man will, und das beendet man, wenn man genug hat.

Saunabaden für alle Lebenslagen

Sehr schön ist natürlich die hölzerne Sauna mit Veranda und Steg am See. Noch schöner ist es, wenn sie außer dem Umkleideraum auch noch ein Kaminzimmer hat. Es muß nicht luxuriös sein. Wichtig sind bequeme Stühle, kühles Bier oder trockener Weißwein (stärkere Getränke nur selten, weil wenig ratsam) und nicht zuletzt gebratene Würstchen, die in Stanniolfolie auf dem Saunaofen ihre saftige Reife erreicht haben. Man kann es sich gemütlich machen – in der Sauna und nach der Sauna. Kein Wunder, wenn die Finnen ihre Sauna schätzen und sogar darauf schwören, daß ein kräftiges Saunabad jeder Krankheit – nun ja, fast jeder – den Garaus macht. Ein finnisches Sprichwort lautet: „Wem Teer, Schnaps und Sauna nicht mehr helfen, dem ist nicht mehr zu helfen.“

Mittsommer

Die hellste Nacht der hellen Nächte

Das finnische Feierjahr beginnt dann, wenn die Sonne am höchsten steht: Mittsommer! Schon der Gedanke an ihn läßt alle Finnenherzen höher schlagen. Ein wenig Wehmut ist freilich auch dabei, denn wenn die Sonne am höchsten steht, beginnt ja auch der Abstieg hin zum Herbst und

Winter. Zu Mittsommer zeigen die meisten finnischen Familien Flagge und hissen den „Siniristilippu“ (Fahne mit dem blauen Kreuz) auf Vollmast. Brauch ist es, die Flagge bei Sonnenuntergang einzuholen.

Nur zu Juhannus läßt man sie bis in den nächsten Tag hinein flattern. Schon wochenlang vorher werden Kloben für Kloben, Scheit für Scheit, Zweig für Zweig die Holzstöße errichtet. Man will den Nachbarn zwar nicht übertrumpfen, aber ein wenig schielt man schon zu seinem Hof hinüber, wenn man am eigenen „Kokko“ bastelt.

Das Fest des Jahres

„Juhannus“, in der zweiten Landessprache Schwedisch heißt dieser Tag „Midsommar“, ist der Finnen schönster Grund zum Feiern. Und zum Johannisfest muß man mehr vorbereiten als nur den Holzstoß. Zu essen muß man einkaufen, zu trinken muß man einkaufen, Gäste werden geladen, und die Juhannussauna wird geheizt. Mit dem Saunabesuch fängt der Abend an, und viele landen noch einmal in der Sauna, ehe sie ins Bett gehen – oder torkeln.

Längst ist das Mittsommerfest kein Hort der Folklore mehr. Längst schon haben auch die Finnen sich von den Tanderadei-Vorstellungen gelöst, die man in Mitteleuropa oft mit skandinavischen Volksfesten verbindet. Etwas überspitzt könnte man sagen: Wichtig sind an diesem Tag Geselligkeit und Trunkenheit. Am Johannus-Abend schaut auch der Finne tief ins Glas, der es sonst eher mit der Mäßigkeit hat. Einmal im Jahr müssen die Puppen richtig tanzen.

Wie das Fest verläuft? Das hängt von drei Umständen ab: Regen oder blauer Himmel; Land oder Stadt; jung oder alt. Es ist klar, daß ein offenes Holzfeuer sich kaum mit einem Wolkenbruch verträgt. Und selbst wenn es nur nieselt, dann macht es nicht viel Spaß, im Freien zu feiern. Auf dem Land bleiben die Sommerhaus-Familien oft für sich allein – wenn nicht gerade zu später Stunde ein paar Ruderboote mit meist sehr fröhlichen Nachbarn auftauchen. In der Stadt gibt es keine großen Feuer – wenn man an einem feiern will, muß man zu einer Bucht am Stadtrand oder zum nächsten Freilichtmuseum fahren. – Wer jung ist, feiert gern mit einem ganzen „Jengi“ – die finnische Version von „Gang“ – zusammen auf einem Tanzboden am Waldesrand.

Diese Tanzböden gibt es in Nordeuropa schon seit Jahrhunderten, und es wird sie noch jahrhundertelang geben. Ein Musikant, manchmal zwei oder drei, ab und zu auch eine ganze Gruppe, das sind die Stimmungsmacher. Im Mittelpunkt aber verschafft sich eine Stimme Gehör, oft freilich nur ein Stimmchen. Viele Sänger und Sängerinnen haben in Finnland ihre Laufbahn auf der „Tanssilava“ begonnen.

Da der Tanzboden gewöhnlich nach drei Seiten offen ist, haben arktische Winde und Dauerregen schon manche Stimme frühzeitig ruiniert. Ein alter Brauch hält sich immer noch hartnäckig, auch wenn viele Mädchen und Frauen es nicht zugeben wollen: Man sammele sieben Arten von Blumen und lege sie vor dem Einschlafen unter das Kopfkissen. Dann erscheint der Zukünftige nachts im Traum. Juhannus müßte eigentlich am 23. Juni, dem Tag des höchsten Sonnenstands, gefeiert werden. Damit die Arbeitswoche nicht zerschnitten wird, haben die Finnen das Mittsommerfest auf den Samstag gelegt, der dem 23. Juni am nächsten ist.

Flaggen zu Aleksis Kivis Ehren

Der 10. Oktober ist einer jener finnischen Feiertage, an denen es weder arbeits- noch schulfrei gibt. Von öffentlichen Gebäuden weht die weiße Flagge mit dem blauen Kreuz, die 1919 zum Symbol der finnischen Nation erwählt wurde.

Ausgelassenes Feiern auf den traditionellen Tanzböden überall zum Johannisfest

Der Tag ist Aleksis Kivi gewidmet, dem ersten bedeutenden Schriftsteller, der Finnisch als Sprache wählte.

Es mag erstaunen, daß er ein Mann des 19. Jahrhunderts war, geboren am 10. Oktober 1834. Er wuchs in die Zeit des nationalen Erwachens hinein. 1809 hatte ein Konsens zwischen dem russischen Zaren und Napoleon Finnland aus seinen engen Bindungen mit Schweden herausgetrennt. Das frühere Großherzogtum wurde Großfürstentum unter dem Zaren, und Alexander I. „erhöhete Finnland in den Kreis der Nationen". Damit endete zunächst langsam und bald auch mit zunehmendem Schwung die kulturelle Vorherrschaft der schwedischen Sprache. Aleksis Kivis literarischer Durchbruch ist die Komödie „Nummisuutarit" (Die Heideschuster). Mit ihr wurde er auch zum Begründer des finnischen Theaters. 1870 erschien sein größter Erfolg: „Seitsemän veljestä" (Die sieben Brüder).

Für die griechisch-katholischen Christen ist Ostern das höchste kirchliche Fest

Zu diesem Zeitpunkt war Aleksis Kivis bereits schwerkrank. Sein ohnehin nicht sehr widerstandsfähiger Körper war von geistiger und körperlicher Überanstrengung geschwächt. Zudem litt er unter jener Geißel, die damals Nordeuropa schlimmer verheerte als heute alle Rauschmittel zusammen: Alkohol. Mit 36 Jahren starb er. Das selbständige Finnland gedenkt in jedem Jahr seines Geburtstages.

Mittelpunkt der Feiern an Ostersonntag ist die Auferstehungsikone

Der Schwedische Tag

Manifestation einer Minderheit

Den 6. November, als 1632 Schwedenkönig Gustav II. Adolf bei Lützen fiel, hat die schwedischsprachige Bevölkerung Finnlands zu ihrem Feiertag gemacht. Die Finnlandschweden machten 1917, als das Land selbständig wurde, etwa 14 Prozent der Bevölkerung aus. Dieser Anteil ist auf jetzt sechs Prozent zurückgegangen. Nach der Verfassung sind die Finnlandschweden die zweite Bevölkerungsgruppe, und Schwedisch ist die zweite Landessprache. Die Wirklichkeit des Alltags hat sie – etwa 300. 000 von mehr als fünf Millionen Einwohnern Finnlands – auf eine Minderheit reduziert. Die Finnlandschweden begehen diesen Tag mit einem Gemisch aus Melancholie und „Trotzdem". Mit Feiern in den Schulen, Versammlungen der Bürgerbewegungen und Ansprachen von Politikern, mit Trachtengruppen vorher und Trachtengruppen nachher. Gerade an diesem Tag der Manifestation erscheint den finnischsprachigen Bewohnern Finnlands die schwedische Bevölkerungsgruppe ein wenig suspekt. Es gibt eine Koexistenz von Finnen und Finnlandschweden. Aber Brüderlichkeit? Doch. Die gibt es dann, wenn Gefahr von außen droht.

An Karfreitag wird das Beerdigungsbild Cristi um die Kirche getragen

Immer älter und immer vitaler

Glückliches Finnland! Du hast in den dunklen, trüben Wochen vor Weihnachten wenigstens einen Feiertag, der fröhlich begangen wird. Es ist der 6. Dezember. „Itsenäisyyspäivä" auf finnisch, „Självständighetsdagen" auf schwedisch: der Unabhängigkeitstag.

Die Finnen nutzten 1917 die Revolutionswirren in Rußland gut aus und erklärten ihre Selbständigkeit. Die Begründung bezogen sie von den noch nicht ganz fest etablierten Machthabern in Petrograd: Der Zar sei ja abgesetzt, und damit habe die Personalunion zwischen ihm und seinem Großfürstentum zu existieren aufgehört. Die ersten Jahre waren schwer. 1918 begann mit einer Auseinandersetzung zwischen den nationalen Kräften hier und den mehr zum Sozialismus orientierten dort. Sie dauerte ein hartes halbes Jahr lang. Danach konnten die Finnen mit Energie und Ausdauer ihren eigenen Staat aufbauen.

In den Strudel des Zweiten Weltkrieges wurden sie hineingerissen. Im Winterkrieg 1939/40 kämpften sie allein gegen die Sowjetunion. Sie bewahrten ihre Unabhängigkeit. Dann ließen sie sich an deutscher Seite in den Rußlandfeldzug hineinziehen, aber wieder konnten sie ihre Unabhängigkeit bewahren. Seitdem ist es eigentlich nur immer aufwärts gegangen. Mit ein paar Wellentälern. Aus dem seit 1945 tiefsten sind sie immer noch nicht heraus. Die übliche Situation der Wohlstandsländer: Zwar läuft die Wirtschaft gut, aber die Zahl der Arbeitslosen läßt alle schaudern. Kaum etwas kann man so schwer voraussagen, wie das Wetter in Finnland am Selbständigkeitstag. Unwahrscheinlich ist nur, daß die Sonne scheinen wird. In Helsinki Schnee und plötzlich einsetzendes Tauwetter, Graupelschauer, Regen und dazu noch ein Temperatursturz, der alle Straßen spiegelglatt macht. Der 6. Dezember ist Flaggentag. Wenn die frühe Abenddämmerung kommt, stellen die Menschen Kerzen in die Fenster, und eine eher wehmütige als feierliche Stimmung breitet sich aus. Ganz offiziell gefeiert wird im Palais des Präsidenten am Marktplatz der Hauptstadt. Das Staatsoberhaupt bittet zu Gast. Gebeten werden die Prominenz und auch ein paar gewöhnliche Bürger. Hochkonjunktur bei den Figaros. Heute geht es auch schon ohne Frack und Ordensschnalle, aber die Damen erscheinen ganz ohne Murren in Abendkleidern.

Schon Wochen vorher viel Kopfzerbrechen in der Präsidentenkanzlei: Die Einladungslisten wollen zusammengestellt werden, und mehr als etwa 2.000 Menschen haben im Palais nicht Platz. Wer muß unbedingt neu auf die Liste? Das ist in einem Jahr olympischer Winterspiele besonders schwer, denn die Medaillenträger sollen unbedingt dabei sein. Es ist eine Ehre, dabeisein zu dürfen. Aber – so sagen Teilnehmer – schweißtreibend ist es auch. Am 6. Dezember, brennende Kerzen, Flaggen, Feierlichkeiten, Feiern und: Je später der Abend, desto größer der Frohsinn.

Weihnachten – mit finnischen Akzenten

Da geht es in Finnland so zu, wie fast überall in der Welt dort, wo evangelische und katholische Menschen wohnen: Weihnachtsmänner, Tannenbäume, Bescherung und ein fröhlicher Ausklang mit vollem Magen. Am späten Nachmittag fahren und gehen die Finnen und Finninnen zu den Friedhöfen und zünden Kerzen auf den Gräbern an. Diese Ehrung galt nach den Kriegen vor allem den Gefallenen, heute wird jeder verstorbene Angehörige bedacht. Die Grabstätten werden zu einem Lichterhof im Wind hin und her zuckender Kerzen. Schweigeminuten – und dann die Hinwendung zum Jetzt.

Wiedererweckter Trockendorsch

Das Jetzt ist ein opulentes Gastmahl. Sein Mittelpunkt sind Laugenfisch und Weihnachtsschinken, darum herum ist alles garniert, was auch schon den früheren Generationen geschmeckt hat: Heringshäppchen und Pellkartoffeln, Kartoffel- und Erbsenpüree, Steckrübenauflauf, Gemüse quer durch Europa. Dazu der Schinken mit Senf.

Der Laugenfisch ist ein wiedererweckter Trokkendorsch. Tagelang liegt er in der Lauge, die jede Hausfrau nach ihrem Gusto macht, und stänkert still vor sich hin. (So war es jedenfalls früher, heute holt man den fertig präparierten Fisch aus dem Supermarkt oder noch lieber bei einem kleinen Lebensmittelkaufmann, der ihn nach einem ganz eigenen Geheimrezept selbst aufbereitet hat.) Serviert wird er weichgekocht, mit zerlassener Butter und den schon erwähnten Zutaten. Vor dem Kochen wurde die Lauge gründlich ausgewaschen, und so ist der Fisch nur noch Geschmacksträger – mit einem ganz leichten Eigenaroma.

Lukullische Genüsse gehören dazu

Nach dem Hauptgericht folgt die Reisgrütze, mit viel Zucker und Kaneel darauf. Darin verborgen ein einziger Mandelkern. Sache der austeilenden Hausfrau ist es, ihn so unterzubringen, daß jemand von den jungen Gästen ihn bekommt. Er oder sie wird im nächsten Jahr an den Traualtar – oder zumindest vor den Standesbeamten – schreiten. Wer früh die Tafel verläßt und einen Verdauungsspaziergang macht, sieht Autos durch die Wohn- und Eigenheimviertel sausen. Am Steuer sitzen Weihnachtsmänner, die unterwegs auf den Spickzettel schauen. Wohin jetzt, wie heißen die Kinder, und was soll ich sie fragen? Stimmungsvoll wird der Weihnachtsabend in der südwestfinnischen Stadt Turku eingeleitet, die bis 1812 Finnlands Hauptstadt war. Vom Brinkkala-Haus verkündet ein Repräsentant der Stadt mittags um zwölf gleich nach dem letzten Glockenschlag vom Dom den Weihnachtsfrieden: „Morgen, so Gott will, ist der gnadenreiche Geburtstag unseres Herrn und Erlösers“ sind die ersten Worte. Die Verkündung in beiden Landessprachen endet auf schwedisch: „Abschließend wünsche ich allen Bürgern und Bürgerinnen der Stadt fröhliche Weihnachten.“

Heilig Abend am 24. Dezember beginnt nachmittags als Feiertag. Feiertage sind auch der 25. und 26. Dezember.

Silvester

Der Eingang zum Neuen Jahr

Frohes Feiern mit Sekt und Bleigießen und einem angeschalteten Fernsehapparat, auf den doch niemand achtet. Konfetti und Hütchen. Aber nicht alles ist wie anderswo auch. Kurz vor Mitternacht kommen Menschen aus allen Richtungen auf den Platz mitten in der Stadt, wo von alters her die größte Kirche steht. Der Bürgermeister spricht, nach ihm erklingen die Glocken. Menschen umarmen sich: „Hyvää uutta vuotta!“ „Gott nytt år!“ Danach singen alle die Nationalhymne „Oi maamme ...“ Jetzt kommt der unvermeidliche Stilbruch mit ein paar mitgebrachten Feuerwerkskörpern, und langsam löst die Menschenmenge sich auf. Der Neujahrsvormittag gehört der finnischen Telecom. Man ruft bei seinen Verwandten und Bekannten an, um ihnen ein Frohes Neues Jahr zu wünschen. Viele Gespräche gehen in andere europäische Länder, nicht wenige nach Übersee. Mittags spricht der Präsident über Hörfunk und Fernsehen zu seinem Volk. Der Tradition gemäß beginnt er zweisprachig mit „Kansalaiset, medborgare!“ Der finnische Staatspräsident hat ähnlich große politische Vollmachten wie der französische. So ist

Die finnische Tracht wird vor allem an hohen Festtagen getragen

es ihm möglich, in den etwa 20 Minuten seiner Ansprache auf konkrete Probleme der Außen-, Innen- und Sozialpolitik einzugehen. Ein wenig landesväterlich ist er dabei auch: In guten Jahren warnt er vor Übermut, in schlechten spricht er seinen Mitbürgern Mut zu. Schon die erste Woche des neuen Jahres bringt am 6. Januar den nächsten schul- und arbeitsfreien Feiertag: Loppiainen (schwed. Trettondagen) ist der dreizehnte Tag nach Heilig Abend. Der schon nadelnde Weihnachtsbaum wird geplündert und entkleidet, die letzten Reste des Weihnachtsessens, die letzten Pfefferkuchen werden aufgetragen.

Abends in der Sauna schwitzend faßt jeder gute Vorsätze für den langen Rest des Jahres. Silvester und Neujahrstag am 31. Dezember und 1. Januar, Loppiainen am 6. Januar ist in ganz Finnland ein arbeitsfreier Feiertag. Er markiert den Abschluß der Weihnachtszeit.

5. Februar - Runebergtag

Nationalhymne und Dichterkuchen

Anfang Februar flaggt Finnland für den bedeutendsten finnlandschwedischen Dichter Johan Ludwig Runeberg, auf den auch der Text von

Heiligabend im Kreise der Familie: Der Weihnachtsmann verteilt Geschenke

Ein typisches Bild in ganz Skandinavien: Die kleinen Osterhexen

Finnlands Nationalhymne zurückgeht. Sein Epos Fänrik Ståls Sägner (Die Erzählungen des Fähnrichs Stål), ist eine Verherrlichung der schwedischen und finnischen Soldaten und ihrer Leistungen im Krieg gegen Rußland 1808/09.

Süßes auch zu Ostern: Pascha

Darin kommt ein Loblied auf „Vårt land" (Unser Land) vor. Dieses Gedicht wurde später ins Finnische übersetzt und damit zum Text der Nationalhymne (deren Melodie der aus Hamburg eingewanderte Musiker Friedrich Pacius komponiert hat).

Johan Ludvig liebte Fredrikas Kuchen

Johan Ludvig aß gern gut und ausgiebig. Seine Frau Fredrika ersann einen speziellen Kuchen für ihn. Gebacken wird er in einer Form, die wie ein Kaffeetopf aussieht. Der Teig ist ganz gewöhnlich krümelig, oben auf kommt ein Klacks Marmelade und rundherum Zuckerguß. Das ganz besondere, was der Skalde so schätzte: In den Teig mischte Fredrika einen ordentlichen Schuß Schwedenpunsch. Vielleicht ist es dieser Punschgeschmack, der die Finnen auch heute noch an des Dichters Geburtstag nach Runebergin torttu greifen läßt. Runebergtag am 5. Februar, ein Tag, an dem landesweit Runebergkuchen gegessen wird.

Kuchen ohne Punsch

Auch Fastnacht wird im ganz überwiegend evangelischen Finnland gefeiert. Freilich nicht so ausgelassen wie in katholischen Ländern. Und da es um diese Zeit zum Feiern im Freien ohnehin zu kalt ist, beschränken die Finnen sich auf Kaffee und Kuchen. Der Kuchen hat die Form eines Brötchens und wird vor dem Essen aufgeschnitten. Dann füllt man ihn mit Marzipanmasse oder Konfitüre. Man kann ihn auch in Milch schwimmen lassen oder ihm ein Sahnehäubchen verpassen. Und danach geht es hinaus in die Abenddämmerung zum Schlittenfahren. Fastnachtsdienstag im Februar ist ein Rudiment der Karnevalsfeiern in der Zeit vor der Reformation.

Ein Feiertag für einen Arzt

Mit dem Kalevala-Tag am 28. Februar wird der ganz besonderen Leistung des Landarztes Elias Lönnrot (1802-1884) gedacht. Schon in der Schule beschäftigte Elias seine Fantasie damit, daß östlich der Grenze, fern in Karelien, das kulturelle Erbe der ursprünglichen Finnen weit besser bewahrt sein soll als im Westen. Lönnrot studierte Medizin, um in Ostkarelien als Landarzt arbeiten zu können. Unterwegs zu seinen Patienten sammelte er die Verse – auch Runen genannt –, die Sänger in Ostkarelien mündlich von Generation zu Generation weitergegeben hatten.

Lönnrot setzte seine Aufzeichnungen so zusammen, wie es ihm logisch erschien. Was fehlte, dichtete er nach. Die Wiederentdeckung des Kalevala, ein Nationalepos ähnlich wie die Edda, Nibelungenlied und Gilgameschepos, fiel in die Zeit des nationalen Erwachens. Mit seiner Arbeit hat Lönnrot die Finnen „in den Kreis der Kulturnationen erhöhet". Kalevala-Tag am 28. Februar. Arbeitskreise in den Schulen, im übrigen ein normaler Arbeitstag mit Flaggen auf Vollmast.

Ostereier und Auferstehungsikone

Zum Osterfest in anderen mehr oder weniger evangelischen Ländern unterscheidet sich das finnische eigentlich nur dadurch, daß die Finnen ihre Ostereier zuweilen im Schnee suchen müssen. Die Zeit zwischen Mitte März und Mitte April kann winterlich sein oder auch frühlingshaft. Es läßt sich nie voraussagen. Die Besonderheiten, auch die kulinarischen, kommen aus dem Osten, aus dem griechisch-katholischen Glaubenskreis. Sie sind – soweit kulinarisch – wohlschmeckend, eine davon ist freilich süßlich im Übermaß: Pascha ist eine Art Karamelmasse, in die zu allem Überfluß kandierte Früchte hineingesteckt worden sind. Eine nach unserem Geschmack übersüße, typisch orientalische Leckerei.

Pascha süßlich - Mämmi bitter

Anders ist es mit Mämmi. Ein Malzauflauf, den man nicht mehr selber macht, sondern in Pappformen beim nächsten Händler besorgt. Der dunkelbraune Auflauf hat den bitter-süßlichen Malzgeschmack bewahrt. Je nachdem, wie sehr man diesen Geschmack abschwächen möchte, gießt man Sahne und streut man Zucker obenauf. Für die etwa 60. 000 griechisch-katholischen Finnen ist Ostern das höchste kirchliche Fest. An diesen Tagen entfaltet die östliche Kirche ihre ganze Pracht: Am Karfreitag wird das mit Blumen geschmückte Beerdigungsbild Christi in einer Prozession um die Kirche getragen und symbolisch bestattet. Mittelpunkt der Feiern am Sonntag ist die Auferstehungsikone.

Der farbenprächtige orthodoxe Gottesdienst lockt auch viele Andersgläubige an. In der Uspenski-Kathedrale von Helsinki ging das soweit, daß früh kommende Lutheraner den Kirchenraum füllten, viele Orthodoxe aber draußen bleiben mußten. Die Priester fanden eine einfache Methode, die Schafe von den Böcken zu sondern. Ein Kirchendiener stellte sich ans Portal und begrüßte jeden Ankommenden auf kirchenslawisch mit den Worten: „Christus ist auferstanden“. Wer nicht auf kirchenslawisch antwortete „Ja, wahrlich, er ist auferstanden“, der wurde höflich gebeten, darauf zu warten, ob am Anfang des Gottesdienstes in der Kathedrale noch Plätze frei sind.

Vappuaatto und Vappu

Da geht es rund

Am 30. April und 1. Mai versuchen alle Menschen in Finnland, mal richtig aus sich herauszugehen. Grund genug haben sie ja: Der Winter ist zu Ende (obwohl es sogar in Südfinnland Anfang Mai noch Scheefälle und Graupelschauer geben kann), der Sommer ist unterwegs (wobei man aber nicht weiß, ob er regnerisch oder sonnig wird), und bald kommt die Zeit, wenn man zum Urlaub aufs Land und in die Natur fährt.

Die Feier wurzelt in der Walpurgisnacht. Davon ist aber heute nichts mehr zu merken. Man setzt sich komische Papierhüte auf, dazu Brillen mit Pappnasen, und läuft mit irgendeinem billigen Instrument herum, das quietscht oder sonst ein komisches Geräusch hervorbringt. Kindern bleibt Vappuaatto im Gedächtnis, weil Mama Sima gebraut und Tröpfchenkuchen gebacken und Papa Papierschlangen um den Hals hatte und an einer Schnur, die ums Handgelenk ging, einen gasgefüllten Ballon mit sich herumtrug, bis den die Abendmüdigkeit überkam und er zusammenschrumpfte. - Was Sima ist? Ein vergorenes Getränk aus Farinzucker und Wasser, in dem Rosinen schwimmen. Auf Ausländer geradezu archaisch wirkt der Stolz der Finnen auf ihre Studenten. Mit dem Abitur erhält man das Recht, eine Studentenmütze zu tragen. Sie ist weiß und gilt nicht als Standesabzeichen der Besserwissenden. Getragen wird sie nur noch zu Vappu. Geradezu rührend wirken alte Herren mit Gehstock und alte Damen mit grauen Locken, deren weiße Mütze schon stark vergilbt ist. In der Hauptstadt wird um Mitternacht der molligen Brunnenfrau Havis Amanda, Wahrzeichen Helsinkis, eine Studentenmütze aufgesetzt. Damit zieht der Frühling endgültig nach Finnland ein.

Feiern bis zum Morgen

Gegen Abend beginnen die Feste in kleinerem und größerem Kreis. Sie dauern oft bis in den Morgen und enden nicht unbedingt dort, wo sie angefangen haben. Der 1. Mai ist ein Feiertag der Bürger und Ar-beiter zugleich. In Helsinki treffen sich finnischsprachige und schwedischsprachige Studentenchöre in verschiedenen Parks und besingen den Frühling. Mitte des 19. Jahrhunderts erklang an einem Morgen des 1. Mai zum ersten Mal die Nationalhymne.

Am Vormittag wird noch herumflaniert, gegen Mittag aber verschwindet man nach Haus, zu Freunden oder in ein Restaurant, um das traditionelle Heringsfrühstück einzunehmen. Sauer und salzig - genau das braucht man nach den zurückliegenden Strapazen. Die Straßen werden deswegen nicht leer, denn dort tauchen die Kolonnen der linken Parteien und Gewerkschaften auf. Die Mittagszeit gehört den Demonstranten. Niemand weiß mehr genau, ob es dabei früher einmal Schlägereien gegeben hat (Schlägereien vielleicht, aber Straßenkämpfe niemals). Nach den Demonstrationen machen auch die Teilnehmer mit dem Feiern dort weiter, wo sie am Abend vorher (oder spät in der Nacht) aufgehört haben. Zwischen acht und zehn Uhr abends erreicht die Stimmung ihren zweiten Höhepunkt. Bald darauf fällt sie wie ein angepiekster Luftballon in sich zusammen. Auch Finnen haben eine Grenze für das, was Geist und Seele, Körper und Kehle ertragen können.

Frankreich

„Pétanque" bzw. „Jeu de boules"
– ein stets beliebter Zeitvertreib in Frankreich

Marianne und die großen Feste
So feiert man in Frankreich

Farbenprächtige Umzüge beim Zitronenfest von Menton

Viele Feste haben heutzutage den nationalen Rahmen überschritten und werden nunmehr europaweit, wenn nicht sogar international gefeiert. Trotz Gemeinsamkeiten gibt es in Frankreich natürlich wie anderswo immer noch nationale und regionale Eigenheiten. Im folgenden Beitrag werden die „typischsten“ religiösen, öffentlichen und privaten Feiern im Jahreslauf geschildert – natürlich ohne Anspruch auf Vollständigkeit.

Karneval

Beginnen wir mit der Periode, die üblicherweise als Zeit profaner Vergnügungen beschrieben wird und die vom Fest der Heiligen Drei Könige bis zum Aschermittwoch dauert. In Frankreich wird Karneval durch eine Puppe personifiziert, die in der Regel aus alten, mit Stroh und gelegentlich Feuerwerkskörpern ausgestopften Kleidern angefertigt wird.

Carnaval de Nice

Je nach Gegend wird „seine Majestät Karneval“ mit verschiedenen Namen versehen: „Mardi gras“ (der fette Dienstag); „Carême Prenant“ (der in die Fastenzeit Einzug haltende); „Bineau“,„Brimbaut“ etc. Bei prachtvollen Umzügen wird er von den Narren begleitet. In Nizza wird das ganze Augenmerk auf die Anfertigung prächtig geschmückter Wagen verwendet, die seine Majestät, dessen Frau und ihr Gefolge tragen. Hinter und um die Wagen herum tanzt und singt eine Menge maskierter Karnevalisten, im allgemeinen ab Donnerstag, der Ankunft des

Königs. Desgleichen geschieht während seiner Spazierfahrten in der Stadt an den beiden darauffolgenden Sonntagen und am „Mardi gras“.

Das Fest spielt sich unter Konfettifluten ab, und am Dienstag werden in der Altstadt wahre Bonbon- und Gipskonfettischlachten veranstaltet, für die die Kämpfer eigens mit Masken aus Eisendraht ausgestattet sind. Wehe dem, der sich mit einem dunklen Kostüm in das Gelände wagt, das dem Gipskorso reserviert ist. Schnell wird er unter einem Hagel kleiner Wurfgeschosse vertrieben und seine Verkleidung zur Unkenntlichkeit verunstaltet.

In der letzten Karnevalwoche werden Kostümbälle veranstaltet: ein „Veglione“ und eine „Redoute“, bei welcher die Kostüme zweifarbig sein müssen. Karneval endet mit seiner öffentlichen Verbrennung unter den Gesängen der Narren: „Adieu, pobre Carnaval.“

Karneval im Baskenland

In einer Region, die von einer Bevölkerung bewohnt wird, deren Ursprünge immer noch in Geheimnisse gehüllt bleibt, ist der Karneval von Umzügen und den charakteristischen Tänzen der baskischen Folklore bestimmt. Jeder Tänzer hat seine Funktion: der Pionier, der Leiter der Militärkapelle, der Herr, seine Gemahlin, etc.

Sie bilden den Ballettkörper und umkreisen die fünf traditionellen Figuren: Gathuzain, ein Katzenmensch, der mit Hexenscheren spielt; Tcherrera, der, mit einem Kuhglockengürtel geschmückt, einen Roßhaarbesen schwingt; Kantiniersa, Kantinenwirtin im kurzem Rock mit ihrem Böttcher; Enseinari, der Fahnenträger; Zamalzain, der rotgekleidete Reiter, der um die Hüften ein Gestell aus Rohr trägt, mit einer Pferdedecke aus Seide und Spitzen bedeckt, an dessen Vorderseite ein zierlicher Pferdekopf emporragt.

Diesen Tänzern, den Schönen, folgen die Schwarzen, Eisenschmiede, Scherenschleifer, Zigeuner in ärmlicher Kleidung, die den Tanz der anderen nachahmen. Der Umzug, bei dem man auf die Barrikaden geht und die Honoratioren der Stadt besucht, findet seinen krönenden Abschluß auf einem Platz, wo sich alle versammeln, um die großen Tänze zu vollführen: Der Schwerttanz und der Tanz um das Glas, also um ein Weinglas herum, das nicht angestoßen werden darf. Anschließend folgen mimische und gesprochene Szenen und Tänze, an denen auch die Schwarzen teilnehmen. So endet dieser Karneval für Fremde so geheimnisvoll wie er begonnen hat.

Der Maifeiertag

Der 1. Mai

Der historische Ursprung des jährlich gefeierten 1. Mai ist in Frankreich der 1. Mai 1886, als bei Gewerkschaftsdemonstrationen in Amerika Tote zu beklagen sind und 1891, als vergleichbares auch hier geschieht. Man muß in Frankreich aber auf die Gesetze vom 30. April 1947 warten, bis der 1. Mai offiziell zum Feiertag erklärt wird; ein Tag, der die Kämpfe der Arbeiterbewegung in der Industriegesellschaft symbolisieren soll. Diesen wird jährlich in den Veranstaltungen der französischen Gewerkschaften gedacht, wobei diese meist gleichzeitig auf die aktuellen Kämpfe ausgedehnt werden.

Die Maiglöckchen von König Charles

Eine andere Tradition hat sich schon über einige Jahrhunderte länger erhalten: Am ersten Mai macht man einem lieben Menschen ein Sträußchen Maiglöckchen zum Geschenk. Die märchenhafte Geschichte geht so: Im Jahre 1560 schickte sich der junge König Charles in Begleitung seiner Mutter Katharina von Medici an, die Adligen von Saint-Paul-Trois-Châteaux in der Region des Tricastin im Südosten Frankreichs zu besuchen.

Unter den Gastgebern befand sich der Ritter Louis de Girard, der sich von der Königin mit einer Geheimmission in Italien betraut sah. Bei seiner Rückkehr, ein Jahr darauf, ließ der Ritter in Saint-Paul anhalten und pflückte in seinem Garten einen Strauß Maiglöckchen, die er dem damals 10-jährigen König als Glücksbringer schenkte. Dieser wiederum offerierte seinerseits im darauffolgenden Jahr allen Hofdamen ein Maiglöckchen und wünschte, daß desgleichen nunmehr jedes Jahr geschehe.

Dies ist also bis heute so geblieben. Groß ist daher der Ansturm auf die Blumenläden, die jedoch an diesem Tag viele Konkurrenten haben: Jeder hat an diesem Tag ausnahmsweise das Recht, an irgendeiner Straßenecke Maiglöckchen zu verkaufen, ohne eine Steuer abführen zu müssen – mit der Einschränkung allerdings, keinen Tisch auf dem Trottoir aufzustellen.

Die Pilgerzüge der Saintes-Maries-de-la-Mer

Im Jahre 42 nach Christus sollen nach der Legende Marie Jacobé, Schwester der Jungfrau Maria, Marie Salomé und ihre Dienerin Sara an diesem Ort in der Camargue gestrandet sein. Sie kamen um „den Retter lieben zu lassen", und gründeten eine christliche Gemeinschaft.

Seither sind die Saintes-Maries-de-la-Mer Ziel zahlloser Pilger, die hier im Mai und Oktober die drei Heiligen feiern. Vor allem Zigeuner sind es, die zu Tausenden hierherkommen, um ihre Schutzpatronin Sara zu verehren.

Die Feierlichkeiten beginnen am 24. Mai mit einer Messe, die in der Kirche zelebriert wird, in der sich ihre Reliquien befinden, gefolgt von einer feierlichen Nachtwache. An der großen Messe um 10 Uhr am nächsten Morgen nehmen auch die Pferdehüter der Camargue auf ihren kleinen Pferden teil.

Die Statuen der Heiligen werden anschließend zum Strand getragen, wo die Priester das Meer segnen. Die Feiern im Oktober um den 22. (Martyrium der Marie Salomé) verlaufen identisch.

La Saint-Jean - Sankt Johannes

An dem nun folgenden Fest, das auf den 24. Juni fällt, feiert man die Sommersonnenwende. Es handelt sich hierbei keineswegs um eine christliche oder christianisierte Tradition, ihre Wurzeln hat sie vielmehr bei den keltischen Druiden. Das Christentum hat nichtsdestoweniger versucht, sich ihrer zu bemächtigen, in dem es sie Johannes dem Täufer gewidmet hat. Dieser ist somit neben Jesus selbst und der Gottesmutter der einzige, dessen Kommen auf die Erde gefeiert wird. Bei allen anderen Heiligen begeht man deren Geburt im Himmel.

Der 24. Juni schöpft überdies seine Symbolik aus dem direkten Gegensatz zur Geburt Christi am 24. Dezember zur Wintersonnenwende.

Sankt Johannes ist nie ein kirchlicher Feiertag gewesen. Man sich auch vergebens bemüht, die heidnischen Bräuche „auszutreiben", die althergebrachten Traditionen widerstehen. Man zelebriert den Johannestag auch heute noch – in einigen Regionen mehr als in anderen – als Volksfest mit dem Feuer der Sonnenwende, Symbol der Freude, des Wohlstands und der Fruchtbarkeit, und mit „diabolischen" Gesängen und Tänzen.

Die Pferde und ihre Reiter aus der Carmargue nehmen an dem Pilgerzug zur Saintes-Maries-de-la-Mer teil

Das „Feu de Saint-Jean" ist immer wieder ein beeindruckendes Schauspiel

Nach altem Aberglauben verleiht die Sonne, deren Kraft ebendann ihren Höhepunkt erreicht, ihre Stärke an jeden Talisman, der an diesem Tag geerntet oder angefertigt wurde. Holzkohlen und Asche werden entsprechend aufgesammelt, sowie der Blütenkranz, der das kunstvoll angelegte Feuer überragt.

Man tanzt um das Feuer herum, läßt auch die Tiere desgleichen tun, um sie vor Krankheiten zu bewahren. Manche – vor allem junge Paare – springen über die Flammen, damit das Feuer ihnen Glück bringen möge.

Das heilige Feuer bringt Segen

Im Poitou, im Westen Frankreichs, wird alljährlich ein Wagenrad mit Stroh umbunden, welches man mit einer gesegneten Kerze anzündet. Mit dem brennenden Rad wandert man über die Ländereien, die es befruchten soll. Das Rad war nach keltischer Auffassung das Bild der Sonnenscheibe, die bei ihrem Übergang zum Zenit die Erde befruchtete. Auch in Lothringen besteht dieser Brauch. Das brennende Rad wird hier in Richtung Mosel geworfen. Falls diese getroffen wird, ist der Wein in diesem Jahr mit Gewißheit gut.

Überdies werden in der Johannesnacht Kräuter gepflückt, denen man magische Heilkräfte zuspricht, unter der Voraussetzung allerdings, daß sie zum rechten Augenblick geerntet werden, nämlich vom Mittagsläuten am 23. Juni bis zur gleichen Zeit am nächsten Tag.

Ein „mittelalterliches Fest“ in Cagnes-sur-Mer bietet viele Attraktionen

Les Pardons de Bretagne

Die Bretonen erheben den Johannestag zu einem großen Kirchweihfest. Die Bevölkerung wandert in ihren typischen und vielfältigen Trachten zum Hafen. Die Pfarrer, die die Messe gelesen haben, besteigen den priesterlichen Kahn und singen das Ave maris stella, in das Frauen und Kinder, die am Ufer niederknien,

Frauen in ihren bretonischen Trachten ziehen jedes Jahr zu den „Pardons“ viele Schaulustige an

einstimmen. Die Männer folgen den Priestern in Hunderten von Booten. Auf der Brücke des Lotsenbootes ist ein Altar aufgebaut, vor dem sich die Mitglieder aufreihen und die Segnung des Meeres beginnen, begleitet von den Gesängen der Matrosen.

Nach ähnlicher Zeremonie verlaufen zahlreiche Pardons in vielen Ecken der Bretagne – vor allem während der Sommermonate. Zu den berühmtesten zählen die Patronalfeste der Sankt Anna am 26. Juli und der Heiligen Jungfrau zu Maria Himmelfahrt. Diese folkloristischen Feiern ziehen alljährlich viele Touristen an. Den großen Verehrungen der Heiligen der Seeleute folgen meist Vergnügungen auf Jahrmarktsfeiern, auf denen gerne Fische und Meeresfrüchte in vielerlei Zubereitungen angeboten werden.

Le Puy du Fou

Weiter südlich an der Atlantikküste in der Vendée finden zwischen Mitte Juni und Ende August sehr bekannte Licht- und Tonspektakel statt. Der Name des Schlosses stammt aus dem Lateinischen und bezeichnet eine Anhöhe, auf der eine Buche wuchs. Das im 15. und 16. Jahrhundert erbaute Schloß, welches während der Vendéenischen Kriege teilweise niederbrannte, ist der Schauplatz eines großartigen Spektakels, bei dem in patriotischer Weise die Geschichte der Region in Szene gesetzt wird.

Beispiel eines Licht- und Tonspektakels

700 Akteure aus den 14 angrenzenden Gemeinden und 50 Reiter lassen mit beeindruckenden Mitteln die Vergangenheit wieder aufleben: Wasserspiele, Spezialeffekte, pyrotechnische Darbietungen, Unterwasserspiele etc.. Tagsüber kann man den Grand Parcours abwandern, in dem ein Dorf des 18. Jahrhunderts wiederbelebt wird, ein Raubvogelspektakel oder auch ein Ritterfest miterleben, einen Relieffilm über die Vendée ansehen, Wasserspiele steuern oder barocke Musik anhören. Ähnliche Veranstaltungen finden vielerorts statt.

Nationalfeiertag am 14. Juli

Wie jeder weiß, ist der historische Grund für diesen von den Franzosen so ausgiebig gefeierte Tag die Erstürmung der Bastille am 14. Juli 1789. An diesem Tag eroberte das Volk das ihm verhaßte Staatsgefängnis und läutete so eine neue Ära ein; aus der parlamentarischen war eine Volksrevolution geworden.

Der Fall des Staatsgefängnisses wurde im Nachhinein als Sieg des Volkes über die Willkür des Ancien Regime interpretiert und deshalb von der Dritten Republik im Gesetz vom 6. Juni 1880 zum Nationalfeiertag erklärt. Bei der nun jährlichen Feier des 14. Juli werden vor allem die Errungenschaften der Revolution, in erster Linie die Demokratie und die Erklärung der Menschenrechte, gepriesen, die Nation wird zum Mythos hochstilisiert.

Pomp in Paris – Feiern überall

Zur Zweihundertjahrfeier der Revolution wurde die Hauptstadt Paris mit gigantischen Bauten – die Glas-Pyramide des Louvre, die Oper an der Bastille, der Technologiepark Cité des Sciences, die Grande Arche de la Défense – herausgeputzt. Die „großen Baustellen“ sind fast alle pünktlich zum großen Ereignis beendet und vom Staatspräsidenten 1989 feierlich eingeweiht worden.

Bis in den kleinsten Marktflecken wird der 14. Juli als großes Volksfest gefeiert. Das traditionelle militärische Geleit findet nur in Paris statt; ein bombastischer Umzug aller Waffengattungen auf den Champs-Elysées. Das eigentliche Fest aber gehört allen Franzosen. Überall werden

Bälle veranstaltet, die zur Feier des Tages gratis sind, oftmals wird der Anlaß mit einem wahrhaften Jahrmarkt verbunden, und allerorts wird ein großes Feuerwerk veranstaltet.

Im Süden: Die Corrida

In den Arenen von Nîmes, in Aquitanien, überall wo die spanischen Nachbarn nicht weit sind, haben die Spiele mit den Stieren die Menschen zu allen Zeiten begeistert. Oft sind es in den Landes auch nur Kühe, gegen die man auf Dorfplätzen und Arenen zum Kampf antritt, welches die Gefahr für den Torero, der hierbei jedesmal sein Leben riskiert, etwas vermindert.

Diese „Course landaise" ist eine beliebte Art des Stierkampfes, wenn auch nicht so bekannt wie die Corrida nach spanischem Vorbild, die hauptsächlich in Bayonne, Dax und Mont-de-Barsan praktiziert wird. Hierbei wird das Tier getötet. Diese Praxis ist in Frankreich sehr umstritten und wird seit den Gesetzen von 1951 nur noch dort erlaubt, wo eine seit länger als 10 Jahren ununterbrochene Tradition besteht.

Noch einmal zurück aber zu der „Course landaise", deren Ursprünge wahrscheinlich auf das 16. Jahrhundert zurückgehen. Die Hörner der Kühe werden gestutzt. Das Können des Meisters liegt nun darin, dem Tier besonders elegant und kunstvoll auszuweichen.

Spiele und Wettkämpfe

Nicht unerwähnt bleiben darf auch das allseits beliebte Kugelspiel, das ursprünglich aus der Lyoner Gegend kommt, sich aber in ganz Frankreich verbreitet hat und als „Jeu de boules" oder „pétanque" bekannt ist. Das ganze Jahr über Anlaß zu Geselligkeit, wird besonders zu Pfingsten das Boulodrom von Lyon zum Schauplatz eines nationalen Turniers, das mit großer Leidenschaft ausgetragen wird. Außerhalb des Wettkampfes wird das Boulespiel gern zum Anlaß für ein gemütliches Beisammensein unter Freunden genutzt.

In die Wettkämpfe reiht sich auch das traditionelle Schifferstechen, das „Joute nautique" ein, das von Generation zu Generation weitergegeben wird. Im August werden unter anderem in Condrieux im Rhône-Tal, sowie im Languedoc-Roussillon Turniere ausgetragen, in denen die besten „Jouteurs" Frankreichs gegeneinander antreten und mit langen Stöcken versuchen, den Gegner zu Fall zu bekommen.

Erntefeste

Im Land der großen Weine werden diese natürlich mit besonderen Feiern begrüßt. Stellvertretend für eine bei weitem nicht erschöpfende Darstellung sollen hier einige markante Festlichkeiten rund um den Wein aufgeführt werden.

In Burgund finden am letzten Tag der Lese allerorts große Bankette statt, zu denen die Winzer die besten Jahrgänge mitbringen. Vor und nach dem Essen wird gesungen und getanzt. Die Frauen tragen hierzu ihre traditionellen Kostüme: eine gelbe Bluse, ein Mieder aus schwarzem Samt oder Seide, eine rote Schürze über einem schwarzen Rock und vor allem ihre merkwürdige Haartracht, eine Art Baldachin, überragt von einer Pyramide und einem Kreuz, an dem ein schwarzes Haarnetz angebracht ist.

In der Nähe von Dijon finden sich die Ritter des Tastevin zusammen, die den Grad der Vergärung des Weinmosts testen. Diese Begegnungen sowie jede Neuaufnahme in den Orden der Tastevin zeichnen sich durch Gourmetmahle aus, die in ganz Frankreich großes Renommee haben.

Auch im Elsaß ist die Weinlese ein großes Ereignis

Im Beaujolais pilgern die Winzer bereits zu Beginn der Lese, am 8. September, zum Mont Brouilly, um sich eine gute Ernte zu erbitten. Dort wird der meriodonalste Wein des Anbaugebietes mit einem fruchtigen Bouquet geerntet. Ziel der Pilger ist eine Kapelle auf 483 Meter Höhe. Da der Beaujolais ein leichter, fruchtiger Wein ist, der vorwiegend jung getrunken wird, ist seine Neuankunft, „L'arrivée du Beaujolais Nouveau", ein nationales, wenn nicht internationales Ereignis.

Warten auf den Primeur

Jedes Jahr am dritten Donnerstag im November wird er in ganz Frankreich zu allen möglichen Anlässen degustiert – eine willkommene Gelegenheit für viele Gastwirte. Man wartet mit Spannung darauf, welches Attribut ihm diesmal zugeteilt werden wird: Schmeckt der Primeur nach Kirsche oder gar Banane, hat er ein Nelkenbouquet? Auch im Elsaß wird dem Wein ein

Zum Beispiel das „Fête de l'Europe" in Creutzwald zieht jährlich etwa 30.000 Besucher an

bedeutender Platz eingeräumt. Neben den herbstlichen Weinfesten finden im Sommer in Colmar, Ribeauvillé und Barr auch Weinmessen statt, verknüpft mit obligatorischer Weinprobe und Folkloretänzen.

Früchte der Felder und Gärten

Bleiben wir im Nordosten, wo Ende August, Anfang September eine Frucht gefeiert wird, die in allen möglichen Formen und Varianten in die lothringische Küche übergegangen ist: die Mirabelle. Mit einen Blumenkorso, einem prächtigen Umzug durch die Stadt und einer Ansammlung von Heißluftballons wird die ganze Bevölkerung aktiv oder passiv mobilisiert.

Die Militärparade am 14. Juli auf den Champs-Elysées – immer wieder ein Ereignis

„Alte Kämpfer" halten immer noch das Ideal der Grande Nation in Ehren

In ähnlicher Weise wird woanders den Oliven, Feigen, Melonen, Tomaten etc. Ehre erwiesen, wobei die Gastronomie in einem Land, welches zu Recht auf seine Küche stolz ist, ebenfalls nie zu kurz kommt.

Die Gedenktage

8. Mai und 11. November

An diesen Jahrestagen wird dem Ende des Ersten („l'armistice", d. h. der Waffenstillstand am 11. November 1918) bzw. des Zweiten Weltkrieges (die deutsche Kapitulation vom 8. August 1945) gedacht. Die Feierlichkeiten werden vom Bund der „anciens combattants" organisiert, der immer noch zahlreiche Mitglieder hat und sich neben den Gedenkfeiern um die Rechte der Kriegsteilnehmer und ihrer Witwen kümmert.

Die Zeremonie, an der jedoch mittlerweile außer den Veteranen nur noch wenige teilnehmen, ist im ganzen Land mehr oder minder identisch. Einen kurzen Umzug durch die Stadt, vorweg die Fahnen und die Honoratioren, unter dem Klang der Marseillaise, folgen Kranz- und Blumenniederlegungen an den Kriegsdenkmälern und die Verleihung von Orden.

Private Feiern

Hierzu zählen Geburtstag, Taufe, Eucharistie, Konfirmation, Hochzeit, die heutzutage rein kommerzialisierten Feste Muttertag, Vatertag, Valentinstag und Weihnachten. Durch typische Charakteristika zeichnen sich allerdings nur noch wenige aus. Zum Beispiel das provenzalische Weihnachtsfest ist solch eine Feier, zu dem die „Santons" (kleine Heilige), in liebevoller Handarbeit angefertigte Krippenfiguren, nicht fehlen dürfen und die zur Weihnachtszeit jeden Haushalt, jede Kirche schmücken.

Dieser Brauch reicht in die Zeit des Hl. Franziskus von Assisi zurück, der 1223 erstmals eine bildliche Darstellung der Geburt Christ gab und dem die Verbreitung der Tradition in Italien und der Provence zu verdanken ist. Als nun während der Zeit der Französischen Revolution die Christmette verboten war, fertigte man sich heimlich zu Hause eine Krippe an. Ein Brauch, der bis heute so geblieben ist.

In Les Baux de Provence, Lucéram, Allauch, Fontvieille und Saint-Michel-de Frigolet finden auch immer noch die traditionellen Hirtenweihnachten statt: Die Hirten ziehen, in Geleit und Begleitung von Flöten- und Trommelspiel, um das Gotteskind anzubeten. Dazu werden die alten Weihnachtsweisen gesungen, die im 17. Jahrhundert in provenzalischer Sprache geschrieben wurden.

Des Königs Bohne

Zum Königsfest (Epiphanie) wird in jeder Familie oder unter Freunden die „Galette des Rois" gegessen, ein Blätterteigkuchen mit einer Marzipanfüllung, der die „Fève" in sich birgt. Jeder wählt sich selber ein Stück aus. Derjenige, der die kleine Porzellanfigur – die früher eine einfache getrocknete Bohne war und daher ihren Namen hat – erwischt, ist der König und setzt die immer beiliegende (Papier-) Krone auf.

In einigen Regionen ist noch altes Brauchtum um das Hochzeitsfest erhalten: In einer Gastwirtschaft in der Auvergne kann es passieren, daß plötzlich eine Schar junger und weniger junger Männer eintritt. Einige tragen einen kleinen Karton, dessen Öffnung für die Geldgaben der Anwesenden gedacht ist. Der zukünftige Bräutigam „beerdigt" mit seinen Freunden das Junggesellenleben. Sie sammeln für ein ordentliches Saufgelage, das die ganze Nacht andauern wird. Inzwischen wurde dies im Zuge der Emanzipation auch von den Mädchen übernommen, die allerdings nicht mit dem „Sarg" auf Geldspenden ausgehen.

Das Hochzeitsfest an sich unterscheidet sich kaum von den Praktiken in anderen Ländern. Man beendet es allerdings traditionell bei den Brautleuten, die versuchen, sich vor den nunmehr lästigen Gästen zu verstecken. Die ganze Gesellschaft, bzw. was davon noch übrig ist, macht sich kurz nach Aufbruch des Paares auf die Suche nach dessen Bleibe, ausgerüstet mit einem Nachttopf, der mit einem ekelerregenden Gebräu gefüllt ist: In Champagner wird flüssige Schokolade gegossen, das ganze wird mit Toilettenpapier etc. „dekoriert". Wird das Brautpaar gefunden, so müssen beide dieses wundervolle Getränk ausleeren.

Fête de la musique

Aus der einfachen Idee geboren, der Musik und vor allem auch der Amateurmusik einen größeren Platz in der Kultur einzuräumen, wurde dieses Ereignis ins Leben gerufen, welches am 21. Juni 1982 zum ersten Mal stattfand und seither eine internationale Dimension gewonnen hat. Barocke, romantische, aktuelle; westliche, orientalische, afrikanische; alte, klassische, Volkstümliche; sakrale, militärische, offizielle; melodische, rhythmische, physische…

Diese und unzählige andere Attribute beschreiben die Musik, die sicherlich der kürzeste Weg einer Seele zur anderen, eines Volkes zum anderen ist. Als längster Tag mit der kürzesten Nacht wurde der 21. Juni als symbolisches Datum an der Sommersonnenwende gewählt, wo schönes Wetter mit von der Partie sein muß.

Jedes Jahr hat es einige Hunderttausend Teilnehmer und mehrere Millionen wandernde Zuhörer. Doch niemand kann präzise Auskunft darüber geben, wieviele Konzerte organisiert werden, wieviele Gruppen und Einzelpersonen auf die Straße gehen und ihre Musik machen.

Das Kulturministerium hat noch einige andere Veranstaltungen ins Leben gerufen, wie die „Journées du Patrimoine", zu denen Themen wie die Einladung ins Museum, die Zeit der Bücher oder die Tage des Kulturschatzes in den Vordergrund gestellt werden und mit vielen Veranstaltungen über das ganze Land hinweg präsentiert und stärker ins Bewußtsein der Öffentlichkeit gebracht werden. Sie sind stets Publikumsrenner und haben mittlerweile „Festtags"-Charakter angenommen.

Seit einigen Jahren und Jahrzehnten sind die Festivals in allen Regionen geradezu wie Pilze aus dem Boden geschossen. Dieses Phänomen hat vielfältige Gründe. So entspricht es dem Willen, Kultur zu dezentralisieren, und trifft andererseits auch auf eine verstärkte Nachfrage, die sich unter anderem mit einem Mehr an Freizeit erklären läßt.

Festivals in ganz Frankreich

Nicht zu unterschätzen ist die Sorge der Franzosen, mit allen Mitteln Zeiten der Geselligkeit zu finden, ihre Freude am Feiern. Und das Festival ist ein zusätzliches Fest im Dorf. Auch dienen sie der Unterhaltung der Sommerfrischler, und darin liegt gleichzeitig aber auch ihre Schwierigkeit: Die Urlauber sind ein sehr unzuverlässiges Publikum, so daß die Einnahmen von einem Jahr zum anderen sehr unterschiedlich ausfallen können.

Der Erfolg oder Mißerfolg wird jeweils sehr vom Bekanntheitsgrad der Region oder des Ortes abhängen, sowie vom Ruf des Festivals, für welchen wiederum die Verantwortung bei der Programmauswahl der Veranstalter zu suchen ist. Folge dieser Erkenntnis ist eine gewisse Uniformisierung des Programms auch nach ökonomischen Interessen.

Hiervon zu unterscheiden sind Festivals, die künstlerische Kreationen auf die Bühne bringen; solche, die einen Berufszweig oder eine Industrie in einer Art Austauschs- und Begegnungsbörse zusammenbringen; solche die ein Denkmal in ein neues Licht setzen und bekanntmachen; solche, die als rein touristische Animation gedacht sind.

Eben diese Verschiedenheit und ihre Vielzahl sind aber auch die Chance dieser Festivals. Der kurzen Festivalsdauer steht der lange Zeitraum der künstlerischen Kultur und des Erwachens des Geschmacks an denselben gegenüber. Sie sind eine Art moderne Fortsetzung der alten französischen Festtradition mit zeitgemäßen Mitteln und inmitten ihrer vielen Nachbarn.

Griechenland

Fantasievolle Szenen spielen sich auf den Festwagen ab, die an den Karnevalsumzügen in den griechischen Dörfern teilnehmen

Freude und Ernst beim Fest
So feiert man in Griechenland

Der Bezug zur griechischen Antike gehört dazu – wie hier bei einem Sportfest auf Kreta

Die Griechen sind ein uraltes Volk; so haben sie in ihren Festen viel aus dem antiken Kult übernommen, auch wenn der Inhalt christlich ist. Diese gegenseitige Durchdringung von Heidnischem und Christlichem ist ein typischer Zug bei vielen Feiern. Wenn im folgenden häufiger die orthodoxe Kirche erwähnt wird, so ist zu bemerken: Die Feste des Kirchenjahres sind für die Menschen auch heute noch weithin Feste für das ganze Volk mit gern geübten Bräuchen, wie in Deutschland Weihnachten und Ostern, aber zahlreicher und intensiver.

Dazu kommen die nationalen Feiertage aus der modernen Geschichte des Landes. Aber bei allen Festtagen spielt die Schönheit der Natur eine wichtige Rolle, da fast immer öffentlich gefeiert wird – auch im privaten Bereich. Hier kommt ein weiterer Grundzug zur Geltung: Beim Feiern öffnet man sich gerne: zu Nachbarn, zum Stadtviertel, zur Dorfgemeinde – auch gegenüber Fremden.

Christújenna – Christi Geburt

Das Weihnachtsfest findet nicht am Vorabend wie in Deutschland, sondern am 25. Dezember statt. In der Kirche wird schon in der Morgendämmerung die große Christmesse gefeiert. Zu Mittag gibt es dann ein gutes Essen – wohlverdient, denn orthodoxe Gottesdienste dauern immer mehrere Stunden lang. So stärkt man sich danach mit gefülltem Huhn oder Truthahn. Im

Dorf kommt von dem Schwein auf den Tisch, das eigens für dieses Fest herangefüttert worden ist, und in Nordgriechenland gibt es dazu – Sauerkraut. Den Tisch schmückt das Christópsomo - Christbrot. Manchmal backt es noch die Hausfrau selbst und verziert es mit einem Schmuck, der auf das Gewerbe des Hauses hinweist – z. B. mit dem Pflug oder mit einem Weinfaß. Der Vater schneidet das Christbrot an und wünscht allen: Chrónia pollá! „Viele Jahre!" (die man leben soll).

Geschenke zu Weihnachten, das ist erst nach dem Krieg aufgekommen – aber niemand hat sich gegen die neue Mode lange sträuben wollen – Widerstand schien ja doch zwecklos. Allerdings bleibt der Tag des Heiligen Basilios (also Neujahr) immer noch der Hauptgeschenktag – jetzt hat man eben zwei davon! Aus ähnlicher Haltung heraus hat man auch den Brauch des Réveillon (Mitternachtsessen im Restaurant) eingebürgert – aber nur teilweise – der Widerstand liegt in der Sache selbst: die Christmesse hat ja noch nicht stattgefunden! Vor der Kirche essen gehen entspricht nicht so dem Traditionsgefühl wie danach.

Kinder singen die Kálanda

Am Tag davor, dem 24., strömen Gruppen von Kindern auf die Straßen, und mit einfachen Musikinstrumenten (Trommel, Triangel, Mundharmonika) gehen sie von Haus zu Haus und singen Weihnachtslieder. Das sind die Kálanda, deren Inhalt von Ort zu Ort variiert. Auf jeden Fall enden alle mit guten Wünschen für die ganze Familie: Gesundheit, Glück und Reichtum! Auch die Schönheit der Hausherrin bleibt im Liede nicht unerwähnt (wenn nur irgendwie vertretbar). Die so Verherrlichte beschert nun die Kinder mit Süßigkeiten, Kastanien und Nüssen, vor allem aber mit Geld. Mancher kleine Sänger braucht es nötig für Winterkleidung. Weh aber den Hausbewohnern, die niemanden hereinlassen! Die Kinder haben keine guten Worte für sie übrig und verfluchen sie sogar – „Läuse sollen sie bekommen!" Heute übernehmen oft Wohltätigkeitsvereine die Rolle der Kinder oder Arbeitslose, die auf der Straße mit einem Rekorder Weihnachtslieder von der Kassette abspielen. Der Christbaum läßt sich nicht mehr von Weihnachten wegdenken. Früher war er nicht so verbreitet. Volkskundler und Historiker streiten darüber, ob es eine byzantinische, in Vergessenheit geratene Sitte ist oder ob ihn der griechische König Otto im 19. Jahrhundert aus Bayern mitgebracht hat. Auf jeden Fall war zu Weihnachten die Dekoration mit grünen Zweigen schon im mittelalterlichen Byzanz beliebt.

An Neujahr das neue Jahr süßmachen

Zum Fest des Heiligen Basilios (tu Hajíu Wassilíu)

Am 1. Januar gedenken die orthodoxen Christen des Todestages (1.1.379) des Heiligen Basilios, eines Kirchenvaters aus Cäsarea in Kappadokien (also im Südwesten der heutigen Türkei). Da er sehr wohltätig war, machen sich die Menschen in Erinnerung an ihn gegenseitig Geschenke. Vor allem die Kinder werden beschert – anders als in Deutschland beim Nikolaustag oder bei Weihnachten wissen allerdings schon die Jüngsten, daß die Sachen gekauft worden sind. Die Straßen im Zentrum von Athen sind dann ein Spielzeugparadies, auch für die ärmeren Familien, weil es dort auch billige Artikel zu finden gibt.

Am letzten Tag des alten Jahres singen die Kinder, wiederum von Haus zu Haus, die Neujahrs-Kálanda. Obwohl der Heilige Basilios ein südländischer Typ mit asketischem Gesicht war, hat sich doch der westliche Typ des pummeligen, gutmütigen Nikolaus mit rotem Mantel durchgesetzt.

Zu Mitternacht wird die Wassilópita angeschnitten. Im Dorf ist das ein großes Brot, in der Stadt ein großer Kuchen, der eine Münze (oft Goldmünze) enthält. Der Vater macht auf dem Kuchen das Kreuz und schneidet die Stücke (wichtig: immer rechts herum!). Das erste bekommt der Heilige (oder Christus oder die Mutter Gottes). Danach gibt es eines für das Haus, dann eines „für den Armen", schließlich ist die Familie an der Reihe. Geschäftsleute und Handwerker schneiden auch ein Stück für ihren Betrieb, auch der Fischer für sein Boot. Ja sogar die Tiere im Stall und der Hund bekommen ihren Anteil und werden an diesem Tag besonders gut gefüttert. Der Heilige geht nämlich vorbei und fragt die Tiere danach. Wer aber in seinem Kuchenstück die Münze gefunden hat, gilt als das Glückskind des neuen Jahres.

In der Neujahrsnacht ißt man Süßigkeiten von guter Vorbedeutung: Buttergebäck mit viel, viel Puderzucker, auch Lebkuchenteig in reichlich Honig. Dadurch soll das ganze neue Jahr „süß" gemacht werden. Unvergeßlich bleibt aber, wenn in schicksalträchtiger Neujahrsnacht von den Schiffen die Sirenen tiefen Tones aufheulen (die Luft vibriert davon), dazwischen das Feuerwerk ohrenbetäubend kracht, und die Glocken wehmütige Gedanken aufsteigen lassen. Da schüttelt man sich vor soviel innerem Erleben und greift zum Kartenspiel, das ausgelassen bis zur Morgendämmerung weitergeht.

Der Granatapfel muß zerplatzen

Doch gleich am 1. Januar morgens hat das Familienoberhaupt wieder etwas zu tun: Mit einem Granatapfel in der Tasche muß er zur Kirche. Zurückgekehrt wirft er ihn mit Schwung auf die Schwelle, daß er platzt, und ruft: Chrónia pollá ki eftychisména (viele, glückliche Jahre!) Die Körner des Granatapfels symbolisieren Üppigkeit und Reichtum. An diesem Tag versucht jeder, nur froh und gutgelaunt zu sein, denn diese Stimmung wird dann das ganze Jahr vorhalten.

Deshalb ist es auch wichtig, wen man am Neujahrsmorgen als ersten in die Wohnung einläßt - ist es ein lieber Mensch, bringt er Glück? Unangenehme Verwandte und Bekannte können mit verfrühtem Besuchseifer das ganze Jahr vermasseln. Also im Notfall lieber die Tür zulassen – oder wenigstens eine Zwiebel zur Abwehr des Unheils daranhängen (schon bei den alten Griechen bekannt), auch Ölbaum- und Lorbeerzweige.

Theophania (Gottes Erscheinung)

Epiphanie, 6. Januar: der Himmel öffnet sich

Ein großes Fest für die orthodoxe Christenheit! Die Nacht zum 6. Januar ist eine der „heiligsten" Nächte. In dieser Nacht öffnet sich der Himmel, und jeder ausgesprochene Wunsch geht in Erfüllung. Früh am Morgen findet die große Wasserweihung in der Kirche statt. Die Gläubigen erhalten in einem kleinen Fläschchen Weihwasser, das Heilkraft hat. Es wird bis zum nächsten Jahr aufgehoben. Danach segnet der Pfarrer mit dem Weihwasser die Menschen. Ihre Wohnungen hatte er schon am Tag davor geweiht. Dabei sang er: „Als Du im Jordan getauft wurdest, mein Herr ..."

Am 6. Januar geht nun der Priester im höchsten Ornat mit der Gemeinde zum Meer (bzw. zu einem See, Fluß) und versenkt das Kreuz hinein. Um es wieder emporzubringen wird danach getaucht. Wer das schafft, bekommt eine Belohnung. Durch das Eintauchen des Kreuzes wird die reinigende Kraft des Meerwassers noch verstärkt. Viele Leute bringen ihre Ikonen und waschen sie.

Das eigentliche Weihnachtssymbol der orthodoxen Christen ist das geschmückte Schiff, das die Menschheit aus dem Chaos rettet

Das erinnert an den Ritus der alten Athener, die jährlich das Standbild der Göttin Athena nach Phaleron trugen und es wuschen (Plyntéria). Mit der Wasserweihung verschwinden auch die bösen Kobolde der zwölf Nächte (24.12. - 5.1.), die Kalikántzari. Das sind abstoßende Zwerge von ziegenartigem Aussehen (darin zeigt sich ihre Abkunft von den antiken Satyrn). Sie weilen gerne in der Nähe von Wasser und quälen die Leute. Oft steigen sie durch den Kamin in die Küche herab und besudeln das Essen.

Mit Stolz tragen einige Griechinnen bei bestimmten Feierlichkeiten die makedonische Volkstracht

Apókries (Karneval)

Kriegslist gegen die Geister

In der ersten Hälfte des Februar fängt der Fasching an, er dauert drei Wochen (danach kommen fünf Wochen Fastenzeit). Die zweite Faschingswoche heißt „Fleischwoche", weil man bis zum Überdruß Fleisch ißt. Wichtig ist aber, daß man an dem Donnerstag dieser Woche nicht nur viel Fleisch ißt, sondern es auch anschmoren und den Geruch durchs Haus und aus dem Fenster ziehen läßt. So merken nicht nur die Nachbarn etwas von dem Wohlstand der eigenen Familie - auch die bösen Geister werden davon beeindruckt und geben vor so viel Wohlhabenheit auf. - Der Sonntag dieser Woche heißt Apókreo, d. h. Abstand vom Fleisch, und er hat seinen Namen der ganzen Faschingszeit gegeben.

Fleischwoche und Käsewoche

Die nächste Woche ist die „Käsewoche", weil man das Fleisch jetzt durch Käse ersetzen muß. Maskieren kann man sich in jeder Woche, vor allem aber an dem letzten Sonntag, wo viele Veranstaltungen stattfinden. Athen war früher berühmt für den Karnevalszug der Altstadt (Plaka). Allerdings hat die Lust zum Maskieren in den letzten Jahren viel eingebüßt. Die früheren Maskierungen hatten eine Vorliebe für nationale Trachten, wie Ewzon oder Wlacha oder Karanguna.

Die moderneren Karnevalsfiguren stammen aus der Commedia del'arte und deuten auf venezianische Provenienz hin. In Thrakien werden am „Käsesonntag" dramatische Stücke aufgeführt. Sie handeln von Hochzeit, Tod und Wiederauferstehung. Dabei sind die antiken Parallelen zum Leben und Sterben des Gottes Dionysos mit Händen zu greifen – wenn auch alles auf komisch-volkstümlicher Ebene abläuft, wie bei einer Götterparodie.

An Karfreitag ist die Kreuzabnahme wichtiger Bestandteil der Morgenliturgie

Ostern

„Das Fest aller Feste und der Freudentag aller Freudentage" ist für die Griechen Ostern. Allerdings gehört zu Ostern nicht nur die ganze Karwoche, sondern auch der „Lazarus-Samstag" und der „Palmsonntag".

Die ganze Familie versammelt sich am Ostersonntag zum Festessen

„Der Lazarus-Samstag“

Die Frauen backen ein besonderes Gebäck, in der Gestalt eines eingewickelten Kindes, so wie Lazarus in seinem Leichentuch dargestellt wird, die Lazarákia (kleine Lazari). Die Kinder singen wieder von Haus zu Haus ihre Heischelieder und halten in der Hand eine selbstgemachte Holzpuppe, mit Blumen geschmückt. In manchen Gegenden sind es nur 10-12jährige Mädchen, die sogenannten „Lazarinen“. Eine von ihnen hält in den Armen ein mit bunten Stoffstücken umwickeltes Waschholz, das wie ein Kind aussieht. Die Mädchen singen die „Lazarika“. Auf Zypern wird der Lazarus durch einen Jungen dargestellt, der den Toten und Wiederauferstandenen spielt.

ton Waíon (Palmsonntag)

Die Kirchen werden mit Lorbeer- oder Myrtenzweigen geschmückt, die von neuvermählten Frauen am Tag zuvor abgehauen worden sind. Nach dem Gottesdienst verteilt der Pfarrer jedem Anwesenden ein Zweiglein Lorbeer oder Myrte. Das wird bei den Ikonen zu Hause aufbewahrt. Man sagt ihm Heilkraft nach. Mit diesen Zweigen lassen sich die neuvermählten Frauen von den älteren leicht auf den Rücken klopfen (Vajioktypímata), damit sie die Fruchtbarkeit der immergrünen Zweige in sich aufnehmen. Auf Lesvos bilden die Kinder ein Lorbeerbündel, schmücken es mit bunten, neuen Stoffstükken, befestigen auch ein Glöckchen daran und gehen von Haus zu Haus mit guten Wünschen. Sie geben auch der Hausfrau einen kleinen Zweig und verlangen dafür ein Ei. In der ganzen Karwoche – bei den Griechen heißt sie „die Große Woche“ – wird die heilige Passion, wie man sie aus den Evangelien kennt, wieder aufgeführt. Den Höhepunkt bilden Karfreitag und der Ostersonntag.

Megáli Paraskeví (Karfreitag)

In der Morgenliturgie findet die Kreuzabnahme und die Grablegung statt. Das Grab Christi wird vorbereitet. Das ist ein Baldachin auf einem Tisch. Das Ganze wird mit Blumengirlanden geschmückt. Auf dem Tisch liegt ein kostbares Tuch, das in Stickerei den toten Christus darstellt. Er ist mit Blumen geschmückt. Das ist der Epitáphios. Die Gemeinde küßt Christus, Frauen und Kinder gehen auf Knieen dreimal unter dem Grab durch. Den ganzen Tag läuten die Glocken traurig. Am Abend beginnt die Prozession des Epitáphios – um die Kirche herum oder durch die Straßen der Stadt. Die Spitze des Zuges bildet der tote Christus und die Pfarrer. Die Gemeinde folgt mit brennenden Kerzen und Lampions unter den dumpfen Trommelschlägen.

Die Priester und Psalmodisten singen die traurigen Preislieder (Engómia). Tausende von Menschen säumen die Straßen mit Kerzen und Weihrauchgefäßen. Die Geschäfte bleiben geschlossen. Nach der Prozession wird der Epitáphios in die Kirche zurückgebracht.

In der Kirche wird der Epitáphiosschmuck auseinandergenommen und die Blumen unter die Anwesenden verteilt. Sie werden dann zu Hause bei der Ikone aufbewahrt. An diesem Tag wird das Fasten streng eingehalten. In manchen Familien wird nichts gekocht. Beim Aufstehen nippt man an einem Gläschen Essig, als Erinnerung an Christus.

Ostersonntag: Individuum und Staat

Die Zelebrierung der Auferstehung findet in der Nacht vom Karsamstag auf Sonntag statt. Die

Kirche ist festlich und fröhlich geschmückt, man trägt seine besten Kleider, neue, wenn es geht. Plötzlich gehen in der Kirche die Lichter aus, der Pfarrer erscheint mit einer brennenden Kerze an der „Schönen Pforte“ und ruft: „Défte, lávete Phos“ = „kommt herbei und empfangt Licht“. Dann zünden die Nächststehenden ihre Kerze an der des Pfarrers an; sie reichen das Licht weiter, bis die ganze Kirche in einem Meer von leuchtenden Kerzen erstrahlt (später wird jeder das brennende Licht in seine Wohnung bringen).

Mitten in diesem Lichtermeer ertönt der Auferstehungsgruß des Pfarrers: „Christós Anésti“ – „Christus ist auferstanden“. Die Antwort der Gläubigen: „Wahrhaftig ist er auferstanden“. Dabei gibt man einander den Osterkuß. Dann geht es vor die Kirche hinaus. Dort wird unter freiem Himmel die Auferstehung gefeiert. Jetzt beginnt auch das Feuerwerk.

Die jungen Leute haben in ihrer Tasche ein rotes Ei, das am Gründonnerstag (‘Rotdonnerstag’ heißt er in Griechenland) gefärbt worden ist. Mit den Eiern stoßen Freunde und Verwandte kräftig an; wer die Eier aller anderen zum Platzen bringt, ist Gewinner und gilt als der Glücklichste. Nach Hause zurückgekehrt ißt man eine phantastisch schmeckende Ostersuppe, die Mageirítsa. Dazu gibt es Ostergebäck (kulurákia).

Am Ostersonntag wird zusammen gegessen

Am großen Gottesdienst am Ostersonntag, der in der Kathedrale von Athen zelebriert wird, ist der Staatspräsident anwesend, der Premierminister mit seinem Kabinett, viele Würdenträger, das diplomatische Corps u. a.. Zu Hause versammelt man sich, um im Garten mit Freunden das Osterlamm am Spieß zu braten. Das dauert Stunden, und der Retsina füllt die Gläser der Männer, die unaufhörlich die Spieße über dem Feuer drehen müssen.

Am Ostersonntag ißt man auch das Osterbrot, das ein rotes Ei in der Mitte hat. Das Ostermahl ist überall geradezu lukullisch. Der Pate schickt seinem Patenkind Osterbrot, – gebäck und rote Eier. In manchen Dörfern, wie z. B. in Arachova bei Delphi, gibt es eine schöne Sitte: Viele Lämmer, von der Gemeinde spendiert, werden auf der Straße gebraten, und jeder Vorbeigehende wird eingeladen, einen Imbiß zu sich zu nehmen.

Namenstage

In den letzten Jahren ist es auch in Griechenland modern geworden, den Geburtstag zu feiern. Den Namenstag hat es schon immer gegeben. So feiert man ihn am Gedenktage seines Heiligen, dessen Namen man trägt. Uneingeladen besuchen Verwandte und Bekannte den Feiernden. Man bringt ein kleines Geschenk mit (Blumen, Pralinen, Bücher, etwas zum Trinken) und wird bewirtet.

Das Fest findet zu Hause oder in einer Wirtschaft statt. Manche Heilige sind besonders beliebt, weil sie als Schutzheilige von manchen Berufen gelten, so z. B. der Heilige Nikolaus, der als Schutzheiliger der Seeleute gilt. Er wird besonders in Städten an der Küste oder auf den Inseln verehrt.

Vielleicht der beliebteste Heilige ist der Heilige Georg. Er wird besonders von den Hirten verehrt, weil er ihre Herden beschützt. An seinem Gedenktag am 23. April verlassen die Hirten ihre Winterquartiere und bringen ihre Herden ins Gebirge. Sie opfern ein Lamm. Mit seinem Blut werden Stirn und Wangen der Kinder mit dem Kreuz gezeichnet. Das Fleisch wird mit Nachbarn geteilt. In manchen Gegenden werden auch Ringkämpfe oder Pferderennen oder Wettläufe veranstaltet. In Arachova z. B. werden die Senioren gefordert: Die alten Männer müssen dann um die Wette laufen.

Die Zelebrierung der Auferstehung wird in einem Meer von leuchtenden Kerzen enden

Der Hebammentag

Am 8. Januar wird in manchen Gegenden der Hebammentag gefeiert. Es ist ein sehr exklusives Fest – für fremde Besucher absolut ungeeignet, besonders für Männer. Dabei geht es nämlich um einen Phalluskult, mit stark matriarchalischen Zügen, wo also nur Frauen das Sagen haben.

Außer den Musikanten ist allen Männern die Teilnahme verboten. In der Wohnung der Dorfhebamme dürfen sich nur verheiratete Frauen versammeln, um die Hebamme zu ehren. Zentralobjekt des Kultes ist ein modellierter Phallus. Eine ebenfalls modellierte Vagina dient zur Vereinigung. Nach dem Ritual verspeisen die Frauen die mitgebrachten Speisen und ziehen dann orgiastisch tobend durchs ganze Dorf. Wehe, wenn ihnen ein Mann über den Weg läuft! Der uralte Kult geht ganz deutlich auf den antiken Dionysos zurück, zumal er in Nordgriechenland, dem Ursprung des Dionysos, überlebt hat.

Die blumengeschmückte Ikone ist Mittelpunkt der Prozession, mit der man die Gedenktage der Heiligen begeht

Der wichtigste Augenblick der Trauung ist die Krönung des Brautpaares

Hochzeit

Die Hochzeit findet immer abends, meist am Wochenende oder donnerstags statt. Gäste werden rechtzeitig schriftlich von den Brautleuten oder von deren Eltern eingeladen. Der Bräutigam kommt mit seinen Eltern etwas früher in die Kirche und wartet auf die Braut. Von ihrem Vater wird sie dort dem Bräutigam übergeben. Auf einem Altar liegen die Eheringe und die Hochzeitskränze. Der Pfarrer steckt den Brautleuten die Eheringe an und setzt ihnen die Kränze auf (sie sind aus künstlichen Blüten gemacht und silbrig-weiß). Dieses Aufsetzen der Kränze wird dreimal wiederholt. Das gleiche tut auch der Trauzeuge.

Dann bietet der Pfarrer den Brautleuten ein Glas mit Wein, aus dem beide ein wenig trinken – als Symbol der gemeinsamen Freuden und Leiden. Nun werden die Brautleute um den Altar herumgeführt, wobei der Priester singt: „Freue dich, Jesaja“. In diesem Moment werfen die Gäste Blüten und Reis auf die Brautleute. Nach der Zelebrierung erhält jeder Anwesende eine Bonbonniere, d. h. eine schöne Miniaturvase oder ein

Fast jeder Täufling sträubt sich energisch gegen das dreimalige Untertauchen im Taufbecken

Taschentuch aus Tüll oder Taft; darin sind gezuckerte Mandeln. Es folgt ein Gastmahl zu Hause oder in einem Restaurant. Dabei wird an nichts gespart.

Der Bräutigam und seine Eltern schenken der Braut Schmuck, der Bräutigam hat auch das Brautkleid zu bezahlen. Die Braut bekommt oft von ihren Eltern eine Aussteuer, meistens Geld, aber auf jeden Fall die Haushaltswäsche, Geschirr und alle nötigen Utensilien. Vor der Hochzeit wird die Aussteuer in der Wohnung der Braut ausgestellt und den Bekannten gezeigt. Auch das Ehebett wird geschmückt. Darauf läßt man einen Jungen sitzen, dessen beide Eltern am Leben sind. Die Verwandten und Bekannten legen Geld oder Geschenke auf das Bett. Beim Schmücken des Ehebettes werden Hochzeitslieder gesungen.

Taufe

Der Trauzeuge sollte auch den Paten fürs erste Kind abgeben. Als solcher muß er das Glaubensbekenntnis aufsagen können, denn er übernimmt Gott gegenüber die Verantwortung für die moralische Entwicklung des Kindes. Dabei herrscht sogar die Meinung, das Patenkind übernehme im Guten wie im Bösen alle Eigenschaften des Paten. Bei der orthodoxen Taufe werden die Kinder ganz ins Wasser des Taufbeckens getaucht, dreimal nacheinander. Dabei sagt der Pfarrer: „Es wird Gottes Knecht getauft, im Namen des Vaters, des Sohnes und des Heiligen Geistes". Zugleich wird der Name des Täuflings ausgesprochen.

Die Eltern dürfen nicht in der Nähe sein, bis das Kind seinen Namen bekommen hat. Dann laufen Kinder zu ihnen und „verraten" den Namen, wofür sie Geld bekommen. Nach der Taufe erhält das Kind die heilige Salbung. Zuletzt übergibt der Pfarrer das Kind dem Paten, der es in ein weißes Tuch einwickelt. Danach wird es mit neuen Kleidern angezogen und erhält ein goldenes Kreuz, alles Geschenke des Paten. Zuletzt schneidet der Pfarrer dem Täufling drei Haare ab. Jeder Anwesende bekommt ein Kreuz und eine Bonbonniere mit gezuckerten Mandeln. Es folgt ein großartiges Essen.

Chelidóna – Der Schwalbenumzug

Die Dorfjugend geht am 1. März mit selbstgebastelten Schwalben auf die Straße. Die Schwalben sind an einem Stock befestigt und mit Glöckchen behängt. Die Kinder tragen Körbe mit Efeu und Weidenzweigen mit sich und singen dazu: „Die Schwalbe ist gekommen ...". Der Brauch läßt sich an Texten und Vasenbildern bis in die Antike zurückverfolgen. Verblüffend ähnlich ist nicht nur der Inhalt des Liedes, sondern auch das Vokabular. Die Kinder geben der Hausfrau Efeublätter, die sie in ihren Stall bringt, damit die Hühner mehr Eier legen. Der Efeu, der ja auch im Winter grün bleibt, symbolisiert die ewiggrüne Pflanzenwelt und soll auf die Hühner Fruchtbarkeit übertragen.

Protomajá – der 1. Mai

Bei diesem Fest geht es um den Sieg des Sommers über den Winter. Die blühende Natur zieht die Menschen aus den Städten hinaus ins Freie. Familien und Schulen machen Ausflüge. Mit Garten- und Feldblumen werden Kränze geflochten und an den Haustüren aufgehängt. Dort bleiben sie bis zum nächsten 1. Mai; dann werden sie dem Feuer übergeben. Der Regen des 1. Mai soll Heilkräfte haben. Da das Wort Mai akustisch wie Magie klingt, erweckt es manchen Aberglauben; so soll man z. B. im Mai nicht heiraten, sonst werde die Ehe unglücklich.

Tanz auf dem Feuer

In vier nordgriechischen Städtchen (Langadá und Hajía Heléni sind die bekanntesten) wird am 21. Mai das Fest der Anastenária gefeiert (der Name hängt mit „Stöhnen" zusammen). Auf dem Marktplatz brennt ein Holzfeuer, und die Anastenárides, mit der Ikone der beiden Heiligen in der Hand, tanzen auf der Glut, ohne sich zu verbrennen. Dieses an ein Wunder grenzende Phänomen ist bis heute nicht enträtselt. Die Tänzer geraten unter dem Einfluß von Trommel, Lyra und Dudelsack in Ekstase und stoßen stöhnende Laute aus: ich, ich, ach, ach, ech, ech. Daher ihr Name Anastenárides.

Bevor der Tanz beginnt, opfert der Anführer vor der Kirche einen schwarzen, dreijährigen Stier, der noch rein, d. h. noch nie zu einer Arbeit für die Menschen herangezogen worden ist. Das Blut des Opfertieres fließt in die Fundamente der Kirche.

Die orthodoxe Kirche steht dem Fest, trotz der christlichen Elemente, ablehnend gegenüber und betrachtet es als heidnisch. Stieropfer haben wir allerdings auch am Vorabend des Propheten Elias, am 19. Juli, in nordgriechischen Dörfern wie auch auf Lesvos im Dorf Mandamádos, am zweiten Sonntag nach Ostern. Dort wird ein mit Blumenkränzen geschmückter Stier, vom Priester gesegnet, zu Ehren des Erzengels Michael geopfert. Sein Fleisch wird mit Weizenkörnern zusammen gekocht und an die Wallfahrer verteilt.

Geburtstag des Heiligen Johannes des Täufers

Am 24. Juni, zur Sommersonnenwende, werden Feuer angezündet, die jungen Leute springen darüber. Das Feuer hat reinigende Kraft. Die Zeit ist günstig für Wahrsagungen über die Zukunft. Vor allem möchte die Jugend etwas über einen künftigen Liebes- und Ehepartner erfahren, den Namen oder wenigstens den Beruf. Dazu muß man ein extra dafür gemachtes Salzgebäck essen, darf aber nichts trinken. Zur Mittagszeit schaut man dann in einen Brunnen, um etwas von dem künftigen Geliebten zu sehen.

Nationale Feste

Die Nation feiert zweimal: am 28. Oktober, weil das griechische Volk durch den Mund des Regierungschefs Metaxas an diesem Tag des Jahres 1940 dem italienischen Botschafter Grassi den Durchzug italienischer Einheiten über griechischen Boden verweigert hat. „Ochi" (Nein) war die Antwort, die seither auf vielen Monumenten eingegraben, auch auf Berghängen mit weißen Steinen ausgelegt ist. Danach begannen die Italiener den Krieg gegen Griechenland. Das angegriffene Land blieb siegreich – bis Deutschland in den Krieg eintrat. Dann wurde Griechenland von den Deutschen und den Italienern besetzt. Zur Erinnerung daran werden Straßen und Häuser beflaggt. Schüler, Studenten und Militäreinheiten paradieren in jeder Stadt. In den Kirchen werden Dankgottesdienste zelebriert, in den Schulen Gedichte und Lieder vorgetragen.

Auf die gleiche Art wird auch der 25. März gefeiert. An diesem Tag des Jahres 1821 wurde der Befreiungskampf der Griechen gegen die Türken eröffnet, die seit 1453 Griechenland besetzt hielten. Die Feierlichkeiten übersteigen die Anteilnahme der Bevölkerung und Kraft der Erinnerung oft die des 28. Oktober. So gibt es das Jahr hindurch bei Griechen stets eine Gelegenheit, Gastfreundschaft und Lebensfreude, die Liebe zur Natur und die Erinnerung an die jahrtausendealte Geschichte dieses Volkes mitzuerleben – in Griechenland kann jeder mitfeiern, man erlebt ein offenes Volk!

Großbritannien

Rochester, Dickens-Festival
Die Bürger sind mit Leib und Seele dabei

Druidenfeste und königliche Paraden
So feiert man in Großbritannien

Stonehenge, Wiltshire
Jährlicher Anziehungspunkt für Neo-Druiden

In Großbritannien, d. h. in England, Schottland, Wales und Nordirland, gibt es so viele Festlichkeiten, daß man sich jederzeit auf eine spannende und informative Reise durch die Welt der britischen Art und Anlässe zu Feiern begeben kann.

Der Valentinstag

Diesen Tag am 14. Februar begehen Verliebte überall in der Welt, und ihm haben Dichter seit Urzeiten ein Denkmal gesetzt. Diese Ehrerbietung ist mehr als 1.600 Jahre alt. Das Wort „Valentine“ selbst bedeutet im Englischen sowohl ein anonym verschicktes Geschenk oder eine anonym verschickte Karte, als auch „Schatz“ bzw. „Liebste/r“.

Valentin von Terni war Bischof und Märtyrer, und man verehrte ihn in Rom seit dem 4. Jahrhundert. Valentin, dessen Name soviel wie „der Gesunde, der Kräftige“ bedeutet, wurde wohl aufgrund eines alten Volksglaubens, nämlich daß sich am 14. Februar die Vögel paaren, zum Schutzheiligen der Liebenden erklärt. Daß man auch mit Valentin seinen Liebsten bezeichnen kann, findet sich sowohl in Shakespeares „Hamlet“, als auch im Tagebuch von Samuel Pepys, der sich Martha Batten als seine Valentinsdame auserkor und sich für sie und ihr Valentinsgeschenk in Unkosten stürzte.

Valentinskarten mit derben, meist anzüglichen Versen verschickt man noch heute gerne an seine Herzensdame oder seinen Traumprinzen, anonym versteht sich. Anfangs fertigte man seine Valentinskarten selbst, da es noch keine industriell produzierten gab. Im 19. Jahrhundert erschienen dann erstmals „verkaufsfertige" Karten in äußerst kunstvoller Aufmachung, mit Spitzenborte, echten Blumen, Federn und Moos. Durch Einführung der „Penny Post" wurde der Versand solcher Karten erheblich erleichtert.

Der 1. April

Dieser Tag heißt im Englischen „April Fools' Day" oder „All Fools' Day". Er gilt als Geburts- oder Sterbetag des Verräters Judas und deshalb als Unglückstag. Der Brauch, jemanden mit einer Lügemeldung oder einem unausführbaren Auftrag „in den April zu schicken", ist in den meisten Ländern Europas, auch in England und ebenso in den USA verbreitet. Der 1. April endet am Mittag!

In Schottland nennt man jemanden, den man in den April schickte, „gowk", was soviel wie Kuckuck bedeutet. Die Aktion selbst bezeichnet man mit „hunting the gowk" – den Kuckuck jagen. Im Französischen heißt ein derart „Gefoppter" „un poisson d'Avril", und im Englischen gibt es den Ausdruck „you silly mackerel – du törichte Makrele".

Maundy Thursday

Mit Gründonnerstag beginnt die Osterzeit. Der entsprechende englische Ausdruck leitet sich aus dem lateinischen Ausdruck „dies mandati" her. Nachdem Jesus seinen Jüngern die Füße gewaschen hatte, gab er ihnen ein neues Gebot, nämlich daß sie einander lieben sollen – Joh. 13,34.

In England vergibt der regierende Monarch (König oder Königin) kleine Säckchen mit „Maundy money" an speziell ausgewählte Männer und Frauen, deren Anzahl der Zahl an Lebensjahren des Monarchen entspricht. Die Sitte, den Ärmsten der Armen Gutes zu tun und ihnen die Füße zu waschen, wird ebenfalls in der Bibel, im Johannesevangelium 13,5, beschrieben. Die erste Fußwaschung durch einen englischen Monarchen ist aus dem Jahre 1213 belegt, als König John in Rochester diese Zeremonie vollzog. Ebenso weiß man das von Edward III. aus dem Jahre 1368 und von Jakob I., der die Geldgaben sogar persönlich übergab. Seit dem 20. Jahrhundert gibt man neben den Spenden an die Armen auch noch „Sets" an die bei der Zeremonie beteiligten Personen aus.

Der Karfreitag

An Karfreitag oder „Good Friday" ißt man in England meist heiße Rosinenbrötchen mit einem eingeritzten Kreuz, sogenannte „hot cross buns". Noch heute hängen sich vor allem ältere Leute in England ein oder mehrere dieser Brötchen in ihre Wohnungen als „Amulett gegen das Böse" auf.

Das runde Brötchen repräsentiert den Mond und das Kreuz die vier Viertel des Mondes. Karfreitag erinnert an die Kreuzigung Jesu. „Good" bedeutet im englischen Pendant „heilig". Im englischen Aberglauben haben jene, die entweder am Karfreitag oder an Weihnachten geboren werden, die Macht, Geister zu befehlen und zu sehen.

Die Osterzeit

Ostern in England verläuft ähnlich wie in anderen europäischen Ländern. Morgens werden, falls vorhanden, im Garten allerlei Geschenke, vor allem Süßigkeiten wie Schokoladenhasen und -eier versteckt, die man dann, egal welchen Alters, gemeinsam sucht und zusammenträgt.

Zum Mittagessen ißt man meist Lammfleisch mit der berühmt-berüchtigten Minzsoße. Anschließend fährt man ins Grüne und genießt den Tag unter freiem Himmel mit Spazierengehen, oder man trifft sich mit Freunden auf einen Drink im örtlichen Pub.

Trooping the Colour

Die derzeitige Königin, Elizabeth II., feiert am 21. April Geburtstag. Da aber im Juni das Wetter in England meist beständiger ist als im April, verlegte man ihn kurzerhand auf den zweiten Samstag im Juni und feiert ihn offiziell an diesem Tag in Verbindung mit dem weltberühmten und alljährlichen „Trooping the Colour". Diese jährliche Zeremonie findet auf dem Paradeplatz der Horse Guards in London statt. Dort präsentieren (to troop) die Regimenter der Guards Division und der Household Cavalry die Regimentsflagge (colour) vor der Königin. Dieser Tag ist kein „bank holiday", obwohl man vielen Staatsdienern an diesem Tag frei gibt.

Bei Ankunft Ihrer Majestät auf dem Paradeplatz um Punkt 11 Uhr morgens ist die Feier eröffnet. Sie wird von der königlichen Eskorte der Household Cavalry begleitet. Wenn die Königin die Begrüßungsplattform erreicht, spielen die Bands die Nationalhymne, und ein königliches Salut wird abgefeuert. Danach inspiziert sie die Parade, und beim Zurückkehren zur Begrüßungsplattform beginnt das komplette tadellose Spektakel der Geburtstagsparade. Gegen Ende defiliert jedes Regiment an der Königin vorbei – die Fußtruppen in langsamer und schneller Abfolge, die Kavallerie hingegen von einem langsamen Schrittempo hin zu einem Trab.

Die besten Plätze für dieses Ereignis haben natürlich die wenigen Ehrengäste, die im Horse Guards-Gebäude der Parade beiwohnen. Doch bei der Abfahrt vom Buckingham-Palast aus über die Mall hin zu den Horse Guards haben auch jene eine Chance, die nicht auf der Ehrenliste standen, einen Blick auf die in der Kutsche vorbeifahrenden Königin zu erhaschen oder ein tolles Foto von einer dem Volk zuwinkenden Elizabeth zu schießen.

Der Herzog von Edinburgh reitet in zweiter Reihe zur Königin, andere Mitglieder der königlichen Familie, z. B. ihr Sohn, der Fürst von Wales, reiten der Königin voraus. Besonders aufregend ist der Moment, wenn die berittenen Bands vorbeireiten – allen voran die Reiter mit den Trommeln, die dabei ein besonderes Geschick für Trommel und Pferd aufweisen.

Auf dem Rückweg kann man erneut die Königin in ihrer Kutsche bewundern, besonders wenn sie vor den Toren des Buckingham-Palastes den Gruß erwidert. Im Anschluß kommt dann für viele touristische und einheimische Zuschauer der Höhepunkt, wenn die Königin und meist die Familie auf dem Balkon des Palastes erscheinen. Bei der Geburtstags- und Fahnenparade werden im Hyde Park 41 Salutschüsse abgefeuert – 21 Schüsse als Begrüßung für die Königin, 20 für die Hauptstadt London.

Dunmow Flitch Trials

In Dunmow/Essex wird alle Schaltjahre und dann meist am Pfingstmontag ein etwas seltsam anmutender aber erwähnenswerter Brauch vollzogen. Dem Ehepaar, das sich in diesem Zeitraum nicht gestritten hat, wird eine gesalzene oder geräucherte Speckseite (die „Dunmow Flitch") nach vorausgehender und eingehender Prüfung überreicht.

Dabei unterziehen sich jene unerschrockenen Paare einer Art Gerichtsverfahren (trial), bei dessen Ende – wenn ihr Fall (nämlich, daß sie in völliger Eintracht vier Jahre lang verbrachten)

Rochester, Dickens-Festival
Auch die Kinder tragen historische Gewände

geprüft wurde und sich als richtig erwies – sie eine derartige Speckseite überreicht bekommen. Die Jury setzt sich aus sechs unverheirateten Männern und Frauen zusammen, und das Gerichtsverfahren wird von einem Richter geführt, mit Anwälten sowohl für die Antragssteller als auch für die „Speckseite". Eine Anzahl von Paaren verantwortet sich vor dem Gericht, obgleich sie ein Komitee zufriedenstellen müssen, bevor sie auserwählt werden. Wenn die Jury zugunsten der Speckseite entscheidet, dann gehen die Antragsteller mit leeren Händen nach Hause und verbringen wohl den Rest ihres verheirateten Daseins damit, sich über den unglücklichen Ausgang des Verfahrens zu streiten.

Man nimmt an, daß dieses Spektakel seinen Ursprung im 13. Jahrhundert hat, als Fitzwalter einer Priorei bei Little Dunmow ein Stückchen Land überließ, unter der Bedingung, daß man eine Speckseite an denjenigen Mann vergeben

Dunmow, Essex, Flitch Trials
Nur nicht streiten, sonst gibt es keinen Speck!

London, Lord Mayor's Parade
Traditioneller Umzug zu Ehren des neuen Lord Mayor

sollte, der bereit war, öffentlich zu erklären und einen Eid vor dem Prior und dem gesamten Dorf abzulegen, daß er niemals bereute, seine Junggesellenzeit auch nur für eine Minute aufgegeben zu haben. Die erste Aufzeichnung einer Vergabe stammt aus dem Jahre 1445, als Richard Wright diese Speckseite gewann.

Halloween

Gruselig mit süßer Belohnung

Halloween oder der Tag vor Allerheiligen war einst das keltische Neujahr. Am 31. Oktober eines jeden Jahres begeht man diesen Brauch in Großbritannien. Nach schottischem Aberglauben ist das die Zeit, in der die Hexen, Teufel, Feen und andere Erd- bzw. Luftkobolde ihren alljährlichen Urlaub abhalten. Robert Burns, der schottische Nationalpoet, schrieb ein berühmtes Ge-

London, Notting Hill Carnival
Auch hier sind bunte Masken gefragt

dicht gleichen Namens darüber. Darin schildert er die Festlichkeiten druidischen Ursprungs, bei denen Glockenläuten, Freudenfeuer usw. abgehalten wurden. Wie oben erwähnt, ist Halloween der Abend, der dem „All Saints' Day" (Allerheiligen) vorausgeht. Im Altenglischen bezeichnete man Allerheiligen auch noch mit „All-Hallows" oder „Hallowmas". Der Name Halloween ist eine Kontraktion aus „All-Hallows-Even" = Abend vor Allerheiligen.

An diesem Tag verkleiden sich alle Kinder und ziehen in kleinen Gruppen mit ihren Tüten von Haus zu Haus, wo sie vor allem um Süßigkeiten bitten. Überall findet man am Hauseingang ausgehöhlte Fratzen-Kürbisse, deren furchterregende Gesichter mit Hilfe einer Kerze von innen heraus leuchten.

Guy Fawkes Day

Es gibt zahlreiche historische Bilder, auf denen man Guy Fawkes sieht, wie er sich in die Keller des Westminster-Palastes begibt. Jedes Jahr am 5. November begeht man in England den Jahrestag der Entdeckung der Pulververschwörung. Guy Fawkes wurde 1570 in York geboren, und er gehörte zu den wenigen katholischen Edelleuten, die 1605 ein Attentat gegen Jakob I. und seine Regierung planten.

Dieses Attentat wurde unter Mitwisserschaft englischer Jesuiten geplant, und man beabsichtigte, das ganze Parlament in die Luft zu sprengen, als sich der König und die beiden Häuser über den Kellergewölben des Parlaments zur alljährlichen Parlamentseröffnung durch Jakob einfanden. Zu diesem Anlaß mieteten die Verschwörer namens Robert Catesby, Thomas Winwith, Thomas Percy, John Wright und der bereits genannte Guy Fawkes einen Keller unter dem Palast zu Westminster, worin sie unter einem großen Stapel Holz 36 Pulverfässer versteckten.

Die Regierung selbst erhielt bereits eine Warnung über diese Verschwörung durch einen anonymen und in dunklen Worten abgefaßten Brief. Die Keller unter dem Palast wurden untersucht und die Fässer entdeckt. Verhaftet wurde dabei gleich ein Mann namens Johnson, alias Guy Fawkes, den man ausgewählt hatte, mit einer langsam brennenden Lunte, die ihm die Chance auf eine Flucht zur Themse bot, wo ein Boot wartete, die Fässer zu entzünden.

Ziel der Verschwörer war es, in dem anschließend herrschenden Chaos die Macht an sich zu reißen und dann dafür zu sorgen, daß man ihnen die lang verwehrte religiöse Toleranz zubilligte. Was sie nicht wußten war, daß sich Jakob in der Zwischenzeit mit den Katholiken ausgesöhnt hatte. Ein fataler Irrtum.

Ein Feiertag als Dank

Das Parlament war natürlich über die Vereitelung der Verschwörung sehr dankbar, so daß es 1606 erklärte, daß der 5. November fortan als Feiertag anzusehen sei, und zwar mit allgemeinen Lustbarkeiten, Glockenläuten, Kanonenschüssen und einem besonderen Gottesdienst, der in allen Kirchen des Landes abgehalten werden sollte. Dieser Gottesdienst blieb im englischen Gebetbuch für mehr als zweihundert Jahre und wurde nicht vor 1859 aus ihm entfernt.

Vom Volk wurde diese Erklärung mit Freude aufgenommen. Früher brachte man aus allen Teilen der Stadt Holz, Gerümpel und andere Dinge für ein großes Freudenfeuer zusammen. Diese sogenannten „bonfires" waren nichts Neues, im Gegensatz zur Puppe in Gestalt von Fawkes, da man sie feierlich verbrannte. Fawkes gab unter Folter die Namen seiner Komplizen bekannt und sowohl er, als auch die anderen wurden hingerichtet und ihre Köpfe auf Pfählen aufgespießt, damit sie jeder sehen konnte. Am Ende eines jeden Guy Fawkes Days zünden alle Städte ein farbenprächtiges Feuerwerk.

Das Dickens-Festival

In Rochester, der Dickens-Stadt, findet jedes Jahr vom 4. bis zum 6. Dezember das berühmte Dickens-Festival statt. In diesen zwei Tagen bekommt man allerlei zu sehen. Überall in der High Street von Rochester findet man Häuser, in denen die literarischen Gestalten seiner Romane gelebt bzw. gewirkt haben. Viele Bewohner der Stadt und näheren Umgebung kleiden sich gemäß der Zeit Dickens und bieten zahlreiche Waren und Handarbeiten aus jener Zeit an. Auf dem Kathedralenvorplatz führen Artisten Kunststücke auf, und um den Burgbereich zeigen als Ritter verkleidete Männer das mittelalterliche Leben aus einer neuen Perspektive. In dieser vorweihnachtlichen Zeit ist Rochester am schönsten, vor allem die Kaffeehäuser der Stadt, die zum Teil Namen aus Dickens' Romanen tragen. Dieses Fest ist ein Erlebnis, und kaum jemand läßt es sich entgehen.

Weihnachten

Misteln und Chrismas Pudding

Weihnachten am Jahresende ist das zweitgrößte Fest nach Ostern im Jahr der Christen. Heiligabend feiert man in Großbritannien nicht andächtig und still am 24. Dezember, sondern erst am darauffolgenden Tag morgens laut und pompös mit viel Trara und Getöse. Es ähnelt eher der Karnevalszeit als einem besinnlichen Weihnachten.

Auch mutet die an vielen Häusern angebrachte weihnachtliche Verzierung mit Girlanden, Kränzen usw. für viele Fremde eher etwas kitschig an. Im Hausinnern zieren ebenfalls um das Treppengeländer gewundene Foliengirlanden und leuchtender Plastikimport aus Taiwan um Bilderrahmen usw. das Interieur.

Fürst Albert von Sachsen-Coburg-Gotha brachte 1841 den deutschen Tannenbaum nach England. Seitdem überhäuft man ihn mit allerlei buntem Tand. Die meisten Schaufenster der Geschäfte sehen recht einladend aus, da der Kunstschnee und die Umrandung aus Efeu, Tanne und Stechpalme die weihnachtliche Stimmung unterstreichen.

Nicht zu vergessen sind die in jedem Haus angebrachten Mistelzweige an der Decke. Der Brauch besagt, daß niemand einer Frau, und sei sie noch so häßlich, einen Kuß verweigern darf, wenn sie sich darunter befindet. Stechpalme, Efeu, Mistel und Tanne sind heilige Pflanzen der Weihnachtszeit, da sie nicht nur grün sind, sondern auch noch Früchte tragen.

Weihnachtskasten und Truthahn

Der 24. Dezember ist in England ein ganz gewöhnlicher Arbeitstag. An ihm trifft man die letzten Weihnachtsvorbereitungen. Am Abend hängen die Kinder ihre Strümpfe ans Fußende ihres Bettes oder an den Kamin, in der Hoffnung, daß der Weihnachtsmann sie füllen wird. Das Weihnachtsessen am 25. Dezember besteht gewöhnlich aus einem Truthahn, Pfefferminzerbsen und dem berühmten Christmas Pudding. Meist liegt an jedem Tischgedeck ein Silvesterknaller, dessen Inhalt, ein Papierhut, von jedem während des Essens getragen wird.

An Weihnachten wird in England viel gesungen, man geht auf Parties oder sieht sich Pantomimen an. Besonders stolz sind die Briten auf ihre Weihnachtskartenansammlung. Diese stellt man entweder auf dem Kaminsims auf oder dekoriert seine Wände damit. So zeigt man seinen Freunden, Nachbarn und Verwandten, wie beliebt man ist. Motive, wie schneebedeckte Häuser und Landschaften, und Lieder, wie „Good King Wenceslas" führten zu dem weltweiten Glauben, daß Weihnachten weiß sein muß. Die Radioansprache der Königin um drei Uhr nach-

Auch Fanfaren-Bläser gehören zur jahrhundertalten Tradition

mittags hält und schreibt sie persönlich. König Georg V. war der erste, der über den Äther so 1932 zu seinem Volk sprach. Am 26. Dezember ist der sogenannte „Boxing Day“. Seinen Namen bezog er von einem früheren Brauch, kleine Weihnachtsgeschenke in Schachtelform oder Geldgaben in Schachteln an Bedienstete, Händler oder Postboten zu vergeben. Santa Claus bringt den Kindern in Großbritannien die Geschenke. Der Mann mit dem weißen Rauschebart, dem weißumbrämten Kaputzenmantel und den rosigen Wangen dagegen ist eine Erfindung von US-Werbestrategen aus dem Jahre 1931.

Silvester

Am letzten Tag des Jahres, der in Schottland „Hogmanay“ heißt, trifft man sich mit Freunden, geht auf Parties oder veranstaltet selbst eine. Bei einem riesengroßen farbenfreudigen Feuerwerk begießt man mit Sekt das neue Jahr und gesteht sich seine gefaßten „resolutions“, – die „guten Vorsätze“. Das weitaus größte Spektakel dieser Art ereignet sich auf dem Trafalgar Square in London.

Der Morris-Tanz

Der Morris-Tanz ist ein altenglischer Volkstanz, der in der Regel von einer Gruppe Männer getanzt wird, die ein besonderes Kostüm tragen, das sich meist aus einem weißen Hemd und schwarzen Hosen zusammensetzt. Ferner zieren Rosetten, bunte Bänder, Blüten, Glocken, Schärpen u. ä. das Gewand. Über den Hosen tragen die Tänzer an beiden Beinen mit Glöckchen behangene Kniebänder. Der Morris-Tanz ist die englische Variante der Moresca, einem maurischen Tanz, der erstmals 1427 in Burgund als Tanz bezeugt ist, und dessen Herkunft einerseits mit

Fruchtbarkeitstänzen und andererseits mit den Kämpfen zwischen Mauren und Christen in Zusammenhang steht. Im 15. Jahrhundert beschrieb man die in ganz Europa verbreitete Moresca als Einzel- oder Gruppentanz mit dem Motiv des Schwerttanzes.

Noch heute ist dieser Tanz in vielen Gegenden Englands bei Volksfesten sehr beliebt, und besonders in den Cotswolds, in Northamptonshire, Derbyshire, Cheshire und Lancashire ist der Brauch sehr lebendig. Gewöhnlich findet dieser Tanz im Frühling statt. Mittlerweile sind Frauen als aktive Tänzerinnen nicht mehr ganz so ungewöhnlich. Es bilden sich sogar bereits Morris-Tanzgruppen, deren Mitglieder alles Frauen sind.

Fagin, Magnitch Sykes: Literarische Gestalten werden lebendig

Das Fest der Neo-Druiden

In Wiltshire treffen alljährlich zahlreiche religiöse Vereinigungen zusammen, die den alten Orden der Druiden und im besonderen das Aufgehen der Sonne am Johannistag, dem 24. Juni, zelebrieren. Die Druiden stellten einst eine keltische Priesterkaste in Gallien und auf den Britischen Inseln dar, die man in etwa mit den Brahmanen in Indien vergleichen kann.

Wales, Royal National Eisteddfool
Die Barden-Versammlung reicht in seinen Ursprüngen bis ins 12. Jahrhundert zurück

Julius Caesar berichtet in seinem sieben Bände umfassenden Werk „Der Gallische Krieg", daß die Druiden mit dem Ritterstand ihre Macht teilten. Ihre Funktionen bezogen sich auf die Religionsausübung, die Theologie als Geheimlehre, auf die Bewahrung der sozialen Ordnung und die Rechtsprechung. Im mündlichen Unterricht erhielten die Druidenschüler zwanzig Jahre lang das geheime Wissen des Ordens in Versform.

Zur Zeit der Römer wurde der Druidenkult aufgrund von Menschenopfern verboten. In Irland gingen sie im 4. Jahrhundert im Zuge der Christianisierung im Mönchtum auf.

Die Mitglieder des allerältesten Druidenordens veranstalten diese Zeremonie um Mitternacht, bei Tagesanbruch und am Mittag. Stonehenge bedeutet soviel wie „hängender Stein", und diese sich zwölf Kilometer nördlich von Salisbury in der City Wiltshire befindliche megalithische Steingruppierung wurde etwa ab 2800 v. Chr. als Wall- und Grabenring mit zwei Eingangssteinen sowie dem außerhalb gelegenen „Fersenstein" angelegt.

Am Tag der Sommersonnenwende, bei Morgengrauen, glauben die Anhänger des Kultes, daß die Sonne direkt über dem Altarstein oder Hele-Stein steht. Man hält die Nacht über eine besinnliche Nachtwache, und wenn die ersten Sonnenstrahlen den Stein berühren, beginnt die Feier zur Begrüßung der Sonne. Der zweite Festakt am Mittag feiert den Sommer, und man krönt den, der den Vorsitz inne hält, den „Presider". Bei dieser Person handelt es sich um jemanden, von dem der Druidenorden glaubt, daß er etwas Wohltätiges für die Menschheit getan hat. Lady Ceridwen überbringt dann ein Geschenk, nämlich Apfelwein, der symbolisch für den Lebensstrom der Erde steht.

Die Öffentlichkeit ist dabei als Zuschauer herzlich willkommen. Das heutige Druidenwiederbelebungsfest begann im Jahre 1740 nach der Veröffentlichung von William Stukeleys Buch „Stonehenge, a Temple Restor to the British Druids". Apropos Druide: Die Bezeichnung bedeutet nichts anderes als „Wahrsager".

Das Pfannkuchen-Wettrennen

Ein Küßchen für den Küster

Was für die berühmte Westminster School in London das „Pancake Greeze" ist, das ist für den Ort Olney in Buckinghamshire das Pfannkuchenwettrennen am Fastnachtsdienstag. Urkundlich erwähnt ist das Ereignis im Jahre 1445, und seitdem führt man es mit gelegentlichem Abflauen und anschließendem Wiederaufblühen des Brauches durch. Früher aß man Pfannkuchen nach dem Abendessen, um den Hunger von jenen zu stillen, die zur Beichte gingen, um ihre Absolution zu erhalten. Die Beichtglocke nannte man „Pancake Bell" (Pfannkuchen-Glocke) und den Beichttag „Pancake Tuesday" (Pfannkuchen-Dienstag).

Seit 1948 begeht man den Brauch ohne Unterbrechung. Die Wettkämpfer sind allesamt Hausfrauen, die Einwohnerinnen von Olney oder dem nahegelegenen Warrington sein müssen. Die Regeln besagen weiterhin, daß die Wettstreiterinnen Schürzen tragen und ihre Köpfe mit einem Hut bzw. Kopftuch bedecken müssen. Die Strecke, die die Hausfrauen zurücklegen müssen, verläuft vom Marktplatz zur Pfarrkirche – ungefähr 380 Meter.

Eine Glocke läutet zweimal vor Startbeginn: Einmal, um die Frauen zu erinnern, ihre Pfannkuchen zu backen, und dann ein zweites Mal, damit sie sich auf den Platz begeben, um sich dort mit ihren Bratpfannen und den darin brutzelnden Pfannkuchen in Startposition zu begeben. Wenn alle Frauen startbereit in Warteposition harren, erklingt die Glocke ein drittes Mal, und die Frauen rennen los.

Die Pfannkuchen müssen während des Rennens dreimal hoch in die Luft geschleudert werden. Dabei landet hin und wieder der ein oder andere Teigfladen auf der Straße – was die Läuferin allerdings nicht disqualifiziert. Sie darf ihn wieder aufheben und erneut in die Luft katapultieren. Am Kirchenportal empfängt sie dann der Vikar mit einer Ehrung.

Der Gewinnerin und der Zweiten schenkt er ein Gebetbuch. Neben ihm steht der Küster, der Anspruch auf einen Kuß von der Gewinnerin hat. Meist bekommt er darüber hinaus noch ihren Pfannkuchen. Im Anschluß legt man alle Pfannkuchen um den Taufstein der Kirche und hält einen kurzen Gottesdienst ab.

Seit 1950 gibt es in Liberal, Kansas (USA), ein ähnliches Rennen, und zwischen den weitentfernten Städten herrscht in Bezug auf die „Rennzeit" ein reger Wettbewerb. Heute kann man in mehreren Orten Englands und in Schottland diese Pancake Races bestaunen. Die neuzeitlicheren Feste dieser Art gibt es erst seit ungefähr zwanzig Jahren. Nur das Fest in Olney darf für sich den Anspruch erheben, das älteste zu sein.

Das Fest der Barden in Wales

In der ersten Woche im Monat August feiert man das walisische „Eisteddfod" an mehreren Orten in Wales. Unter „Eisteddfod" versteht man ein Treffen walisischer Barden und Dichter zur Förderung der walisischen Literatur, Musik und des Dramas. Der Norden und Süden von Wales wechseln sich dabei alljährlich ab. Das Wort selbst leitet sich vom kymrischen Wort „eistedd" ab, was soviel wie „Sitzung" bedeutet. Es bezeichnet den Akt des Platznehmens des Gewinners im Bardenwettbewerb auf dem Zeremonienstuhl.

Das moderne „Eisteddfod" entwickelte sich aus der Versammlung von Barden im 12. Jahrhundert. Das Fest wird komplett in Walisisch abgehalten, und die Öffentlichkeit kann selbstverständlich daran teilnehmen. Gegen Ende des 19. Jahrhunderts wurde der Brauch wiederbelebt. Ein spektakuläres Zeremoniell druidischer Weihen bildet einen integralen Bestandteil des Festes. Ehemals wurden bei dieser Veranstaltung die Regeln für die Dichtkunst festgelegt. Heute umfaßt das Fest alle Arten von künstlerischer Ausdrucksfähigkeit, die sich in Wettkämpfen auf den Gebieten der Musik, Literatur, Kunst, Vortrag und Handwerk ausdrückt. Ganz besonders für seine Chormusik ist das Fest ein Geheimtip unter Musikliebhabern.

Die Schlüsselzeremonie im Tower

Ein „allnächtliches" Ritual

Jede Nacht des Jahres findet im Tower Londons seit gut 700 Jahren eine Zeremonie statt, bei der alle Tore und Gatter der Festung an der Themse gegen alle Feinde und Eindringlinge verschlossen werden. Man nennt diese Prozedur mit Wachwechsel und vielen symbolischen Parolerufen Schlüsselzeremonie oder vielleicht korrekter „Die Zeremonie der Schlüssel Ihrer Majestät". An diesem ehemals finsteren Ort fanden zahlreiche historische Ereignisse statt. Vielen kostete er das Leben. Auf dem Tower Green etwa wurde standesgemäß der Adelige enthauptet, in den nahegelegenen Türmen ereigneten sich Dramen, wie zum Beispiel im Blutigen Turm, in dem der Thronfolger Edward V. und sein Bruder Richard 1483 im Schlaf ermordet wurden und Sir Walter Raleigh zwölf Jahre als Gefangener einsaß. Wer bei dem nächtlichen Spektakel dabei sein möchte, muß vorher einen Antrag stellen, sagen wann er kommen möchte und kann dann, bei Terminvergabe, der Prozedur beiwohnen.

Irland

Der Ziegenbock beim Puck-Fair überschaut drei Tage lang das bunte Treiben

St. Patrick und die grüne Insel
So feiert man in Irland

Am letzten Sonntag im Juli besteigen Zehntausende den Croagh Patrick

Bei der Frage nach den besonderen Festen der Bewohner der grünen Insel wird man quer durch Europa aus dem Stegreif immer grundsätzlich ähnliche Antworten bekommen. Je nach Temperament dürfte ein gewisser Triumph oder ein gelinder Vorwurf in der Stimme liegen, die ohne langes Nachdenken „St. Patrick's Day" durchgibt. Schließlich weiß jedes Kind, daß dies Irlands Nationalfeiertag ist. Danach folgt aber meist eine längere Pause ... was für Festtage gibt es denn sonst außer Ostern und Weihnachten? Wohl noch weitere Heiligenfeste, die Republik ist schließlich katholisch. Aber wie ist es mit Nordirland? Was feiern die dort? Zum Datum bekommt man wahrscheinlich eine Auswahl von „Irgendeinmal im Frühjahr" bis zum exakten Termin, dem 17. März; und bohrt man noch etwas nach dem „Wie", kommt „Parade" meist wie aus der Pistole geschossen. Und unternehmen die Iren nicht eine völlig mittelalterliche Prozession, barfuß – zu Ehren ihres Nationalheiligen? Besteigen sie nicht diesen Berg im Westen Irlands? Aber, wenn der Nationalfeiertag der 17. März ist, warum gehen sie denn am letzten Sonntag im Juli den Croagh Patrick hoch?

Verwirrende Vielfalt

Die feiertäglichen Verhältnisse auf der „Insel hinter der Insel" sind, komplett mit Sitten und Gebräuchen, nicht ohne weiteres durchschaubar. Sie werden keineswegs von den modernen

„public holidays“ abgedeckt, den gesetzlichen Feiertagen, die jeder Reiseführer, der etwas auf sich hält, in seiner praktischen Anlage erwähnt. Es gibt weit mehr von der ganzen Nation beachtete „high days und holidays“ als die offiziellen: Neujahrs- und Karfreitag, Ostermontag, Weihnachten, Stephanstag, die „Bankfeiertage“ – je ein Montag im Juli, August und Oktober – oder den bereits erwähnten St. Patrick's Day. Ganz abgesehen von den lokalen Feierlichkeiten!

Katholiken, Kelten und die Iren

Dies rührt daher, daß in Irland drei ganz unterschiedliche Fest- und Feiertagssysteme ineinandergreifen. Dank der insularen Lage und ihrer komplizierten geschichtlichen Entwicklung schaffen es die Iren des 20. Jahrhunderts, die kommerziellen Gepflogenheiten Englands, die Feiertage der katholischen Kirche und der irischen Heiligen sowie die Feste des keltischen Jahreszeitenzyklus' alle unter einen Hut zu bringen. Und zwar unter einen erstaunlich ausladenden, um das Bild etwas zu strapazieren, denn manches, was heute noch gebräuchlich ist, geht erheblich weiter zurück, auf die ersten Bauern der grünen Insel nämlich, die vor rund 6.000 Jahren säten und ernteten.

Hartes Klima prägt die Jahreszeiten

Die klimatischen Bedingungen zwangen sie, den richtigen Zeitpunkt für diese beiden Tätigkeiten exakt zu bestimmen. Nur so ergab sich überhaupt die Chance, die für sie zum Überleben notwendigen Erträge zu erwirtschaften. Alle anderen Arbeiten auf dem Hof, Vieh- und Vorratshaltung, waren an diese beiden kritischen Punkte gekoppelt. Über die Beobachtungen von Himmelskörpern, in erster Linie der Sonne, kamen sie darauf, das Jahr in vier dreimonatige Viertel zu teilen, indem sie jeweils den ersten Tag eines solchen Abschnittes besonders betonten. Auf diese Weise sind die Jahreszeiten, Frühling, Sommer, Herbst und Winter, genormt und gleichzeitig die Jahreszeitfeste eingerichtet worden.

Im Reigen der irischen Feste bilden sie sozusagen den Bordun, der problemlos neue Melodien bzw. Feiertage aufzunehmen vermag. Sogar die reinen Bank Holidays, die den ahnungslosen Touristen nicht nur vor geschlossenen Bankschaltern auflaufen lassen – vor der Bank-Card-Ära eine gelinde Katastrophe – sondern auch vor den dichtgemachten Pforten der meisten Institutionen und größeren Geschäfte. Dafür scheint ganz Irland auf der Suche nach Naturschönheit und Geselligkeit auf den Beinen bzw. Rädern zu sein. Wo sich beides vereint, wie z. B. in Killarney, ist kein Durchkommen mehr durchs Städtchen: Pubs, Restaurants, Hotels und Discos haben Höchstbetrieb.

Bank Holidays

Sie sind das Produkt moderner, wirtschaftlicher Reform. Bank Holidays gehen auf Beschlüsse der britischen Regierung von 1871/1875 zurück. Über einen längeren Zeitraum waren dafür vierzig Heiligen- und sonstige Gedenktage, an denen die Banken geschlossen blieben, auf drei arbeitsfreie Tage zusammengestrichen worden. Schon immer konnten sich Puristen und Traditionalisten mit solch säkularisierten Feiertagen nicht anfreunden. Da gibt es doch nichts mehr zu feiern!

Aber gewiß. Die Freizeit selbst. Die Gelegenheit „to have a good time“. So wird das Bedürfnis befriedigt, aus einem strengen Arbeitsrhythmus kurz auszusteigen, um Kräfte zu sammeln. Alle irischen Feste und gerade die traditionsreichsten legen auf diese Komponente großen Wert.

St. Patrick's Day

1903 reihte Irland St. Patrick's Day unter die Bank Holidays und erhob ihn in den Stand eines Nationalfeiertags. So jung ist er also, dieser wohl bekannteste Festtag der Iren – wenigstens in dieser Form. Natürlich hat die Kirche das Andenken St. Patricks, „des Apostels der Iren“, der laut Legende 433 die Bevölkerung der grünen Insel zum Christentum bekehrte, schon immer geehrt. Und jedenfalls ausführlicher als alle anderen Heiligen, denn im 12. Jahrhundert dauerte die St. Patrick's Feier drei Tage.

Fünf-, sechs-, siebenhundert Jahre später verweilen die Beschreibungen eines St. Patrick's Day aber weniger auf dem religiösen als auf dem weltlichen Aspekt.

Die besseren Schichten, vor allem die Anglo-Iren, trugen zu Hause und im Ausland kreuzförmige Abzeichen, um ihre Verehrung für St. Patrick zum Ausdruck zu bringen. Das gemeine Volk, hauptsächlich die „native Irish“, begnügte sich mit „shamrock“, jener Kleeform, an deren Blättern St. Patrick den Iren den Begriff der Dreifaltigkeit erläutert haben soll. Hoch und Niedrig schmückte sich mit grünen Bändern und Tüchern und sprach dem Alkohol zu.

Aus Fleisch wird Fisch

„Pota Pádraig“, „St. Patricks Topf“, wurde gleich nach dem morgendlichen Kirchgang gehoben - und der „shamrock“ so oft „begossen“ oder unter Trinksprüchen „ertränkt“, daß in den Quellen ganz unzweideutige Kommentare zum pitoyablen Zustand des gemeinen Volkes und der Dienstboten erschienen. Damit war grundsätzlich der irischsprechende, katholische, niedere Bauernstand gemeint, der am keltischen Brauchtum festhielt. Und dieses schrieb, besonders an Fest- und Feiertagen, auch unter den Ärmsten großzügige Gastfreundschaft vor ...

Wenn es die Umstände gestatteten, sollte am 17. März eine gute Mahlzeit – mit Fleisch – auf den Tisch kommen. Bereits die mittelalterliche Kirche drückte ein Auge zu, wenn sich die Gemeindemitglieder an „St. Patrick's Fisch“ – erst ins Wasser getauchten und dann zubereiteten Fleischstücken – gütlich taten. Vor allem die Bauern konnten jetzt eine Stärkung vertragen, denn zu St. Patrick mußten das Getreide und vom 17. Jahrhundert an die Saatkartoffeln in den Boden.

St. Patrick's-Umzüge in aller Welt

Umzüge mit Musikkapellen zu St. Patrick's Day kamen mit dem 18./19. Jahrhundert in den Städten auf – aber nicht etwa nur in den Städten Irlands, sondern überall in der Welt, wo sich irische Auswanderer niedergelassen hatten: Amerika, Kanada, Australien, Afrika, und der Kuriosität halber nicht zu vergessen, Montserrat in der Karibik, wo die „Black Irish“, die Nachfahren irischer Deportierter und schwarzer Sklaven St. Patrick's Day zum Andenken an den Sklavenaufstand gegen die anglo-irischen Gutsbesitzer (!) vom 17. März 1768 feiern. Es waren dann vor allem die aufwendigen Umzüge Amerikas, New Yorks, Bostons, Philadelphias, die auf die Einheimischen unseres Jahrhunderts zurückzuwirken begannen.

Die St. Patrick's Day Parade von Dublin, mit einer Viertelmillion Besuchern die größte Irlands, ist eine solche, sich an Amerika orientierende Kreation des irischen Fremdenverkehrsbüros aus den frühen Siebzigerjahren. Bands verschiedenster Art mit Majoretten aus aller Welt nehmen daran teil, Korsowagen mit lächelnden Märchen- und Sagenfiguren, Sportidole und Größen aus dem öffentlichen Leben, Maskengruppen, Straßenmusikanten, irische Tanzgruppen, Reklamegefährte für die großen Whiskey- und Biermar-

Bei seiner Parade verträgt St. Patrick auch mal eine Parodie

ken, und nicht zuletzt folgen die Darstellungen St. Patricks und seiner Taten, bei denen der erste offizielle Bischof Irlands in den letzten Jahren auch gelegentlich zur Parodie herhalten mußte. Und diese Riesenshow, halb Karneval, halb Zirkus, zieht zum Schall von Trommeln und Pfeifen einige Stunden lang an der Empore des Bürgermeisters von Dublin und weiterer Honoratioren vorbei. Charakteristischerweise sitzt zur gleichen Zeit Irlands Premierminister auf einer Empore in Manhattan und nimmt dort die St. Patrick's Parade ab.

Auch Pfeifenspieler gehören zur St. Patrick's-Parade

Die ganze Innenstadt ist in Grün getaucht, inklusive das Haupthaar diverser Zuschauer, „shamrock", entweder die echte Pflanze oder Kleeblätter aus Papier oder Plastik werden allgemein getragen, und aus manchen Brunnen läuft das Wasser grün. Manche Pubs verkaufen sogar grünes Bier; die Nachfrage nach geistigen Getränken hat seit dem 18. Jahrhundert mit Garantie nicht nachgelassen ...

Ostern und Weihnachten

Ostern und Weihnachten mit den ihnen zugehörigen festlichen Trabanten sind die verbleibenden offiziellen Feiertage. Sie gehören zum christlichen Grundstock, zu dem das Volk eigene Vorstellungen beitrug. Eine der hübschesten ist der Glaube, daß sogar die Sonne über die Auferstehung vor Freude tanzt.

Große Bankette werden oft von mittelalterlicher irischer Musik begleitet

Unterstrich strenges Fasten und ein Kirchgang – heute nicht mehr wie früher auf bloßen Füßen – sowie Gebete an den Gräbern die ernste Natur des Karfreitags, so war Ostern ein ausgesprochen fröhlicher Tag. Jungen und Mädchen rannten so früh wie möglich auf die höchste Erhebung, um die Sonne beim Aufgehen „einen Jig tanzen zu sehen". Um den Kinderaugen nicht zu schaden, aber ebensosehr, um die Kinderherzen nicht zu betrüben, ließen Eltern die Kleinen das Schauspiel indirekt, in einem Wasserbecken oder einer heiligen Quelle verfolgen, wobei die Hand des Erwachsenen verstohlen die Wasseroberfläche bewegte, so daß das Kind seine Illusion nicht verlor. Ostereier, am liebsten bunte, durften beim Osterfrühstück nicht fehlen. Die junge Generation veranstaltete regelrechte Wettessen und vertilgte erstaunliche Mengen – aber man war von der besonderen Bekömmlichkeit der Ostereier fest überzeugt. Unter Freunden wurde die sonst übliche Begrüßung durch die Frage nach der verschlungenen Anzahl von Eiern ersetzt!

„Uisce beatha" gehört zum Christmas Pudding

Das Ostermahl wurde und wird nur vom Weihnachtsmahl übertroffen: ehemals mariniertes

In Irland wird der Volkstanz immer noch gepflegt

Rindfleisch oder Gänsebraten, heute hauptsächlich Truthahn. Und natürlich Christmas Pudding, der mindestens einen Monat, besser ein ganzes Jahr lang reift. Er kommt, mit irischem Whiskey – nicht Whisky – begossen, angezündet auf den Tisch. „Uisce beatha", dieses „Wasser des Lebens" gehört genauso in den schweren Weihnachtskuchen, anscheinend um ihn frisch zu halten.

All diese Herrlichkeiten kommen erst am 25., dem fröhlichen, lärmigen, von Weihnachtskarten, Luftschlangen und Girlanden überquellenden Weihnachtstag nach dem Gottesdienst auf den Tisch. Auch wenn der Weihnachtsbaum – Kunststoff mit elektrischen Kerzen – in den letzten Jahren über die Vereinigten Staaten in vielen Häusern Einzug gehalten hat, und Santa Claus den Kindern die Strümpfe füllt, sind alte Bräuche, wie das Verbrennen vom „bloc na Nollag", des „Weihnachtsscheites", nicht ausgestorben oder werden sogar wiederbelebt.

Vorbereitungen für das Weihnachtsfest

Auf allen Ebenen gilt der Heilige Abend als Vorbereitung fürs Fest: Wenn möglich versammeln sich die Familienmitglieder im Elternhaus. Sie helfen mit, Haus und Hof herzurichten und mit Stechpalmzweigen und Efeu herauszuputzen. Noch in der letzten Generation war Fasten allgemein üblich: Die einzige Mahlzeit des Tages, bestehend aus Stockfisch an weißer Sauce und Kartoffeln, kam am Abend auf den Tisch.

Zuvor mußte jedoch noch die dicke Weihnachtskerze angezündet werden: Entweder führte der Familienvater unter einem Gebet diese kleine Zeremonie selbst aus oder aber das jüngste Kind, dem vielleicht noch eins der älteren Geschwister das Händchen führen mußte. In manchen Häusern wurden zu Ehren der Heiligen Familie oder auch für die einzelnen Familienmitglieder mehrere Kerzen angesteckt. Als Kerzenhalter diente oft eine ausgehöhlte Rübe, und die brennenden Lichter kamen aufs Fensterbrett. Mancherorts ließ man sie die ganze Nacht durchbrennen. Sie zeigten an, daß Maria und Josef mit dem Eselein in diesem Hause Herberge fänden ...

Aus diesem Grund blieb auch die Haustür offen. In einigen Gegenden wurde der Tisch für drei Personen gedeckt und vor dem Zubettgehen das Feuer geschürt. Doch dies ist heute nicht mehr üblich. In manchen Familien wird der Weihnachtskuchen mit Tee oder einem stärkeren Getränk noch vor Mitternacht gereicht. Um Mitternacht knieen die Tiere im Stall nieder, allen voran die Kühe und Esel, um das Kind in der Krippe anzubeten. Es heißt, sie könnten dann sprechen – aber wehe dem Neugierigen, der sich versichern will und sie in diesem Augenblick stört! Es war eben eine heilige Nacht. Sogar der Tod verliert in dieser Nacht seinen Schrecken, denn jeder, der das Zeitliche segnet, gelangt direkt in den Himmel. Der warme Schein der Weihnachtskerzen weist den Kirchgängern den Weg durch die Dunkelheit zur Mitternachts- oder Frühmesse. Die Krippe erregt gleichermaßen die bewundernde Zuneigung der Kinder und der Erwachsenen.

St. Stephen's Day

St. Stephen's Day, der Stephanstag, brachte einen uralten Brauch: „The Hunting of the Wren", „Die Jagd auf den Zaunkönig" mit sich. Ursprünglich zogen die Dorfburschen in phantastischer Verkleidung – Strohmasken und Weiberröcke – mit einem Stechpalmenbusch von Hof zu Hof. Im immergrünen, mit bunten Lappen und allerlei Flitterkram geschmückten Gezweig waren auch ein oder mehrere tote Zaunkönige befestigt, die von der Gruppe vorher mit großem Gejohle in einer Art Treibjagd eingefangen worden waren. Diese „Wren-Boys" forderten mit einem singsangartig rezitierten, längeren Gedicht Eß- und vor allem Trinkbares sowie Geld,

„um den Zaunkönig zu begraben". Am Abend wurde der winzigen gefiederten Leiche tatsächlich ein Penny mit ins Grab gegeben, und mit dem zusammengebettelten Gut machten sich die „Wren-Boys" einen vergnügten Abend.

An und für sich waren sie positive Gestalten, die für Unterhaltung, Musik und Tanz sorgten und mit ihren Schwänken ihre mehr oder minder freiwilligen Gastgeber zum Lachen brachten. Unzufrieden oder gar abgewiesen – manchmal kamen mehrere Gruppen hintereinander auf denselben Hof – rächten sie sich, indem sie den Zaunkönig und damit „das Glück für das kommende Jahr" vor der Haustüre dessen begruben, der ihnen Gastfreundschaft versagt hatte. Heute machen die „Wren-Boys" gewöhnlich im Dienste einer guten Sache die Runde und tragen schon lange keine echten Vögel mehr mit sich. Wie alt der Brauch ist, weiß kein Mensch. Einen Hinweis mag vielleicht der Umstand geben, daß Vögel bei den Druiden, den keltischen Priestergelehrten, eine große Rolle spielten.

Neujahr

Glockengeläut und Feuerwerk sind Importe in einem Land, das Neujahr noch keine 250 Jahre am 1. Januar feiert. Wie in Nordengland bringt das erste Wesen Glück, das nach dem letzten Glockenschlag das Haus betritt. Aber ob Mensch oder Tier - schwarzhaarig muß es sein.

Da Nahrungsmangel in Irland leider keine Seltenheit war, versuchten sich die Menschen gegen diese Not magisch zu schützen. So mußte die letzte Mahlzeit im Jahr eine üppige sein, wollte man dem Hunger keine Chance geben. Noch wirkungsvoller war es, ein Kuchenbrot gegen die Haustür oder sogar zur Haustür hinaus zu werfen. Die Bruchstücke wurden im ersten Fall aufgesammelt und verteilt, und im zweiten wurde dafür gesorgt, daß jemand das Wurfgeschoß auffing! Auf diese Art wurde dem Hunger im wahrsten Sinne des Wortes die Tür gewiesen. Etwas gemäßigter abgewandelt wurde mit dem duftenden Laib nur gegen die Tür geklopft, wobei die Stalltür nicht vergessen wurde. Auch die Tiere sollten vom Hunger verschont bleiben.

Nollaig na mBan

Man weiß, daß die Nacht vor Epiphanias, dem Fest der heiligen drei Könige, dem 6. Januar, auch „Nollaig na mBan", „Weiberweihnacht" oder „Little Christmas" genannt, dazu benutzt wurde, in einem feierlichen Orakel etwas über den Zeitpunkt des eigenen Todes zu erfahren. Traditionell wurde aus Teig, Erde, Asche und Kuhdung ein Kuchen geformt, in dessen weiche Masse so viele Kerzen, Kienspäne oder Binsen gedrückt wurden, wie sich Personen im Haushalt befanden. Bevor man sie ansteckte, erhielt jedes dieser Lichtlein den Namen eines der Anwesenden. Die Familie stand schweigend oder betend um diesen „Todestagskuchen" und beobachtete, in welcher Reihenfolge ein Flämmchen nach dem andern erlosch.

Der Keltische Jahreszeitenzyklus

Solche offensichtlich vorchristlichen Bräuche bringen uns zum keltischen Jahreszeitenzyklus, der das irische Kalenderjahr bis heute als Grundton begleitet. Die Kelten, die ab dem 6. Jahrhundert vor Christus in mehreren Einwanderungswellen vom Festland nach der grünen Insel übersetzten, brachten die Nachfahren der Steinzeitbauern zwar unter ihre Kontrolle, behielten aber manches aus ihrer Kultur bei. Ihre oben erwähnten Jahreszeitenfeste blieben im keltischen Kalender die Fixpunkte, auch wenn der Mond- und Sonnenkalender Ergänzungen liefer-

Musikanten gehören zum irischen Straßenbild dazu

te. Da die Kelten verbürgterweise das Licht aus dem Dunkel, den Tag aus der Nacht, und, analog dazu, das Leben aus dem Tod ableiteten, erhielten Vorabend und Nacht vor einem solchen Fest ein besonderes Gewicht. So gesehen führte Samhain, der 1. November, den Winter ein, die „Jahresnacht", Imbolc, der 1. Februar, den Frühling, den „Jahresmorgen", Bealtaine, der 1. Mai, den Sommer, den „Jahresmittag", und Lughnasa, der 1. August, den Herbst, den „Jahresabend".

St. Brigid's Day

Für den irischen Bauern blieb der 1. Februar der Frühlingsanfang, egal was der offizielle Kalender vorschrieb. Der christliche „St. Brigid's Day", nach der großen Äbtissin Kildare und Nationalheiligen, ersetzt zwar „Imbolc", aus „ói", „Schaf", und „melg", „Milch", d. h. den Zeitpunkt des Lammens und der Laktation der Mutterschafe, aber am grundsätzlichen Charakter des Festes änderte sich nichts. Beides feiert die neuen Lebenskräfte, denn St. Brigid ist niemand anders als die verchristlichte keltische Muttergöttin, Brigit. Die Kelten kannten sie als Beschützerin von Mensch und Vieh, als Patronin der Dichter, Ärzte und Schmiede. Sie dirigierte die Sonnen- und Fruchtbarkeitskräfte, und das Feuer war ihr heilig.

Bei den vielen irischen Festivals kommt die Schönheit auch nicht zu kurz

Auf dem Gipfel des heiligen Berges muß auch die Mischung Tee-Milch stimmen

Das Kreuz aus Stroh

Die Heilige trat das Erbe der Göttin an, was sich kaum deutlicher ablesen läßt als im St. Brigid's Cross, dem Kreuz mit den abgewinkelten Armen – es ist das Sonnenrad der Göttin. Noch immer wird es von Schulen, Kindergärten und einzelnen Familien hergestellt. Ursprünglich versammelte sich dazu die Familie ums Herdfeuer und flocht es aus Stroh oder Binsen nach einer guten Abendmahlzeit.

Unter Gebeten wurden die Kreuze in Haus, Stall und Scheune aufgehängt und schützten vor Feuer, Sturm, Blitz, Hagelschlag, Krankheit und Seuche. Blieb Flechtmaterial übrig, kam ein Laken darüber – als Bett für die Heilige, die man an diesem Abend als Gast erwartete. Alternativ stellte man etwas vom Abendbrot aufs Fensterbrett – ein Stück Kuchen, Butterbrote, eine Schale Haferbrei und für der Heiligen weiße Lieblingskuh eine Korngarbe.

In Form einer Puppe, der „Brideóg", wurde St. Brigid von Haus zu Haus getragen – heute wird dieser Brauch teilweise wiederbelebt. Taten dies die Burschen statt der Mädchen, wurde eine rechte Farce aus der gesitteten Prozession, denn

Einer der letzten Lughnasa – Jahrmärkte ist der Puck-Fair in Killorglin

sie staken in Frauenkleidern und trugen Masken. Sie spielten in den Häusern auf, erwarteten aber Gegengaben, flüssig oder in bar!

„St. Brigids Gürtel“, ein großer zum Ring gebundener Strohzopf, verlieh jedem, der durchstieg, Glück und Gesundheit. Ein Stück Stoff oder ein Seidenband wurde zu einem besonderen Talismann, wenn es über Nacht draußen blieb, weil die Heilige auf ihrer Wanderung durch Berührung ihre Heilkräfte darauf übertrug. Diese Tradition ist schon immer auf das Gebiet um Galway beschränkt.

Bealtaine

Mit Bealtaine, dem 1. Mai, brach das sehnlichst erwartete Sommerhalbjahr an. Die Silbe „bel“, „hell“, ist auch im Namen des keltischen Gottes „Belenus“, einer Apollo-ähnlichen Gestalt enthalten. „Tine“ heißt „Feuer“ und spielt auf die lodernden Holzhaufen an, zwischen denen bereits die Druiden das Vieh zum Schutz vor Krankheit hindurchtrieben. Dieser Brauch hat sich bis zum Anfang unseres Jahrhunderts erhalten.

Mainachtfeuer sind Freudenfeuer – überall wurden geschmückte Weißdornbüsche umtanzt. Endlich kam man aus der düsteren Enge heraus. Vieh und Menschen zogen auf die Sommerweiden. Aber auch Feen, Hexen und sonstige Bewohner der Anderswelt, die christianisierten alten Götter, verließen ihr Winterquartier und waren unterwegs. Sie konnten einen üblen Einfluß ausüben. Da man nie wissen konnte, ob nicht irgendeiner der Nachbarn sich mit ihnen verbündete, „um den Profit an sich zu ziehen“, durfte an diesem Tag „nichts ausgegeben, verliehen, oder geborgt werden“. Denn alles, Feuer, Brot oder Salz und besonders Milch oder Butter, konnte, einmal aus der Hand gegeben, zum Zaubern mißbraucht werden – eine Regel, die heute teilweise noch von alten Leuten beachtet wird.

Wer als erster am Maimorgen Wasser aus der Quelle holte, konnte das „Glück fürs Jahr“ regelrecht absahnen. Kein Wunder, daß der Bauer seine Wasserstelle mit der Schrotflinte bewachte!

Lughnasa

Lughnasa, der 1. August, ist das Fest des gesamtkeltischen Gottes Lug, das er seiner Amme Tailtiu zu Ehren eingerichtet hatte. Um ihren Grabhügel in Teltown (Grafschaft Meath) fand eine vierwöchige Versammlung zusammen mit einem prächtigen Jahrmarkt unter dem Schutz des Königs von Tara statt. Aber das wichtigste – Lughnasa eröffnete die Erntesaison. Rituell wurde eine Garbe aus dem Feld gerupft, zu Brot verarbeitet und noch am gleichen Tag gegessen. Bis heute kommen zu diesem Zeitpunkt die ersten neuen Kartoffeln auf den Tisch. Da auch die Heidelbeeren reif waren, zog die Jugend auf die Hügel und Bergspitzen, sammelte Beeren und vergnügte sich bei Tanz und Spiel.

Crom Dubh Sonntag

Die eingangs erwähnte Wallfahrt auf den „heiligen Berg“ Irlands, den Croagh Patrick, findet aus praktischen Gründen am letzten Sonntag im Juli statt. In vorchristlicher Zeit war der Berg Lug, dem strahlenden Erntegott, geweiht, der seinem Widersacher, dem dunklen Crom Dubh die Ernte zu Gunsten der Menschen abrang. Und da St. Patrick Lugs Stelle übernommen hat, ziehen am „Crom Dubh Sonntag“ jeweils um die 60.000 Pilger auf den herrlichen Quarzitkegel über Westport (Grafschaft Mayo). Obwohl es eigentlich untersagt ist – der Unfallgefahr wegen, denn dieser Berg ist kein Spaziergang –, machen sich manche schon im Dunkeln auf, um die Messe bei Sonnenaufgang auf der Bergkuppe zu erleben.

Der Ziegenbock beim Puck-Fair

Von den vielen alten Lughnasa-Jahrmärkten ist in der Republik Irland nur Puck-Fair in Killorglin (Grafschaft Kerry) am 10. bis 12. August übriggeblieben. Hier wird ein Ziegenbock auf eine hohe Plattform gehievt und überschaut von dort, bändergeschmückt und kohlblattmampfend, drei Tage lang das bunte Treiben.

Halloween oder Oíche Shamhna

Den wenigsten Kindern und Jugendlichen, die an Oíche Shamhna oder Halloween, der Nacht vor dem 1. November, in möglichst greulicher Maskierung als Skelette, Gespenster, Batmen, Teufel und Hexen auf Parties eilen, ist bewußt, daß sie damit an uralten Totenbräuchen weiterwirken. Die Feuer, die jetzt überall brennen, sind Schutzfeuer gegen die Dunkelheit und Kälte des Winters, aber auch gegen frei herumziehende Geister und Gespenster. Die keltischen Sagen erinnern daran, wie frei der Verkehr zwischen der Anderswelt und der Welt der Menschen in dieser Nacht ist – und zwar von beiden Seiten.

Lange noch wurde für die Verstorbenen Haus und Hof sorgfältig hergerichtet, das Feuer geschürt, Stühle vor den Kamin gerückt und Speise, Trank und Tabak hingestellt – man erwartete ihren Besuch. Allerdings verzogen sich die Lebenden früh ins warme Bett: Die Toten schätzen es nicht, beobachtet zu werden. Aus diesem Grunde war es besser, sich nicht nach Schritten umzudrehen, wenn man das Pech hatte, in dieser Nacht draußen sein zu müssen. Nur die tollkühnen, jungen Burschen verkleideten sich in wilde Andersweltgestalten und trieben unter Höllenlärm möglichst viel Unfug. Eine solche Nacht war natürlich bestens geeignet, die Zukunft zu erforschen. Alle Spiele, die um das sichere Herdfeuer gespielt wurden, sind im Grunde Orakel, vom Bleigießen bis zum Apfelschnappen, denn wer den größten Apfel aus dem Wasser holte, sicherte sich auch das meiste Glück fürs kommende Jahr.

Barmbracks und colcannon als Orakel

Noch heute sind Wochen zuvor alle Geschäfte voller „barmbracks“, Teekuchen, die einen Ring enthalten. Wer ihn in seinem Stück findet, wird in diesem Jahr noch heiraten. Abgesehen von Kartoffelpüree, Grünkohl, Zwiebeln und Butter finden sich im „colcannon“, dem traditionellen Samhain-Gericht, noch ein paar andere Zutaten: plastikverpackte Gegenstände von hohem Symbolgehalt – eine Silbermünze bedeutet Reichtum, ein Stoffetzen Armut, ein Hosenknopf bzw. ein Fingerhut das Leben als Junggeselle oder alte Jungfer und eine Medaille den Eintritt in einen Orden.

Sehr beliebt sind Teller mit ähnlichen Dingen, die man mit verbundenen Augen ertasten muß: Ein Ring bedeutet Heirat, ein Gebetbuch das Kloster, Wasser eine lange Reise, Emigration. Spielen Kinder mit, wird ein Teller beiseite gelassen: Er enthält Erde – als Symbol für den Friedhof.

Das Schwungrad des irischen Kalenders

Natürlich unternahmen die jungen Mädchen alles, um ihren Zukünftigen im Traum zu sehen, sogar wenn man dafür mit einem Strumpf voller Äpfel, einem Krautkopf oder einem Spaten zu Bett gehen mußte.

„Samhain“, von „sam-fuin“, „Sommers Ende“, schließt zwar das Sommerhalbjahr, den „Jahrestag“, ab und führt das Winterhalbjahr, die „Jahresnacht“, ein. Aber da die Nacht den Tag entlassen wird, enthält dieses Ende auch gleich wieder den Anfang. So sind die keltischen Jahreszeitenfeste seit eh und je das Schwungrad des irischen Kalenders.

Italien

In Bari sind jedes Jahr historische Kostüme zum Fest des Heiligen Nikolaus zu sehen

Kirche und Küche
So feiert man in Italien

Über alle Grenzen hinaus berühmt ist der einzigartige Karneval in Venedig

Italien galt vielen Europäern von jeher als Land ihrer Träume, dessen geographische Nähe es umso attraktiver machte. Die Goten, die im 5. Jahrhundert dort einfielen und Rom verwüsteten, waren somit nur die ersten einer langen Gästeliste, die sich im Laufe der vergangenen Jahrhunderte um viele mehr oder weniger bekannte Namen vergrößerte.

„Ein Gefühl von freierem Leben, höherer Existenz, Leichtigkeit und Grazie" überfiel Goethe, den wohl bekanntesten deutschen Italienreisenden, während seines Aufenthaltes auf der Apenninhalbinsel, und mit diesem Eindruck war er wohl nicht alleine, denn die Anzahl der Italienreisenden nahm ständig zu, um nach dem Zweiten Weltkrieg förmlich zu explodieren.

Dolce vita Italiana

Doch seit einiger Zeit ist ein Wandel bemerkbar im Italientourismus. Es ist sicherlich keine Revolution, dafür fahren immer noch zu viele vollbesetzte Reisebusse nach Rimini, Cattolica und Bibione, aber es findet doch eine Art Bewußtseinswandel statt, der das Interesse mehr auf die landestypischen Aspekte verschiebt: „Dolce vita" eben als „Dolce vita italiana" und nicht speziell für ausländische Bedürfnisse organisierter Frohsinn. Beim Feiern zeigen sich die Eigenarten der italienischen Lebensweise um so mehr, weil einige der Feste bereits seit mehreren Jahrhunderten gefeiert werden und somit lebendiger Ausdruck einer langen Tradition sind.

Familienfeste

Das Ausmaß ist das Beeindruckende

Zunächst zu einem Bereich, von dem man annehmen könnte, daß er mehr noch als die Volksfeste landes- oder regionaltypische Eigenheiten widerspiegelt: Familienfeste. Wobei man unwillkürlich an das übliche Klischee der fülligen „Mamma“ denken mag, die mit forscher Hand eine vielköpfige Kinderschar ordnet, während sich der dazugehörige Vater eher im Hintergrund hält, wo er mit zahlreichen Cousins gestenreich über so wichtige Themen wie Sport und Politik diskutiert. In gewisser Weise entspricht diese Vorstellung ja auch den Tatsachen, denn obwohl Italien seit einiger Zeit die weltweit geringste Geburtenrate vorweist, sind zum heutigen Zeitpunkt die bisher geborenen Familienmitglieder immer noch in der Lage, aus einem Familienfest eine Großveranstaltung zu machen. Damit ist vielleicht auch schon der prägnanteste Unterschied zu Familienfesten anderer Nationalitäten genannt: das Ausmaß. Das typische Brauchtum sucht man zumeist vergebens, es nähert sich in gewisser Weise alles einer Art „mitteleuropäischem Standard“. Aber es gibt auch noch Bräuche, die man im restlichen Europa nicht findet und die sich in Italien nach wie vor großer Beliebtheit erfreuen.

Geburt, Taufe, Namenstag

Die Geburt eines Kindes ist eines der wichtigsten Ereignisse für eine Familie, welches durch das Anbringen einer großen Schleife an der Haustür der gesamten Nachbarschaft verkündet wird. Eine rosa Schleife steht für ein Mädchen, eine blaue verkündet die Geburt eines Stammhalters. Außerdem verschenkt man Süßigkeiten (zumeist Zuckermandeln) mit entsprechender Glasur bei der Taufe des Kindes. In Italien, im katholischen Italien, mißt man generell kirchlichen Festen, seien sie nun privater oder allgemeiner Natur, eine sehr große Bedeutung zu, und so ist auch die Taufe ein Anlaß für ein großes Familienfest. Außer der Aufnahme des Kindes in die Kirche wird ihm durch die Auswahl des Namens ein Schutzheiliger zugewiesen, an dessen Tag in Zukunft der „onomastico“, der Namenstag gefeiert wird. Daher enthalten fast alle italienischen Kalender oder Jahrbücher die entsprechenden Verzeichnisse, welcher Heilige welchem Tag zugeordnet ist.

Geburtstag, Verlobung und Heirat

Auch der Geburtstag wird entsprechend gefeiert: Es gibt Kaffee und Kuchen, das Geburtstagskind bekommt eine Torte mit brennenden Kerzen, die es auspusten muß. Schafft es dies mit einem Atemzug, so gehen im kommenden Jahr alle seine Geburtstagswünsche in Erfüllung. Auch ein Geburtstagsständchen wird gebracht, die Gäste singen „Tanti auguri a te“ (Viele Glückwünsche für Dich), passenderweise zur Melodie von „Happy birthday“.

Lernen die inzwischen ins heiratsfähige Alter gekommenen jungen Italiener die Partner fürs Leben kennen, so gibt man das „fidanzamento“ bekannt, die offizielle Verlobung – eine Gelegenheit, zu der wiederum Süßigkeiten verschickt werden, diesmal in grün. Dieser Brauch ist jedoch, wie die offizielle Verlobung an sich, langsam im Aussterben begriffen, ebenso wie das Verschenken von roten Süßigkeiten nach bestandener „laurea“, dem Universitätsabschluß. Zu dieser Gelegenheit werden eher die Kommilitonen eingeladen, und es wird eine ganz normale Abschlußparty gefeiert. Eine Gelegenheit, bei der die Süßigkeiten auf keinen Fall fehlen dürfen, ist die Hochzeit, die in Italien einen drastischen Einschnitt in das Leben des Paares bedeutet und natürlich entsprechend gefeiert wird.

Eine Hochzeitsfeier bedarf monatelanger Vorbereitung, das Lokal wird sorgfältig ausgewählt, die Menüfolge abgesprochen, die Band engagiert und die Musikauswahl getroffen. Das bedeutet natürlich eine enorme finanzielle Belastung, die im Endeffekt nur dadurch tragbar wird, daß sich unter den Hochzeitsgeschenken auch zahlreiche „buste", also Briefumschläge befinden, die einen meist recht beträchtlichen Geldbetrag enthalten.

Die Feier beginnt an sich direkt nach der Trauung: Freunde und Bekannte erwarten das Paar am Eingangsportal der Kirche, um es mit Reis zu bewerfen, der reichlich Kindersegen bewirken soll. Ist das frisch vermählte Paar dem Reisregen entkommen, warten neue Probleme auf sie: Entweder ist ihr Wagen mit Luftballons gefüllt, oder er ist aufgebockt, oder er ist sogar ganz verschwunden und durch ein Tandem oder einen Tretroller ersetzt. All diese organisierten Hindernisse sind symbolische erste Bewährungsproben für den Zusammenhalt des Paares.

Ungerade Zahlen bringen Glück

Sind sie dennoch am Ort der Feier angelangt, so müssen sie diese mit dem ersten Tanz eröffnen. Manchmal wird während der Feier auch die Krawatte des Bräutigams zerschnitten und versteigert, wobei der Knoten die höchsten Preise erzielt. Auch diese Einnahmen tragen dazu bei, das finanzielle Defizit für das Ehepaar so gering wie möglich zu halten. Auf der Feier werden dann auch die Bonbonnieren an die Gäste verschenkt, die Farbe der Zuckermandeln ist natürlich weiß. Dabei ist jedoch zu beachten, daß ihre Anzahl in der einzelnen Bonbonniere stets ungerade ist, denn gerade Zahlen bringen (so glauben es zumindest die Italiener) Unglück, was nebenbei erwähnt auch der Grund ist, warum im Sambuca immer drei, nie zwei Kaffeebohnen schwimmen.

Weihnachten

In Italien wird nicht der 24. Dezember als wichtigster Festtag betrachtet, sondern der 6. Januar, der bei den anderen europäischen Nachbarn meist nur noch geringe Bedeutung für das eigentliche Weihnachtsfest hat. Natürlich feiert man auch in Italien den Heiligen Abend, man geht zur Messe, und es gibt ein aufwendiges Weihnachtsessen, dessen krönender Abschluß von „spumante", Sekt, und „panettone" gebildet wird. Dieser Hefekuchen mit Rosinen und kandierten Früchten ist heute eine Spezialität, die in nahezu hundert Variationen angeboten wird und von keiner italienischen Weihnachtstafel mehr wegzudenken ist.

Das Sinnbild für Weihnachten ist nicht der Weihnachtsbaum, auch wenn er immer mehr Anhänger findet, sondern die Krippe. Das erklärt sich zunächst einmal durch die Tatsache, daß es in Italien nicht so viele Fichten oder Tannen gibt wie in den nordischen Ländern. Es hat aber auch historische Vorbilder wie zum Beispiel die Krippe von Santa Maria Maggiore im Rom, die angeblich die erste Nachbildung des Stalles von Bethlehem ist, oder die üppig ausgestatteten Barockkrippen von Karl IV. (1798-1819) in Neapel. Dort ist auch die eigentliche Hochburg der italienischen Krippen, die so im Volksglauben verwachsen sind, daß jede traditionelle Figur einen eigenen Namen hat: So ist Benito der Name eines Schäfers, der schlafend dargestellt wird. Während der Weihnachtsbaum vom Norden her immer mehr Wohnzimmer erobert, findet man im Süden in kleineren Orten noch relativ oft ein „presepe vivo", eine lebende Krippe, die von verkleideten Kindern (zumeist Kommunionskindern) nachgestellt wird.

Der eigentliche Geschenktag ist jedoch der 6. Januar, an dem die Geschenke entweder von „bambino gesù" oder von der „befana" gebracht

Elementarer Bestandteil des italienischen Weihnachtsfestes ist die Krippe

werden. Der Nikolaus oder der Weihnachtsmann spielen eine eher untergeordnete Rolle, der heilige Nikolaus wird sogar gesondert im Mai gefeiert, doch dazu später mehr.

Die Weihnachtshexe bringt Asche

„Bambino gesù“, das Jesuskind, bringt den Kindern die Geschenke, die sie vorher per Wunschzettel angegeben haben. Im Süden wiederum ist es eher die „befana“, die Weihnachtshexe, die die Geschenke überbringt. Ihr Name entstand aus der Verballhornung der Epiphania. Auch sie hatte die Botschaft von der Geburt Jesu erhalten, sie brach jedoch zu spät auf und verpaßte den Stern, so daß sie seit diesem Tage umherzieht, immer beladen mit Geschenken für den Fall, daß sie das Jesuskind doch noch findet. Wie der Nikolaus steigt sie durch den Kamin und steckt die Geschenke in die dort aufgehängten Strümpfe.

Unartige Kinder finden jedoch statt der Geschenke nur ein Stück Kohle oder ein Säckchen Asche vor. In gewisser Weise ist sie Weihnachtsmann und Knecht Ruprecht in einer Person, denn sie verkörpert sowohl Belohnung als auch Strafe, und auch wenn sie meist Geschenke bringt, so ist sie dennoch schrecklich anzusehen.

Und so ist das Schlimmste, was man einer Italienerin sagen kann, „è brutta come una befana“, „sie ist häßlich wie eine Weihnachtshexe“.

Neujahr

Das Neujahrsfest wird mit Feuerwerk zur Vertreibung der bösen Geister gefeiert. Traurige Berühmtheit erlangt diesbezüglich Neapel, wo es fast jedes Jahr zu mehreren Unfällen mit Todesfolge oder schweren Verletzungen kommt. Besonders wichtig sind aber auch alle Gebräuche, mit denen man etwas über den Verlauf des kommenden Jahres vorhersagen kann. Es wird fleißig Blei gegossen, oder man verteilt einen Kuchen, in den eine Münze oder eine kleine Figur eingebacken ist, und wer sie dann in seinem Stück findet, wird ein besonders erfolgreiches Jahr erleben.

Viareggios Karneval ist berühmt wegen der farbenfrohen Kostüme beim Umzug

Karneval

Im Jahresverlauf ist nun der Karneval das nächste Fest, welches überall in Italien gefeiert wird. Den Karneval in Venedig hier vorzustellen, mag beinahe überflüssig erscheinen, doch nur die wenigsten wissen, daß er seine heutige Ausdehnung und Ausgelassenheit keiner durchlaufenden Tradition verdankt, sondern einer gelungenen Reanimierung Anfang der 80er Jahre, die es schaffte, nahezu nahtlos an seine Glanzzeiten im 18. Jahrhundert anzuknüpfen, als er der größte Karneval Europas war. Seine besondere Atmosphäre verdankt er vor allem den phanasievollen Kostümen, die in ihrer Pracht oftmals bewußt auf den vergangenen Wohlstand der „serenissima“ anspielen. Einer der berühmtesten Karnevale Italiens findet in Viareggio bei Lucca in der Toscana statt, er fasziniert vor allem durch seinen langen Festzug mit zum Teil sehr aufwendigen Wagen und vielen bunt kostümierten Tanzgruppen. Am längsten im Karneval austoben kann man sich in Putignano in der Provinz Bari in Apulien, dort beginnt das Treiben nämlich bereits am zweiten Weihnachtstag, dem Stefanstag, da der heilige Stefan der Schutzpatron dieser Stadt ist. Immer sonntags gibt es dann bis Aschermittwoch Festumzüge mit Wagen und Masken, wobei der am eigentlichen Fastnachtssonntag natürlich der größte und schönste ist und dem in Viareggio in nichts nachsteht.

Apfelsinenschlacht an Karneval

Nun aber zu einem der seltsamsten und faszinierendsten Karnevalsbräuche überhaupt, in dem sich wie sonst kaum irgendwo heidnische und christliche Motive zu einem bunten Bild vereinen. Die Rede ist von der Apfelsinenschlacht in Ivrea, einer Kleinstadt im Val d'Aosta, die an Karneval zum Schauplatz eines Spektakels wird, das seinesgleichen sucht. Die Organisation beginnt offiziell an den beiden Sonntagen vor dem fetten Donnerstag, an denen sich die teilnehmenden Mannschaften treffen, die „rioni“, und ihren Kommandanten, den „abba“, wählen und ihre Strategie besprechen. Natürlich wird dann schon kräftig gefeiert und getrunken und mit dicken Bohnen und Schweinefleisch oder fetten Würsten, dem traditionellen Karnevalsgericht, eine Grundlage für die kommenden strapazenreichen Tage geschaffen.

Das eigentliche Fest beginnt am fetten Donnerstag: Der Bürgermeister übergibt die Macht an den „General“, eine Figur, die auf den General zurückgeht, der 1807 unter Napoleon damit beauftragt war, die Feiernden einigermaßen unter Kontrolle zu halten, da sich damals oft blutige Kämpfe aus der gespielten Schlacht ergaben. Der „General“ betritt den Balkon des Rathauses und gibt das Startsignal, worauf sich ein großer historischer Umzug in Bewegung setzt, der am Abend auf der „piazza maggiore“, dem größten Marktplatz, endet, wo anschließend ein großer Maskenball stattfindet.

Neun Mannschaften und jede Menge Apfelsinen

Am Karnevalssamstag wird dann die „mugnaia“, die Müllerin, gewählt. Sie, eine Art Karnevalsprinzessin, eröffnet an der Seite des „Generals“ den Fackelzug, dem sie voranschreitet und in jedem Bezirk die Festlichkeiten dadurch beginnen läßt. Am Abend eröffnet sie den großen Galaball mit abschließendem Feuerwerk, während draußen auf der Piazza bereits die Bohnen für den kommenden Tag gekocht werden. Sonntags nach der „grande fagiolata“, dem großen Bohnenessen, ist es dann endlich soweit: Die Apfelsinenschlacht wird eröffnet. Die neun Mannschaften, die aus Fußtruppen und Pferdekarren bestehen und sich durch bunte Uniformen voneinander unterscheiden, bewerfen sich gegenseitig nach Leibeskräften mit den reifen Früchten. Wenig beneidenswert ist dabei die Rolle derjenigen, welche auf den Karren stehen: Dick eingemummt und mit speziellen Helmen ausgestattet, müssen sie einen wahren Geschoßhagel ertragen. Als Zuschauer hat man nur eine Chance, diesem Treiben einigermaßen unbeschadet zu entkommen: Eine rote Mütze ist ein Zeichen von Neutralität, bewahrt jedoch nicht vor den vielen Querschlägern ... Schließlich heißt es nicht unsonst: „A carnevale ogni scherzo vale“, „Im Karneval gilt jeder Streich“! Die Schlacht zieht sich hin bis zum Dienstag, am Abend dieses letzten Karnevalstages werden dann hohe, mit Efeu umwickelte Pfähle angezündet zum Zeichen, daß der Karneval vorüber ist. Ein bittersüßer Geruch von Apfelsinen liegt über der ganzen Stadt, und es dauert mehrere Tage, bis alle Spuren dieser Südfruchtorgie (es werden rund 350 Tonnen Apfelsinen verbraucht) entfernt sind und Ivrea wieder in seinen Dornröschenschlaf versinkt.

Ostern

Ist die somit eingeläutete Fastenzeit vorüber, so gilt es Ostern zu feiern, ein Fest, das in Italien so vielfältig und spektakulär begangen wird, daß hier nur einige wenige Beispiele genannt werden können. Der Osterhase ist übrigens in Italien nahezu unbekannt, das Ostertier ist hier „l'agnello“, das Lamm, das die Sünden der Welt hinwegnimmt. Zu Ehren dieses Lammes, Jesus Christus, werden in ganz Italien Prozessionen und Schauspiele veranstaltet, ein besonders eindrucksvoller Umzug findet in Tarent (Apulien) statt. Die Prozession hat jedoch am Palmsonntag ein äußerst profanes Vorspiel: In der Kirche „del carmine“ werden die Trägerplätze für die Prozession versteigert. Für zum Teil recht erhebliche Beträge kann man sich die Ehre kaufen, bei der Prozession am Karfreitag eine der Holzfiguren tragen zu dürfen.

Die erste der insgesamt drei Prozessionen beginnt am Gründonnerstag um 15 Uhr bei genau dieser Kirche. Achtzig in weiße Kutten mit ebensolchen, das Gesicht verhüllenden Kapuzen gekleidete Bußpilger, „perdune“ genannt, gehen langsamen Schrittes durch die Stadt. Um die Hüften tragen sie einen schweren Rosenkranz, und als ob er ihr Tempo verlangsamen würde, gehen sie in schwerem Wiegeschritt im Schnekkentempo von Kirche zu Kirche. Diese Strecke ist nur um weniges länger als einen Kilometer, doch als trügen sie die Schuld der Welt auf ihren Schultern, brauchen die Pilger teilweise bis Mitternacht, um sie zurückzulegen, gleichsam als Sinnbild des langen Leidenswegs.

Drei Prozessionen kosten Kraft

Wenn die letzten dieser Büßer noch unterwegs sind, setzt sich bereits die zweite Prozession in Gang. Punkt Mitternacht beginnt die von den Ordensbrüdern der „addolorata“ ausgerichtete Prozession in der Kirche San Domenica Maggiore. Die Ordensbrüder sind ebenfalls mit einer weißen Kutte bekleidet, auf ihrer Kapuze tragen sie eine Dornenkrone. Der Prozession geht ihr Anführer, der „troccolante“, voran. Seine „troccola“, eine Holzklapper, ist das einzige Geräusch, das die Prozession begleitet; als Zeichen der Trauer um Christi Tod schweigen in dieser Nacht alle Kirchenglocken. Die dritte und größte Prozession beginnt am Karfreitag um 17 Uhr, also schon drei Stunden nach Ende der zweiten. In ihr werden nun die „misteri“, große Holzfiguren mit der Darstellung des Kreuzweges, von den am Palmsonntag erfolgreichen Bietern durch die Stadt getragen, begleitet von den „perduni“ und den Ordensbrüdern der „addolorata“. Im gleichen langsamen Wiegeschritt wie die erste Prozession geht es nun wiederum 14 Stunden durch Tarent. Viele der Teilnehmer waren schon bei den beiden ersten Prozessionen dabei und brechen nach der letzten erschöpft zusammen.

Nicht weit von Tarent, in Ginosa, wird Ostern auf eine nicht weniger eindrucksvolle Weise gefeiert: Dort wird in einer Felseinbuchtung, einer Art natürlichem Theater, mit über 3.000 Laienschauspielern die Leidensgeschichte Christi nachgespielt. Beeindruckend ist vor allem die Kulisse bei den Passionspielen in Erto im Friaul: Sie finden nachts im Freien vor einer schneebedeckten Berglandschaft statt.

Ein weiterer spektakulärer Osterbrauch ist der „scoppio del carro“ (Explosion des Karrens), der am Nachmittag des Ostersonntags in Florenz stattfindet. Auf dem Domplatz steht ein großer, mit Feuerwerkskörpern beladener Karren. Wenn bei der Ostermesse im Dom das „gloria“ erklingt, schießt die „colombina“, die kleine Taube, eine kleine Nachbildung mit Feuerwerkskörpern an beiden Enden, an einem Drahtseil entlang vom Hochaltar zum Karren, entzündet diesen und gleitet zum Hochaltar zurück.

San Nicola di Bari

Am 7. und 8. Mai findet in Bari, der Hauptstadt der Region Apuliens, ein großes Fest zu Ehren des heiligen Nikolaus statt. Der Termin mag auf den ersten Blick ein wenig ungewöhnlich erscheinen für einen Heiligen, dem man in unseren Breitengraden üblicherweise nur in der Weihnachtszeit begegnet. Außerdem ist es erlaubt anzunehmen, daß die Seefahrer aus Bari, die den Leichnam des Bischofs am 8. Mai 1087 aus der Gruft in der Türkei nahmen und nach Bari brachten, nicht so sehr daran interessiert waren, ihn vor islamischen Übergriffen zu retten, als daran, ihrer Stadt einen gewinnträchtigen Schutzheiligen zu verschaffen. Sollte dies jedoch ihre Absicht gewesen sein, so hätten sie mit dem Erfolg zufrieden sein dürfen, denn Bari entwickelte sich zu einer der wichtigsten Handelsstädte Süditaliens. In Bari feiert man jedes Jahr dieses Fest mit einem Umzug in historischen Kostümen bis zur Basilika in der Altstadt am ersten Tag, während der zweite Tag ganz im Zeichen der Prozession in Booten auf dem Meer steht, wobei die Heiligenstatue mitgeführt wird, wohl um an seine

Ankunft zu erinnern und auch seinen Segen für die Fischer aus Bari zu erbitten, denn überall auf der Welt ist er der Schutzpatron der Seefahrer.

San Domenico (Cocullo)

Am ersten Donnerstag im Mai kann man in Cocullo, einem Bergdorf in den Abruzzen, eine seltsame Prozession beobachten: Eine Statue des Dorfheiligen San Domenico wird über und über mit Schlangen behängt durch das Dorf getragen. Die Schlange, eigentlich Sinnbild des Bösen und Verkörperung der Verführung in der christlichen Symbolik, wird hier in einen positiven Zusammenhang mit einem anerkannten Heiligen gebracht. Wie ist dies möglich?

In Kalabrien werden große Skulpturen – hier eine Christusfigur – von Flagellanten in einer Prozession getragen

San Domenico wurde Ende des 10. Jahrhunderts in Foligno in Umbrien geboren. Auf seinen Wanderungen kam der predigende Benediktiner auch nach Cocullo, wo er den Bewohnern einen seiner Backenzähne und ein Hufeisen seines Maultieres geschenkt haben soll. Diese Reliquien prägten dann seine Zuständigkeitsbereiche, die sich im Laufe der Jahrhunderte herauskristallisierten: Er wurde zum Beschützer gegen Zahnschmerzen und gegen Bisse giftiger Schlangen und Insekten, wobei das Hufeisen symbolisiert, daß sich dieser Schutz auch über die Haustiere erstreckt. Früher gab es noch weit mehr Giftschlangen, die eine echte Gefahr darstellten. Die Ureinwohner des Gebietes um Cocullo, die Marsen, waren jedoch für ihr Geschick im Umgang mit diesen Reptilien bekannt. Auch die Römer verwandten deren Heilmittel, die sie zum Teil aus Viperköpfen herstellten, gegen Schlangenbisse.

Die Heilige Statue wird während der Prozession auch über das Wasser in den Booten mitgeführt

So treffen sich in dieser Prozession christliche und heidnische Vorstellungen: Aufgrund der Vertrautheit im Umgang mit Schlangen suchte man sich einen Schutzpatron, der einen vor den möglichen Folgen dieses Umgangs bewahren konnte. Um 8.00 Uhr dieses ersten Maidonnerstages werden Knallkörper gezündet, um den Festtag anzukündigen. Nach und nach treffen immer mehr Pilger ein und gehen in die Kirche, um vor der Statue des Heiligen zu beten. Sie verlassen die Kirche rückwärts, denn sie dürfen dem Heiligen nicht den Rücken zuwenden. Gegen Mittag verlassen dann alle kurz die Kirche, und die „serpari", die Schlangenfänger, behängen die Statue mit den seit Anfang März gefangenen Schlangen, zumeist ungiftigen Ringelnattern. Behängt mit den sich windenden Reptilien wird die Statue nun ungefähr zwei Stunden durch das Dorf getragen. In großen Körben tragen einige Frauen geweihte Brotlaibe hinterher, die sie am Ende der Prozession den Trägern überreichen.

In historischen Kostümen wetteifern sogar zweimal im Jahr die Teilnehmer des Palio di Siena

Viele Schlangen und ein Heiliger

Während und nach der Prozession wird auf vielfältige Weise Vorsorge getroffen: Die Frauen nehmen sich von einem Erdhaufen hinter dem Altar geweihte Erde, um sie auf ihren Feldern zu verstreuen und diese somit vor Ungeziefer zu schützen. Fast alle Pilger treten auch an das Glockenseil, das neben dem Altar hängt, um danach einmal kräftig hineinzubeißen und sich auf diese Weise vor Zahnerkrankungen zu schützen.

Nach der Prozession nehmen viele Eltern eine Schlange auf und legen diese kurz auf den Kopf ihres Kindes, um es vor Kopfschmerzen zu bewahren. Einige Schlangen bleiben auf dem Dorfplatz liegen, um auch diesen zu segnen, gegen Abend werden sie aber, wie die restlichen Exemplare, von den „serpari" wieder in die Berge gebracht und dort freigelassen. So hat die Schlange hier eine Art Wertewandel erfahren, vom heimtückischen Feind zum geheimnisvollen Beschützer, dessen Erwachen aus der Winterstarre auch den Frühling ankündigt, und der durch dieses Fest mit so langer Tradition geehrt wird.

Ganz Mutige nehmen sich der Schlangen persönlich an…

Zum Abschluß sollen auch die beiden wohl bekanntesten Volksfeste in Italien nicht unerwähnt bleiben: der Lauf der Kerzen in Gubbio in Umbrien und der Palio in Siena in der Toscana.

Gubbio

Das erste dieser beiden Feste wird ebenfalls im Mai gefeiert, und zwar immer am 15., einen Tag vor dem Feiertag des Schutzheiligen der Stadt, San Ubaldo. Aber nicht nur ihm ist dieses Fest gewidmet, sondern auch dem heiligen Georg, dem Drachentöter, sowie San Antonio Abate, dem Beschützer des Nutzviehs, und so gibt es auch genau drei „ceri“, die eigentlich keine Kerzen sind, sondern reichlich verzierte Holzkonstruktionen aus zwei aufeinandergesetzten achteckigen Prismen, die ungefähr sechs Meter hoch sind und rund 400 kg wiegen. Auf ihrer Spitze befindet sich eine kleine Statue des entsprechenden Schutzheiligen.

Getragen werden sie von Vertretern der Stände, die sie beschützen sollen: San Ubaldo gehört den Maurern, die restlichen Handwerker sowie die Kaufleute tragen den Heiligen Georg, und die Bauern bilden die Anhängerschaft des San Antonio Abate. Am Morgen des 15. Mai findet um 5.30 Uhr eine Messe in der Kapelle der Maurerzunft statt, wozu mehrere Trommler die „ceraioli“, die Kerzenträger, zusammenrufen. Nach dieser Messe ziehen die „ceraioli“ mit den Heiligenstatuen durch die Stadt, um pünktlich um 10.30 Uhr auf der Piazza della Signoria einzutreffen, wo dem Festmeister feierlich die Schlüssel der Stadt übergeben werden. Ungefähr eine Stunde später erfolgt auf dem Platz vor dem Palazzo dei consoli das Aufrichten der „ceri“, wobei die Statuen an der Spitze der Holzsäulen befestigt werden. Danach ziehen die Träger rund zwei Stunden mit der kompletten Konstruktion durch Gubbio, um sich der gesamten Stadt zu zeigen. Nach einer Mittagspause, in der sie sich mit dem traditionellen Fischgericht stärken, tragen sie die „ceri“ zur Via Dante, am unteren Ortseingang von Gubbio, und warten dort auf die Prozession, die vom Bischof von der Kathedrale aus hingeführt wird und in der die Reliquien des Schutzheiligen mitgeführt werden. Nach dem Segen des Bischofs beginnt der „Vorlauf“ des eigentlichen Rennens: In mörderischem Tempo geht es die Stadt hinauf bis zur Piazza Signoria, wo den „ceraioli“, die sich unterwegs natürlich laufend abgewechselt haben, noch eine letzte Verschnaufpause gegönnt wird, bevor der Bürgermeister durch Winken mit einem weißen Tuch das Startsignal gibt.

Erst essen, dann rennen

Nun beginnt das Rennen durch die Porta del Monte den Monte Ignino hinauf zur Wallfahrtskapelle des San Ubaldo. Natürlich gewinnt immer San Ubaldo, was dem ganzen aber nicht seinen Wettkampfcharakter nimmt, den man leicht an den Gesichtern der Träger ablesen kann. Nach Beendigung des Rennens ziehen sie mit Fackeln wieder in die Stadt ein, und der Abend schließt mit einem großen Volksfest.

Siena

Den bunten Reigen der italienischen Feste beschließt ein Volksfest, das auf keiner Liste fehlen darf, das man einfach erlebt haben muß. Für viele Italiener ist es das Fest der Feste, Sinnbild seiner Stadt und in gewissem Maße auch seines Landes, denn es ist das einzige Volksfest, welches seit über 300 Jahren ununterbrochen durchgeführt wird. Nicht einmal die beiden Weltkriege haben ihm etwas anhaben können, einzig die Befreiung vom Faschismus änderte das gewohnte Bild: Statt zweimal jährlich fand es 1945 dreimal statt. Die Rede ist vom Palio di Siena, der wie kein anderes Fest, wie keine andere Tradition mit seiner Stadt und ihren Bewohnern verwachsen ist. Vor der Kulisse des schönsten Stadtkerns von ganz Italien findet zweimal jährlich, am 2. Juli und am 16. August, ein Pferderennen der ganz besonderen Art statt, das mit mehr Leidenschaft verfolgt wird als jedes Länderspiel der „azzurri".

Die Wurzeln des Rennens reichen bis ins Jahr 1000 zurück, als sich Sieneser Adlige Pferderennen lieferten mit dem „Pallium", einem kostbaren Tuch, als Siegprämie. 1729 wurde Siena durch Dekret seiner damaligen Regentin Beatrice Violante von Bayern in die 17 heute noch bestehenden „contrade", also Stadtviertel, eingeteilt. Ihre Namen sind alle dem Tierreich entnommen: Panther, Drache, Adler, Fische, Wildschwein usw., und jede „contrada" hat auch ihr eigenes Wappen, eine eigene Kirche und ein eigenes Museum, in dem die Erfolge der Vergangenheit dokumentiert sind. Am Rennen selbst, das rund um die muschelförmige Piazza del Campo führt, können nur zehn „contrade" teilnehmen: Das sind zunächst die sieben, die im letzten Jahr nicht dabei waren, die fehlenden drei werden aus den übrigen zehn ausgelost.

Fast alle Mittel sind erlaubt

Dann werden am Morgen des 29. Juni bzw. 13. August unter Aufsicht des Bürgermeisters im Innenhof des Pallazzo publico zehn gleichwertige Pferde ausgesucht, die anschließend unter den „contrade" verlost werden. Die Auswahl der Jockeys erfolgt erst am Abend des 1. Juli bzw. des 15. August nach einigen Probeläufen. Das sieht natürlich nach einer enormen Chancengleichheit aus, die aber durch rege Aktivitäten hinter den Kulissen völlig untergraben wird: Es wird versucht, das Pferd der Konkurrenz zu vergiften, oder aber der eigene Jockey wird mit so viel Geld ausgestattet, daß er nicht nur immun gegen Bestechungsversuche anderer „contrade" ist, sondern selbst noch versuchen kann, andere Jockeys zu beeinflussen. Am Tag des Rennens wird dann zuerst ein historischer Umzug durchgeführt, dessen Zentrum ein Ochsenkarren, der „carroccio", bildet, auf dem sich die Siegestrophäe, der jedes Jahr von einem renommierten Künstler entworfene Palio, befindet. Dann endlich wird um 19.45 Uhr im Juli (um 19.00 Uhr im August) das Rennen auf der völlig überfüllten Piazza del Campo gestartet. Natürlich geht das nicht ganz reibungslos vonstatten, die Jockeys drängen sich gegenseitig ab, es kommt zu Fehlstarts, letzte Bestechungsversuche finden statt. Geht es dann endlich los, liegen die Nerven aller Anhänger der einzelnen „contrade" völlig blank, und die Anspannung verliert sich erst, wenn der Sieger feststeht, um grenzenloser Trauer oder eben überschäumender Freude Platz zu machen. Die „contrada" des Siegers verwandelt sich in der letzten September- und ersten Oktoberwoche (Julirennen) bzw. in der zweiten und dritten Oktoberwoche (Augustrennen) in ein Schlaraffenland toskanischer Küche: Auf den Straßen werden lange Tische aufgebaut, an denen das gesamte Viertel feiert.

Die Erdverbundenheit der Italiener

Alle diese beschriebenen Feste sowie die vielen anderen, die zu beschreiben hier leider der Platz fehlt, lassen eine tiefe Verbundenheit der Italiener mit ihrer Region (im Falle der Volksfeste) und mit ihrer Großfamilie (im Falle der Familienfeste) erkennen, die zu spüren für einen Außenstehenden ein unvergeßliches Erlebnis bleiben wird, das ihn verstehen läßt, daß es gerade ein Vorfahre dieser fröhlich feiernden Menschen war, der gesagt hat: „Non est singulare genus hominis, sed facile et sociabile" (Cicero). Und so ist gerade in Italien ein Fest mehr als nur Ausdruck kollektiven Wohlergehens, es unterstreicht auf eindrucksvolle Weise die Worte des berühmten Römers, der auf diesen Wesenszug seine Staatslehre gründete. Wem sie vielleicht in unserer sehr individualistischen Zeit etwas überholt erscheinen mag, der möge nach Italien reisen und sich selbst von der Wahrheit überzeugen.

Luxemburg

Echternach und seine Springprozession ist weltberühmt

Das kleine Land der großen Feste
So feiert man in Luxemburg

Luxemburger Folkloretänze sind bei den großen Volksfesten wichtiger Bestandteil

Um Feste, die auch heute noch im kleinen Luxemburg gefeiert werden und Typisches aus Geschichte und Brauchtum vermitteln, soll es in diesem Beitrag gehen. Solche Feste sind nicht selten in dem kleinsten Mitgliedstaat der EU. Es sind deren sogar so viele, daß sie nicht alle berücksichtigt werden können.

Die Auswahl, die getroffen wurde, beschränkt sich auf zwei Feste religiösen Inhalts – die Muttergottesoktave zu Ehren der Trösterin der Betrübten, seit Jahrhunderten Patronin von Stadt und Land Luxemburg, und die in Europa wohl einzigartige Echternacher Springprozession zu Ehren des heiligen Willibrord – sowie auf drei weltliche Feste – die Schobermesse, die der Luxemburger Graf Johann der Blinde bereits im Jahre 1340 gründete, das Ginsterfest im Öslinger Städtchen Wiltz und das Trauben- und Weinfest in der Moselmetropole Grevenmacher. Die beiden letzteren werden in den kommenden Jahren mit der 50. Auflage aufwarten können.

Kleines Land – viele Feste!

Trotz der Beschränkung auf die wichtigsten Festlichkeiten sollte wenigstens kurz auf andere interessante Veranstaltungen hingewiesen werden. Dazu zählt die alteingesessene „Eimaischen“, die „seit ewigen Zeiten“ am Ostermontag – in der Bibel auch bekannt als „Emaustag“ – am Fischmarkt in Luxemburgs Altstadt gefeiert wird, ein Fest, bei dem ein irdener Vogel, der beliebte „Péckvillchen“, das Rennen macht. Eine weitere, allerdings weitaus jüngere Ausgabe dieses Festes gibt es ebenfalls am Ostermontag im ehemaligen Töpferdorf Nospelt. Zu den größeren folkloristischen Festen Luxemburgs zählen auch Viandens Nußmarkt, Anfang Oktober, bei dem es um alles geht, was mit der Frucht des „Nëssert“ zu tun hat, Ettelbrücks alter Markt am Pfingstsamstag, die Hosinger Bauernkirmes mit Festumzug, Ende Juni, der Greiveldinger „Léifrawëschdag“, bei dem Brauchtum rund um den 15. August auflebt, der „Tag in der Minettegegend“ und damit im Süden des Landes, Mitte September in Beles-Zolwer sowie unzählige kleinere Feste, die sozusagen in allen Teilen des kleinen Großherzogtums stattfinden.

Familienfeste und Kirmessen

Auch die Familienfeste, die im Land gefeiert werden, sollen wenigstens kurz Erwähnung finden: Taufen, Kommunionfeiern, Hochzeiten, Kirchweihfeste („Kiirmëssen“), Jubiläen und Beerdigungen begeht man allerdings im heutigen Luxemburg eher traditionell. Zudem gibt es kaum wesentliche Unterschiede von Region zu Region. Selbst grenzüberschreitend finden wir die gleichen Feste, und die gleichen Arten, sie zu feiern.

Viel gäbe es allerdings zu berichten über die Bauernhochzeit oder über die Kirmes in früheren Zeiten. Und ebenfalls über diesen oder jenen alten Brauch, etwa bei Fastnachtsfeiern, vornehmlich an der Mosel, wo die beliebte „Brezel“ zum Brauchtum gehört. (Es handelt sich dabei um ein süßes Gebäck, das man am „Halbfastensonntag“ jemandem schenkt, den man ganz besonders mag). Alle diese Feste und Bräuche tragen dazu bei, aus Luxemburg „das kleine Land der großen Feste“ zu machen.

Die jährliche Muttergottesoktave

Beeindruckendes Treuebekenntnis zur Trösterin der Betrübten

Als Treuebekenntis der Luxemburger und der Bewohner jener Grenzregionen, die zum ehemaligen Herzogtum Luxemburg gehörten, zur Trösterin der Betrübten, Patronin von Stadt und Land Luxemburg, darf man auch heute noch jene Wallfahrt werten, die jährlich im Frühling Tausende und Abertausende von Muttergottesverehrern um den Votivaltar mit dem Gnadenbild in der Kathedrale von Luxemburg versammelt. Die Muttergottesoktave dauert in Wirklichkeit zwei Wochen lang. Sie beginnt am dritten Samstag nach Ostern mit einer feierlichen Andacht, derweil sie am letzten Oktavsonntag mit einer festlichen Bischofsmesse zur Erneuerung der Weihe an die Trösterin und mit der beeindruckenden Schlußprozession durch die Straßen der Stadt beschlossen wird.

Diese Luxemburger Marienverehrung geht eindeutig auf die Jesuiten zurück, die Ende des 16. Jahrhunderts ins Land kamen, um eine religiöse Erneuerung in die Wege zu leiten. Bereits 1603 gründeten sie ein sogenanntes „Studienkolleg“, und es entstanden „Marianische Kongregationen“. Eng mit der Geschichte der Muttergotteswallfahrt verbunden ist der Name von Pater Jacobus (Jacques) Brocquart. Der am 24. Juni 1588 im benachbarten Diedenhofen (Thionville) Geborene war Professor und Studienpräfekt am Jesuitenkolleg.

Alles begann mit Pater Jacobus Brocquart

Am 8. Dezember 1624 befestigte er an einen, von ihm vor den Festungsmauern errichteten Kreuz eine Marienstatue. Dabei wird es sich um das heutige Gnadenbild – 73 cm hoch und aus Lindenholz geschnitzt – gehandelt haben. In schweren Zeiten von Not und Unheil, Krieg und Pest gab Pater Brocquart „seiner" Marienstatue den Titel „Trösterin der Betrübten". Gerade in solchen Zeiten greifen die Menschen bekanntlich gerne auf übernatürliche Hilfe zurück. Viele suchten diese Hilfe bei Maria und damit bei dem von Pater Brocquart aufgestellten Bild vor den Toren der Festung.

1625 begann der große Marienverehrer mit dem Bau einer Kapelle. Als er 1626 selbst von der Pest befallen wurde, legte er das Gelübde ab, die Marienverehrung in Luxemburg weiter zu fördern, und gesundete. 1628 wurde die Kapelle eingeweiht, und nun versammelten sich Scharen von Pilgern um die Marienstatue. Bald wurden erste „Wunder" und Gebetserhörungen verzeichnet, erste Andachtsbildchen gedruckt, erste Medaillen hergestellt. Schon mußte die Kapelle vergrößert werden. Das geschah zwischen 1640 und 1642.

Über einem der Zugänge zur befestigten Stadt, dem Neutor, wurde 1636 eine Nachbildung des Gnadenbildes aufgestellt, derweil das Gnadenbild selbst 1639 erstmals in der Jesuitenkirche innerhalb der Stadtmauern verehrt und nach acht Tagen in feierlicher Schlußprozession wieder in die Kapelle am Glacisfeld gebracht wurde. Hier liegt wohl der Ursprung der Schlußprozession der Muttergottesoktave. 1666 wurde die Trösterin der Betrübten zur Patronin der Stadt Luxemburg proklamiert, 1677 faßte man den Entschluß zur Erwählung Mariens als Schirmherrin des Herzogtums Luxemburg und der Grafschaft Chiny (heute Teil der belgischen Provinz Luxemburg).

Höhen und Tiefen gab es in der Folgezeit in der Wallfahrtsgeschichte, z. B. während der Besetzung Luxemburgs durch die französischen Revolutionsheere (Juni 1795). Durch den Apostolischen Vikar, Bischof Joh. Theodor Laurent, wurde Mitte des 19. Jahrhunderts die Marienverehrung neu belebt – Luxemburg war inzwischen (1815) zum Großherzogtum erhoben worden. Ebenfalls Mitte des 19. Jahrhunderts erhielt die ehemalige Jesuitenkirche den Namen, den sie heute trägt: „Liebfrauenkirche". Manche sprechen ebenfalls vom Mariendom, und für das gläubige Volk ist die Muttergotteskirche schlicht und einfach „d'Kathedral".

1870 wurde Luxemburg ein eigenständiges Bistum, und in den 30er Jahren unseres Jahrhunderts kam man nicht daran vorbei, die Bischofs- und Wallfahrtskirche zu vergrößern. Zwischen diesen beiden Daten war die Oktave mehrmals ausgedehnt worden: 1898 von einer Woche auf anderthalb, später – 1921 – auf zwei. So sollte es bis zum heutigen Tag bleiben. Und während der schweren Zeit des Zweiten Weltkrieges lebte die Verehrung zur Trösterin der Betrübten erneut auf. Nicht nur für die Zwangsrekrutierten wurden die Muttergottes von Luxemburg und die Großherzogin Charlotte – sie regierte das Land von 1919 bis 1964 und war äußerst beliebt – zu Symbolen der Hoffnung.

Wichtig für das Nationalgefühl

Wie bereits eingangs angedeutet, darf man behaupten, daß das kleine Luxemburg dem „Pakt" mit seiner Patronin bis zum heutigen Tag die Treue gehalten hat. Der Kult der Trösterin hat einen nationalen Charakter behalten, auch wenn die integrative Funktion der Muttergottesverehrung in einer Zeit zunehmender Säkularisierung etwas abgeschwächt ist. Mit großer Teilnahme wird die Muttergottesoktave alljährlich gefeiert.

Zu den Hauptmomenten dieser Oktave zählen etwa die Wallfahrt mit den Jugendlichen („Pélé des Jeunes"), die „Messe des Gottesvolkes", um

Die Springprozession ist Pflicht auch für hohe kirchliche Würdenträger

ausländische Mitbürger ins Oktavgeschehen einzubeziehen, die Wallfahrten der kranken, betagten und behinderten Mitmenschen, die Andachten mit Kindern und natürlich die Eröffnungsandacht, die Bischofsmesse mit Erneuerung der Weihe und die Schlußprozession, bei der sowohl das Fürstenhaus, als auch die Regierung und die Stadtverwaltung vertreten sind.

Auf den Festmärkten wie hier in Töpferdorf Nospelt gibt es immer viel zu entdecken

So könnte man die Bedeutung der Wallfahrt zur Trösterin der Betrübten für Luxemburg mit den Worten ihres Kenners, des Alterzbischofs Mgr. Jean Hengen, zusammenfassen: Sie ist ein kostbares religiöses Erbe der vorhergehenden gläubigen Generationen, das es zu bewahren gilt, denn sie wurde zu einem wichtigen Element im nationalen Leben Luxemburgs: für den Prozeß seiner Einheit und für die Bildung eines Nationalgefühls. Sie ist und bleibt noch immer tief im Herzen des Luxemburger Volkes verwurzelt.

Am Pfingstdienstag in Echternach

Eine Prozession, bei der man springt ...

Das an der Untersauer gelegene Abteistädtchen Echternach und der zweite Patron Luxemburgs, der heilige Willibrord, sind eng miteinander verbunden. Und die internationale Prozession, die jährlich am Pfingstdienstag zu Ehren des Heiligen durch die Straßen der geschichtsträchtigen Ortschaft zieht, darf ohne weiteres als Kuriosum bezeichnet werden. Weil man nämlich bei dieser Prozession, die Tausende von Teilnehmern, aber auch Tausende von Schaulustigen anzieht, springt, von einem Bein auf das andere, indem man sich langsam vorwärts bewegt. Auf eine bestimmte Melodie, eine einfache – heute polkaähnliche – Volksweise.

Holen wir etwas weiter aus. Derjenige, um den es im schmucken Echternach geht – Willibrord – wurde im Jahre 658 im angelsächsischen Northumbrien geboren und im Kloster Ripon erzogen, wo er im Alter von 20 Jahren die Mönchsgelübde ablegte. Papst Sergius I. weihte Willibrord im Jahre 695 in Rom zum Bischof. Wiltaburg – das heutige Utrecht – wurde sein Bischofssitz. Ende des 7. Jahrhunderts bekam der unermüdliche Missionar in Echternach Liegenschaften geschenkt, u.a. von Irmina, der damali-

Eindrucksvoll auch die Bildchen-Prozession in Vianden

Am Luxemburger Nationalfeiertag wird bis zum Morgen getanzt

gen Äbtissin im Kloster Oeren bei Trier. Daraus entstand zu Beginn des 8. Jahrhunderts die Abtei Echternach, die sich im Laufe der Zeit zu einem der geistlichen Zentren Europas entwickeln sollte.

Am 7. November 739 starb Willibrord 81jährig in seiner Abtei. Dort wurde er beigesetzt. Schon bald wallfahrten zahlreiche Pilger an sein Grab. Bis zum heutigen Tag wird der Heilige von europäischem Format dort verehrt, etwa am Pfingstdienstag bei der jährlichen Springprozession. „Springende Pilger“ sind im Abteistädtchen an der Untersauer seit 1497 schriftlich belegt. „Im Bild“ werden sie auf einem alten Gemälde von 1604 festgehalten.

Gerade zur Pfingstzeit soll das Grab Willibrords stets von zahlreichen Pilgern besucht worden sein. Zur Pfingstzeit mußten nämlich die zur Abtei Echternach gehörenden Pfarreien – aus der näheren und weiteren Umgebung – ihre Gaben dort abliefern. Das geschah im Rahmen einer Prozession mit Kreuz und Fahne.

Springen seit dem 18. Jahrhundert

Und das Springen soll im Rahmen dieser sogenannten Bannprozessionen aufgekommen sein. Pilger aus dem deutschen Waxweiler hätten dabei einen „Sprungtanz“ aufgeführt, wie aus einem Text aus dem 16. Jahrhundert hervorgeht. Die Waxweiler – die sich auch heute noch eine Ehre daraus machen, recht zahlreich in Echternach zu erscheinen – dürften demnach an der Wiege der Echternacher Springprozession stehen. Bis zum Ende des 18. Jahrhunderts beteiligten sich übrigens nur Männer an dieser Prozession.

Heute wird, wie gesagt, von einem Bein auf das andere gesprungen. Dem war anscheinend nicht immer so, denn eine Zeitlang soll man in Echternach vorwärts und rückwärts gesprungen sein. Das aber ist seit 1945 endgültig vorbei. Die Melodie, auf die gesprungen wird, mußte man früher auf einfachen Instrumenten spielen können. Die heutige Fassung – in der die Weise des Volksliedes „Adam hatte sieben Söhne“ zu erkennen ist – wurde in der Mitte des 19. Jahrhunderts von einem Trierer Musiker komponiert.

Das Ziel der Prozession ist am Pfingstdienstag in Echternach zuerst einmal die päpstliche Basilika, in deren Krypta die sterblichen Überreste des zweiten Patrons Luxemburgs und internationalen Heiligen ruhen. Die – inzwischen ebenfalls internationale – Springprozession, für deren Organisation und für deren reibungslosen Ablauf der Echternacher Willibrordus-Bauverein zuständig ist, nimmt nach einem feierlichen Pontifikalamt in der Basilika und nach der Ansprache des Erzbischofs von Luxemburg ihren Anfang im altehrwürdigen Abteihof. Sie wird von Sängern eröffnet, und die zahlreichen Beter- und Springergruppen ziehen – letztere von Musikgesellschaften begleitet – bis in den frühen Nachmittag durch das Herz jenes Städtchens, in dem einst ein Missionar der Liebe Christi sein Zuhause fand.

Am Schluß des Prozessionsweges zieht oder springt jede Gruppe am Grab des Friesenapostels vorbei. Und vor der Basilika löst die Prozession, die von der langen Reihe der Prälaten, Äbte und Bischöfe beschlossen wird, sich auf. Tausenden von Teilnehmern und Abertausenden von Zuschauern aber klingt jene mitreißende Melodie, die am Pfingstdienstag die „Nationalweise“ Echternachs ist, noch stundenlang in den Ohren ...

Die „Schueberfouer“

ein Stück Luxemburger Volksseele

Vom 23. August bis zum 10. September 1990 fand in Luxemburg auf dem Glacisfeld die Jubiläumsauflage des wohl ältesten Volksfestes Luxemburgs unter dem Motto „650 Joer Schueberfouer“ (1340-1990) statt. In der Tat geht die beliebte und weit über die Grenzen des kleinen Großherzogtums hinaus bekannte Schobermesse mit ihren unzähligen Attraktionen zurück auf Johann den Blinden, Graf von Luxemburg zwischen 1310 und 1346 und König von Böhmen.

Seit 1946 liegt derjenige, dessen 650. Todesjahr man vor kurzem in Luxemburg beging, am Eingang der Krypta in der Kathedrale der Landeshauptstadt begraben. Die Urkunde, mit der Johann der Blinde den Grundstein für die Schobermesse legte, datiert vom 20. Oktober 1340, doch wurde der alljährliche Beginn dieser Messe damals auf den Vorabend des Sankt Bartholomäus-Festes (24. August) gelegt, den Tag, an dem die Kirmes heute noch beginnt.

Der ehemalige „Bartholomäus-Markt" war ein bedeutender Jahrmarkt unter freiem Himmel, bei dem auch Vieh verkauft wurde und der bis in unser Jahrhundert die bekannte Messe mit handelswirtschaftlichem Charakter einleitete. Von zahlreichen luxemburgischen und fremden Kaufleuten wurde sie besucht. Für die Organisation der Schobermesse zeichneten die Handwerkerzünfte der Stadt verantwortlich. Die Innung der Wollweber war für die Leitung und die polizeiliche Aufsicht zuständig. An der Spitze der neuen Messe stand der Forstmeister.

Die Entwicklung zum Volksfest

Der erste Standort des Jahrmarktes war nahe des Heilig-Geist-Klosters, am Ort genannt „Schuedebuerg". Aus diesem Namen entstand nach und nach der heutige Name „Schuebermëss" oder „Schueberfouer". 1610 wurde die Messe auf den Glacis verlegt – das waren damals (und bis 1892) die gemähten Felder auf Limpertsberg.

Bereits Ende des 18. Jahrhunderts – d. h. noch vor der Französischen Revolution – wurde aus der traditionellen Handelsmesse nach und nach jener Vergnügungsmarkt, jenes Volksfest mit internationaler Ausstrahlung, mit dem wir es heute noch zu tun haben. Immerhin ist die Schobermesse fast 500 Jahre älter, als die Unabhängigkeit des Großherzogtums (1839).

Eng verbunden mit der Geschichte des beliebten Volksfestes bleibt jene des „Hämmelsmarsch". Dabei handelt es sich um einen Umzug mit Schafen, der jeweils am Kirmessonntag in den Ortschaften Luxemburgs und am „Fouersonndeg" in Luxemburg-Stadt stattfindet.

Ausführlich beschrieben wird der „Hämmelsmarsch" u. a. vom Luxemburger Nationaldichter Edmond de la Fontaine alias „Dicks" im Werk „Sitten und Gebräuche" (1883). Und diesen „Hämmelsmarsch" begleiten seit jeher die Musikanten und Musikantinnen mit einer uralten Weise, die den Luxemburgern in Fleisch und Blut übergegangen ist.

Wie der „Feierwon", zur Fahrt der ersten Eisenbahn im Jahre 1859, wie die „Heemecht", das Luxemburger Nationallied. Vom Autor des „Feierwon" und der „Heemecht", Michel Lentz, stammt die seit 1861 wohl bekannteste Textversion des „Hämmelsmarsch", die mit den Worten beginnt: „ 't as Kiirmesdag an eng Gei jéngt muerges an der Gaass", und in der es u. a. heißt: „an d'Kanner loossen hire Kaffi ston, fir dene schéinen Hämmel nozegon ..."

AlteTradition, die lebendig ist

Mit bekannten Wanderkinos, in denen „Minutenfilme" vorgeführt wurden, mit Tingel-Tangel, Akrobaten, Zauberern, Jongleuren und Bauchrednern, mit Zirkus und Variété-Shows, mit einer „Bratkartoffelbude", mit starken Männern à la John Grün, mit Bänkelsängern, wie den Seckbachs, die hochtragische Moritaten vortrugen, und Drehorgelspielern, wie „Georgely", alias Georges Weyer aus Grevenmacher, mit einer Achterbahn (seit 1910) zog sie bereits damals Tausende in ihren Bann. Die moderne Kirmes-

Auch eine Schmiede kann man z. B. im Ginsterfest-Umzug entdecken

stadt der 90er Jahre breitet sich über mehrere Hektar Glacis mit über 100 Schaustellerbetrieben aus und bietet modernste Attraktionen nach dem Motto: „immer schneller, immer höher", wie Looping oder Riesenrad, aber auch zahlreiche Eß- und Trinkbuden.

So ging's früher zu in Luxemburg – ein Festwagen im Umzug von Belvaux

Die Weinkönigin in Grevenmacher mit ihrem Gefolge

Und beliebt wie eh und je war der „Fouerfësch", jener gebackene Merlan, der eben zu „Fouer-" und zu „Mäertchens"-Zeiten – letzterer wird in Verbindung mit der jährlichen Muttergottesoktave auf dem „Knuedler" abgehalten – Hochkonjunktur hat. Kurzum, was für München das „Oktoberfest" ist, das ist für Luxemburg die „Schueberfouer", eine der ältesten und lebendigsten Traditionen und ein Stück Volksseele.

Das Grevenmacher Trauben- und Weinfest

Als Fest der Feste an der Luxemburger Mosel wird das Grevenmacher Trauben- und Weinfest bezeichnet, jenes Fest, bei dem eine Königin sowie edler Rebensaft im Mittelpunkt des Geschehens stehen, und dessen 47. Auflage vom 6. bis zum 8. September 1996 gefeiert wurde. Vor allem mit dem farbenprächtigen folkloristischen Festumzug durch die Straßen des heimeligen Moselstädtchens hebt sich das Fest von anderen Veranstaltungen ab. Seit Beginn 1950 war eine Traubenkönigin dabei; auf dem Programm standen neben zahlreichen Konzerten eine „venezianische Nacht" auf der Mosel und der erste folkloristische Festumzug, der mit insgesamt 33 Nummern die Zuschauer zu begeistern wußte.

Majoretten spielen auch beim Umzug in Wiltz eine große Rolle

Der Umzug ist das Herzstück des Festes

Mit von der Partie waren – damals wie heute – jene Kundschafter, die für den Moselwein werben und die einst vom bekannten Moselmaler Jean-Pierre Beckius im Bild festgehalten wurden, junge Winzerinnen und Winzer aus Grevenmacher und Umgegend sowie lokale Vereine, die auf ihrem Festwagen alte Sagen und Legenden oder legendäre Persönlichkeiten darstellten – etwa „d'Wichtelcher vum Groesteen", später „de Longkaulemännchen", oder die legendären „Blannen Theis". Auch der Weingott Bacchus, die beiden Grevenmacher Kellereien, die Genossenschaftskellerei, die lokale Garten- und Heimsektion und natürlich die Grevenmacher Stadtmusik sowie die Weinkönigin auf ihrem vom Festkomitee prächtig geschmückten Festwagen waren von Anfang an mit dabei.

Immer wieder Neues

Hervorhebenswert ist, daß z. B. beim zweiten Grevenmacher Trauben- und Weinfest die Grevenmacher Festkantate aufgeführt wurde. Es handelt sich bei besagtem Lied um eine Lobeshymne auf die Moselmetropole und deren Bewohner, jedoch auch auf bedeutende Besucher, wie Goethe und Napoleon, die sich in Grevenmacher aufhielten. Und auf den heiligen Märtyrer Laurentius, der seit Jahrhunderten über das heimelige Städtchen mit seinen winkligen Gassen wacht. Genau wie die sagen- und legendenumwobene Kreuzkapelle auf dem Kreuzerberg hoch über Grevenmacher.

Und beim dritten Grevenmacher Trauben- und Weinfest 1952 wurde am damaligen Bahnhofsplatz gar das allererste Festzelt in Luxemburg errichtet – um die immer größer werdende Besucherzahl der Tanzveranstaltung rund um das Fest aufzunehmen. Nur kurze Zeit später – 1955 – wich man in die Hallen der Genossenschaftskellerei aus, wo jahrelang die angehende Weinkönigin vor dem Weinball gekrönt wurde und wo diese Tanzveranstaltung heute noch stattfindet. Die Krönungszeremonie ist zur Feier für sich geworden und findet seit 1986 am Freitagabend im Beisein der Weinköniginnen von Mosel, Saar und Ruwer im Grevenmacher Sport- und Kulturzentrum statt. Damit ist das beliebte Fest um einen Tag verlängert worden.

Charmante Weinkönigin

Im Laufe von 47 Jahren ist z. B. eine beachtenswerte Showband-Parade mit Showbands von internationalem Ruf hinzugekommen, und natürlich ändert sich jedes Jahr der Name der Weinkönigin, einer stets charmanten Moselanerin, für die es ein Jahr lang Ehrensache ist, für edlen Luxemburger Rebensaft im In- und Ausland zu werben. Und darüber hinaus für eine Gegend, deren Menschenschlag etwas fröhlicher ist, als in den übrigen Teilen des Landes. Was nicht zuletzt am Wein liegen mag ...

Unverändert geblieben ist – doch wohl als Herzstück des Festes – der farbenfrohe folkloristische Festumzug mit seinen Festwagen, Fußgruppen, Musikgesellschaften, Showbands und Majorettengruppen. Geblieben sind ebenfalls jene Stimmung und jene gute Laune, die das Fest der Feste an der Mosel immer wieder prägen. Ein Fest, bei dem der Wein in Strömen fließt. Und das man sehr schwer beschreiben kann. Viel besser ist es, am zweiten Wochenende im September einen Abstecher in die Moselmetropole Grevenmacher zu machen und sich von Freude und Frohsinn ganz einfach anstecken zu lassen.

Beim jährlichen „Geenzefest" in Wiltz

Im wahrsten Sinne „im Ginstergold" ist das Ardennerstädtchen Wiltz jedes Jahr am Pfingstmontag, wenn unzählige grüne Sträucher mit goldgelben Blüten die Festwagen des Ginsterkorsos zieren und die Häuser der Ortschaft schmücken.

Der Stadt Wiltz liebstes Kind, das „Geenzefest“, das zu den wichtigsten folkloristischen Veranstaltungen Luxemburgs zählt, geht auf 1948 zurück und entstand demnach – wie das Grevenmacher Trauben- und Weinfest – kurz nach dem Zweiten Weltkrieg. Als Hauptbegründer des Ginsterfestes wird Tony Mander angesehen; der erste Korso fand im Jahr 1949 statt. Den Gründern werden Liebe zur Natur und zu ihrem Heimatstädtchen, aber auch zu Gesang und Musik, kurzum zu Freude und Frohsinn nachgesagt.

Das publikumsträchtige Fest findet statt zu dem Zeitpunkt, wo es im Norden Luxemburgs – im „Eislek“ – am schönsten ist, um Pfingsten. Dann haben nämlich die Öslinger Koppen ihr goldgelbes Kleid angelegt, dann leuchten sie „im Ginstergold“, wenn sie von der Sonne beschienen werden.

Ein ganzes Städtchen im Ginstergold

Höhepunkt des Festes ist und bleibt der Festumzug, der am Nachmittag des Pfingstmontags als „Ginsterkorso“ mit farbenprächtigen Festwagen, bunt geschmückten Fußgruppen, mitreißenden Musikgesellschaften und anmutigen Majorettengruppen durch die Straßen von Wiltz zieht. Und zum Ginsterkorso gehört auch eine Ginsterkönigin.Seit Jahren steht der Festumzug unter einem bestimmten, meist aktualitätsbezogenen Motto. „Wéi d’Zäit vergeet“, hieß es 1993 beim 45. Ginsterfest, das selbst die erbgroßherzogliche Familie sich nicht entgehen lassen wollte. Mit diesem Motto wollte man zum einen bekunden, daß 45 Jahre „Geenzefest“ einen nicht unbedeutenden Abschnitt in der Lokalgeschichte einer Ortschaft darstellen und zum anderen alte Sitten und Traditionen, altes Handwerk und Brauchtum aufleben lassen.

1997 feiert man in Wiltz einen der drei Luxemburger Nationaldichter, nämlich Michel Rodange (1827-1876) und sein Meisterwerk „De Renert“. Im Nationalepos der Luxemburger, das Michel Rodange nach sechsjähriger Arbeit 1872 in Wiltz zu einem guten Ende brachte – Goethes „Reineke Fuchs“ ist eng mit ihm verwandt – geht es um die Geschichte des schlauen Fuchses, allerdings auf die Luxemburger Verhältnisse von damals zugeschnitten.

Der Korso ist einzigartig

Doch zurück zu unserem Ginsterfest! Daß als einziger Schmuck des beeindruckenden Ginsterkorsos – bei dem zuerst nur die lokalen Vereine und Gesellschaften mitmischten – der eher schlichte Ginsterstrauch gewählt wurde, versteht sich wohl von selbst. Und daß schon bald die Geschäftsleute und die Einwohner des Städtchens ihre Häuser mit Ginster schmückten, ist auch verständlich. In Wiltz ist zur Pfingstzeit eben ein ganzes Städtchen im Ginstergold. Und mit dem Ginsterfest verbunden sind seit Jahren bedeutende folkloristische, kulturelle und sportliche Veranstaltungen wie Konzerte, Ausstellungen, ein Handwerkermarkt, Tänze usw…

Die Gäste aus dem In- und Ausland können schöne Andenken an das Fest mit nach Hause nehmen. Hervorhebenswert ist zudem die Tatsache, daß sich gerade im Ösling so manches um den Ginster dreht. In vielen Flurnamen hat der Strauch seinen Niederschlag gefunden. Und früher gab es in sozusagen allen Öslinger Häusern einen Ginsterbesen, um Haus und Stall zu säubern.

Und schließlich noch zum Refrain eines Liedes von Tony Mander, das zum Ginsterfest gehört: „Am Eislik wann de Geenz schéi bléit, da roufe mir iech all op Wooltz ...“ („Wenn der Ginster im Ösling blüht, laden wir Sie alle nach Wiltz ein!“). Diese Zeilen gelten als herzliche Einladung, der man nur Folge zu leisten braucht.

Niederlande

Zum traditionellen Hochzeitsbrauch gehört auch das Entzünden der Bräutigamspfeife

Tradition und Lebensfreude So feiert man in den Niederlanden

Der Blumenkorso ist bei der modernen Version der Erntefeste ein wichtiges Element geworden

Niederländer nutzen gerne jede Gelegenheit, um zu feiern. Neben den christlichen Feiertagen, die jedoch an Bedeutung verloren haben, kennt man viele traditionelle und historische Feste.

Statt Namenstagen der Heiligen, die man in früheren Zeiten zu feiern pflegte, feiert man in der heutigen Zeit Geburtstage, Jubiläen, bestandene Prüfungen, Betriebs- und Nachbarschaftsfeste, Hauseinweihungen, den Geburtstag der Königin, Stadtfeste, kurzum: Es gibt immer einen Grund, gut zu essen und zu trinken, zu tanzen oder ein Feuerwerk zu entzünden. Im Laufe der Jahrhunderte hat sich die Art der Feste deutlich geändert. Im Mittelalter feierten die Menschen hauptsächlich draußen, machten viel Lärm, entzündeten große Feuer und ließen den Alkohol in Strömen fließen. So kann man sich gut vorstellen, daß es schnell zu Streitereien kam, die in Handgemengen und Kämpfen ausarteten. Auch Straßenraub, Diebstahl und Vergewaltigungen waren üble Begleiterscheinungen.

Während der Renaissance feierte zwar das normale Volk immer noch außer Haus, in Kneipen oder auf Marktplätzen, der gehobene Stand dagegen zog es vor, in den eigenen vier Wänden oder auf dem eigenen Grundstück zu feiern, man richtete große Bälle aus oder lud zu einem üppigen Mahl. Im „Goldenen" 17. Jahrhundert fanden die ergiebigsten Feiern bei Hochzeiten des gehobenen Standes statt. Hierzu wurden Unmengen an Fleisch, Obst, Wein, Nüssen, Käse und

Kaffee angeboten, man wollte schließlich nicht als Geizhals abgestempelt werden. In der zweiten Hälfte des 17. Jahrhunderts wurde dieser Vergeudung Einhalt geboten. Bedingt durch den Krieg mit England und die Pest waren die Bürger gezwungen, den Gürtel enger zu schnallen. Es gab in Amsterdam sogar ein Gesetz, das die Feiern einschränkte und reglementierte.

In den folgenden Jahrhunderten änderten sich die Wertvorstellungen der Menschen, die Kalvinisten ermahnten zu Tugendhaftigkeit und Anstand. So verschwanden nach und nach die ausschweifenden Feste. Feierlichkeiten beschränkten sich auf einen kleineren Raum, z. B. häusliche Feiern oder Vereinsfeste.

Durch die beiden Weltkriege und die Wirtschaftskrise in den 20er Jahren hindurch behielten die Feste diesen Charakter. Doch der wirtschaftliche Aufschwung nach dem Zweiten Weltkrieg ermöglichte den Menschen allmählich, wieder üppiger zu feiern.

Geburt und Taufe

Es gibt im Osten der Niederlande einen alten Brauch, bei dem Nachbarn und Freunde den Eltern eines Neugeborenen ein langes Korinthenbrot als Geburtsgeschenk bringen. Früher galt in dieser Region Weißbrot als Delikatesse, das man sich nur bei feierlichen Anlässen gönnte. Diese Tradition hat an Wichtigkeit verloren. Seit Anfang dieses Jahrhunderts schenken die jungen Eltern ihrerseits den Gratulanten runde Zwiebäcke, zunächst mit Zucker bestreut, später mit rosa oder blau zuckerummantelten Aniskörnern.

Die Taufe, heutzutage meistens einige Monate nach der Geburt, wird im engeren Verwandtenkreis gefeiert, eventuell mit einem gemeinsamen Mittagessen. Ist das Kind katholisch, geht es mit sieben Jahren zur Kommunion. An diesem Tag geben die Eltern ein Festessen für Verwandte und gute Freunde. Die protestantisch getauften Kinder werden mit etwa dreizehn Jahren konfirmiert. Dieses Fest wird im allgemeinen nicht so groß gefeiert wie die Kommunion.

Geburtstage

Normale Geburtstage feiert der Niederländer auf verschiedenste Weise, runde Geburtstage als große Party mit Verwandten, Freunden, Nachbarn und Arbeitskollegen oder aber in gemütlicher Runde, wobei Kaffee und Kuchen, Getränke aller Art, leckere Häppchen und Salate gereicht werden.

Wird ein Mann 50 Jahre alt, dann bekommt er eine Abrahamfigur aus Spekulatius. Diese Tradition bezieht sich auf folgenden Satz aus dem Neuen Testament: „Abraham gesehen haben." Jesus erklärte den Hebräern, daß Abraham sich auf Jesus´ Ankunft als Messias freute. Die Hebräer aber meinten, Jesus wäre Abraham wirklich begegnet und sagten spottend: „Noch nicht einmal 50 Jahre alt und doch haben Sie Abraham gesehen?" Frauen bekommen zum 50. Geburtstag eine Figur von Sarah, der Frau Abrahams. Kindergeburtstage mit altmodischen Spielen sind auch heute noch beliebt.

Schulabschluß

Wenn die Schüler ihre Abschlußprüfungen bestanden haben, ist es üblich, daß ihre Eltern eine alte geschmückte Schultasche aus dem Fenster hängen oder sie an einer langen Stange befestigen, die vor dem Haus aufgestellt wird. Natürlich wird innerhab der Familie und mit Freunden gefeiert, und in der Schule gibt es einen Abschlußball.

Hochzeit

Auf dem Lande nahmen Hochzeiten im 17. Jahrhundert enorme Ausmaße an. Man feierte zwei oder drei Tage lang mit bis zu 200 Gästen. Allmählich wurden diese großen Feste weniger, da der Aufwand zu groß war. In bestimmten Regionen im Osten gibt es immer noch große Feiern, aber das liegt eher daran, daß die Gäste Geld statt Geschenke mitbringen.

Speziell für Touristen organisiert man in Friesland, Drenthe und Overijssel Bauernhochzeiten in traditionellen Kostümen mit Gesang und Tanz, Pferderennen und Ringreiten.

Silvester – Neujahr

In früheren Zeiten gab es in den Niederlanden kein einheitliches Datum, um das Jahr neu zu begrüßen. Man feierte germanische Julfeste, bis immer mehr Menschen unter dem Einfluß der römischen Kultur den 1. Januar als Anfang des neuen Jahres annahmen.

Die katholische Kirche versuchte, hier noch mitzumischen und kirchliche Feste als Eingangsdatum einzuführen, wie Ostern, die Heiligendreikönige oder Weihnachten, aber im Jahre 1575 bestimmte der damalige spanische Landvogt Requesens den 1. Januar zum Jahresanfang. Das Fest feierte man damals mit Gesang und Maskeraden, mit Umzügen und Segenswünschen und vor allem mit Feuer, viel Lärm und Opfergaben, um die Geister zu verjagen oder sie günstig zu stimmen. Heutzutage noch üblich ist das traditionelle Neujahrsgebäck: Rosinen- und Apfelkrapfen. Sie fehlen bei keiner Feier. Selbstgemacht sind sie natürlich noch am besten, und schon beim Backen kommt eine richtig gemütliche Stimmung auf. Aber man kann sie auch in vielen Supermärkten und Straßenständen kaufen. Über die Backkünste dieser Anbieter gibt es manchmal Artikel in Zeitungen mit den jeweiligen Bewertungen einer Jury.

Der Niederländer feiert „oud en nieuw", wie man den Jahreswechsel nennt, mit seiner Familie und im Freundeskreis. Es gibt ein Festprogramm im Fernsehen, man ißt Krapfen und macht es sich gemütlich. Um Mitternacht knallen die Sektkorken, und draußen werden die Feuerwerkskörper entzündet.

In ländlichen Gebieten gibt es zahlreiche alte und neue Bräuche. In Ootmarsum (Provinz Overijssel) findet jedes Jahr ein Neujahrsumzug statt. Vorneweg läuft ein Nachtwächter, der mit einer Rassel ausgestattet ist und die Zeit ansagt. In Goor (Provinz Overijssel) ziehen Kinder mit selbstgebastelten „Foekepotten" (Rommelpotten) durch die Straßen. Das sind Brummtöpfe, mit denen sie singend von Haus zu Haus gehen, um etwas Geld einzusammeln.

In den Provinzen Drenthe, Overijssel und Noordoostpolder nehmen die jungen Leute alles mit, was nicht niet- und nagelfest ist, und bringen es zu einem Sammelplatz, wo die Menschen ihr Eigentum wieder abholen können. In Friesland werden seit einigen Jahren Tafeln in die Bäume gehängt, auf denen Kurzgedichte geschrieben stehen, die politische oder private Ereignisse aus dem vergangenen Jahr anprangern.

Karneval

Karneval ist ein Fest mit Geschichte: Nicht nur im Mittelalter, im alten Rom oder in Griechenland feierte man Karneval, auch die Ägypter sollen schon Karneval gekannt haben.

Das Karnevalsfest, ursprünglich ein heidnisches Frühlingsfest, wurde während des Mittel-

Die Provinzen Limburg und Noord-Brabant sind die Hochburgen des niederländischen Karnevals

alters überall in den Niederlanden gefeiert. Man sagt dem Wort „carnevale“ nach, es habe religiöse Bedeutung („Fleisch, lebe wohl“), und so verwendete die Kirche das Fest, um die Fastenzeit einzuläuten. Im Laufe des 16. Jahrhunderts kehrte sich die Kirche gegen den Karneval wegen der Angriffe auf ihre Geistlichen. Auch die Protestanten verabscheuten diese „römische“ Tradition. Erst nach der französischen Revolution im 18. Jahrhundert verschwand das Fest fast vollständig.

Auch die Kinder feiern Karneval

Im letzten Jahrhundert wurden im Süden des Landes Karnevalsvereine nach deutschem Vorbild gegründet: erst in der Provinz Limburg, viel später dann auch in Brabant. Es gibt nicht nur in den beiden Provinzen Unterschiede, sogar von Ort zu Ort ist der Verlauf des Festes unterschiedlich. In beiden Provinzen allerdings haben die Städte Karnevalssitzungen mit Büttenreden im eigenen Dialekt, Tanzmariechen, einen Karnevalsprinzen und Stimmungslieder. Zu den Karnevalsumzügen kommen viele Touristen aus dem Norden, wo es in zunehmendem Maße Karnevalsvereine und Umzüge gibt.

Der Karneval in Limburg wird eher nach rheinländischem Vorbild gefeiert, also mit Karnevalssitzungen und fantasievollen Verkleidungen. Dagegen feiert man in Brabant eher auf burgundische Art: Meistens reicht ein Bauernhemd und ein rotes Tuch als Verkleidung, und man trinkt und tanzt und zieht von Kneipe zu Kneipe.

Ostern

Vom alten christlichen Osterfest ist in den Niederlanden nicht viel übrig geblieben. Bedingt durch die Dekonfessionalisierung bedeutet Ostern für viele ein paar zusätzliche freie Tage. Auch in Gegenden, in denen noch viele Gläubige wohnen, hat das Osterfest an Bedeutung verloren.

Doch Ostern ist nicht Ostern, wenn zum Frühstück keine bemalten Eier und Rosinenbrot mit auf dem Tisch stehen. Eltern verstecken außerdem immer noch Schokoladeneier für ihre Kinder. Osterbräuche kennt man nur noch in bestimmten Gegenden, z. B. das Osterfeuer in den Provinzen Groningen, Friesland, Drenthe, Overijssel, Gelderland und Limburg. In Denekamp (im Osten der Provinz Overijssel) sammeln Judas und Krioter, zwei Verräter, Geld für eine große Ostertanne. Am Ostersonntag um 13 Uhr ziehen sie dann mit den Dorfbewohnern singend zu einem Schloß, wo die Tanne abgeholt wird. Anschließend wird sie am Rande des Dorfes aufgestellt. Der 1840 erstmals erwähnte eigenartige Osterbrauch in Ootmarsum (Overijssel), vielleicht noch aus dem Mittelalter, ist folgendermaßen zu beschreiben: Acht unverheiratete, katholische, junge Männer mit Regenmänteln und Hut übernehmen an den Ostertagen die Führung bei den Prozessionen.

30. April: Geburtstag der Königin

Schon sehr lange feiern die Niederländer den Geburtstag des Königs oder der Königin. Besonders der Geburtstag Wilhelms II. (1792-1849) wurde mit Begeisterung gefeiert, trotz des kal-

In Deventer wird an Pfingsten um die „Pinksterkroon" getanzt

ten Wetters im Dezember. Paraden des Militärs und der Schützen wurden ihm zu Ehre abgehalten, überall wehten Fahnen, und Konzerte beendeten den festlichen Tag. Auch für König Wilhelm III. (1817-1890) liefen die Feierlichkeiten ähnlich ab, obwohl er nicht besonders beliebt war. Seine zweite Frau, Emma, sorgte jedoch für eine bessere Verständigung, und als der König sein 40jähriges Jubiläum feierte, organisierten eigens hierfür ins Leben gerufene Kommissionen große Jubiläumsfeste. Aus diesen Kommissionen sind die heutigen Oranienvereine hervorgegangen.

Die frühere Königin Juliana hat am 30. April Geburtstag, und ihre Tochter Beatrix hat bei ihrer Krönung am 30. April 1980 entschieden, daß ihr Geburtstag weiterhin an diesem Tag gefeiert werden soll. Allerdings verläuft der „Koninginnedag" heute etwas anders als in der Regierungszeit Julianas. Damals kam das Volk zum Palast und gratulierte der Königin, die mit der ganzen Familie auf der Terrasse des Schlosses stand. Die Menschen brachten Geschenke aller Art mit: Blumen, Obst und Gemüse, Spezialitäten aus allen Teilen des Landes.

Königin Beatrix besucht heutzutage am 30. April, begleitet von ihrer Familie, zwei niederländische Gemeinden. Dort bietet man ihr ein buntes Programm wie z. B. Schauspiele, musikalische Einlagen, Demonstrationen von historischen Handwerken, Wettkämpfe aller Art und Ausstellungen. Es gibt an diesem Tag für alt und jung im ganzen Land festliche Veranstaltungen, z. B. Kirmes, Tanzabende, Schützenfeste. Vor allem die Flohmärkte und Freimärkte sind beliebt.

5. Mai: „bevrijdingsdag"

Nach dem Zweiten Weltkrieg war der 5. Mai für viele Jahre ein Nationalfeiertag, an dem man der Befreiung von der deutschen Besatzung gedachte. Seit den siebziger Jahren verlor die Feier an Wichtigkeit, aber 1991 erklärte die Regierung den Tag erneut zum Nationalfeiertag. Betriebe und Institutionen sind jedoch nicht dazu verpflichtet zu schließen.

„dodenherdenking"

Am Vorabend des 5. Mai finden Gedenkfeiern für gefallene Widerstandskämpfer statt. Auch besinnt man sich seit den siebziger Jahren an diesem Abend auf das Recht auf Freiheit und das Recht auf Widerstand gegen das Unrecht in der Welt. Besonders bekannt ist die stille Prozession in den Dünen bei Bloemendaal.

„Kallemooi"

Auf der Insel Schiermonnikoog stellen die Bewohner am Abend vor Pfingsten einen kahlen Baumstamm mit der niederländischen Flagge an der Spitze auf. Auf der Flagge steht das Wort „Kallemooi" geschrieben. Eigentlich ist der „Kallemooi" ein kahler Maibaum, der auf dieser Insel etwas später aufgestellt wird. Gründe dafür könnten sein, daß der Frühling hier später einsetzt oder die Seefahrer erst zu Pfingsten wieder zu Hause waren und dann mitfeiern konnten.

Unter der Flagge hängt ein Korb mit einem Hahn darin, ausgestattet mit Futter für ein paar Tage. Am Dienstag nach Pfingsten wird der Hahn wieder freigelassen, die Inselbewohner setzen sich abends noch gemütlich zusammen und singen alte Lieder in friesischer Sprache.

Maibäume wurden in früheren Jahrhunderten vielerorts aufgestellt. Doch heute ist der Brauch fast überall verschwunden, außer in Süd-Limburg. Hier werden in den Orten Schinveld, Nieuwenhagen, Valkenburg usw. Maibäume aufgestellt und Maiköniginnen gewählt.

„Luilak“

Dieses Frühlingsfest, das am Samstag vor Pfingsten stattfindet, ist eine Tradition im Westen des Landes, vor allem in der Gegend von Amsterdam. Es war üblich, daß die Jugend am frühen Morgen des Samstags vor Pfingsten soviel Lärm machte, daß auch der letzte Langschläfer gestört wurde. Diese spendierten den Jugendlichen dann Süßigkeiten.

Da die Aktionen im Laufe der Zeit eskalierten – z. B. legten die Jugendlichen in der Nacht auf Samstag Feuer, sie richteten große Schäden an und lieferten sich Straßenschlachten –, haben sich die Gemeinderäte für die Jugendlichen attraktive Alternativen ausgedacht: Popkonzerte, nachts umsonst ins Kino, geöffnete Schwimmbäder.

In Haarlem (Provinz Nord-Holland) gibt es einen bekannten Blumenmarkt, Luilakblumenmarkt, der die Stadt für eine ganze Nacht in ein Blumenmeer verzaubert. Es ist nicht geklärt, wo der Ursprung dieses Brauches liegt; vielleicht im jüdischen Leilachfest, bei dem man Opfer bringt, um Gott für die Ernte zu danken, oder es steht als Symbol für ein verspätetes Maifeuer.

„Sinterklaas“

Das größte und auch gemütlichste Fest in den Niederlanden ist das am 5. Dezember: „Sinterklaas“. Historiker haben mehrere Theorien über den Ursprung: eine germanische, die in der Sinterklaasfigur eine christianisierte germanische Gottesgestalt sieht, und eine christliche, wonach Sint Nicolaas durch die Verbreitung des Christentums in unseren Breiten bekannt wurde. Der von den Niederländern gefeierte Sinterklaas hat wahrscheinlich zwei Vorbilder aus Kleinasien, aus denen er sich entwickelt hat.

Der erste war Bischof von Myra und lebte vermutlich von 280 n. Ch. bis zum 6. Dezember 342 n. Ch.. Über ihn sind viele Legenden bekannt, worin er Kinder rettet. Der zweite Nikolaus, Bischof von Pinara, starb am 10. Dezember 564 n. Ch.. Er wurde bekannt durch seine Heilungen und Teufelsaustreibungen.

Viele Pflichten für Sinterklaas

Die Verehrung von Sint Nicolaas soll sich von Griechenland nach Rußland, Italien und durch die Seefahrer, die Normannen, und die Kreuzritter verbreitet haben.

Die Legenden über Nicolaas von Myra sind so vielfältig, daß ihn seit dem Mittelalter viele verschiedene Gruppen und Zünfte als Schutzheiligen auserkoren: die Seefahrer, aber auch Schiffsbauer und Fischer. Deshalb wurden in vielen Hafenstädten zu seiner Verehrung Nicolaaskirchen errichtet. Sinterklaas ist außerdem noch Schutzherr der Gefangenen und unschuldig Verurteilten, der Anwälte, Bankiers, Gerichtsvollzieher, Kornhändler, Apotheker, Bäcker, Freier, Schüler, Kinder und Kaufleute. 1222 entschied das Konzil von Oxford, daß der Nicolaastag eines der wichtigsten Kirchenfeste werden und am 6. Dezember stattfinden sollte. Schon 1163 war dieser Tag in Utrecht ein offizieller Festtag.

Aus Dordrecht ist bekannt, daß Schulkinder ab 1360 an diesem Tag frei hatten und Geld bekamen, um zu feiern. Eines der Kinder verkleidete sich als Bischof, und die Kinder zogen so durch die Straßen. In der Nicolaaskirche in Utrecht bekamen einige arme Kinder jährlich seit 1427 ein Paar Schuhe mit etwas Geld darin. Im Laufe der Zeit ist dieser Brauch auch ein häuslicher Brauch geworden; schon im 16. Jahrhundert stellten Kinder ihren Schuh vor den Kamin. Durch die Reformation wurde der Sinterklaasfeier der Kampf angesagt. Es durften keine Nicolaasmärkte abgehalten, keine Schuhe aufgestellt und keine Nicolaasplätzchen gebacken werden.

An Neujahr gibt es überall Krapfen – und am schönsten ist das Selberbacken

Der traditionelle Feiertag hatte jedoch schon einen zu großen Platz im Leben der Menschen eingenommen, als daß man ihn überhaupt noch verdrängen konnte.

Lange Zeit hat man Sint Nicolaas und seinen schwarzen Knecht Piet nicht zu Gesicht bekommen, so daß die Kinder großen Respekt vor ihm hatten. Erst seit ungefähr 1900 erscheinen "Sint en Piet" in der Realität. Wie feiert man heutzutage das Nicolaasfest? Schon drei Wochen vor dem 5. Dezember kommt Nicolaas mit seinem Schiff aus „Spanien" in den Niederlanden an. Es gibt einen festlichen Einzug, den alle Kinder live im Fernsehen miterleben können. In fast allen Orten, ob groß oder klein, wird Sinterklaas, der hoch zu Roß und von seinen schwarzen Pieten begleitet durch die Straßen zieht, empfangen.

Ab diesem Tag dürfen die Kinder ihren Schuh aufstellen, den sie mit Stroh und Möhren für den Schimmel von Sinterklaas füllen. Eventuell stellen sie auch eine Schale mit Wasser dazu. Danach werden Sinterklaaslieder gesungen. Im Laufe der drei Wochen vor dem eigentlichen Sinterklaasfest am 5. Dezember schreiben die Kinder ihre Wunschlisten und stecken diese in ihren aufgestellten Schuh.

Die Geschäftsleute haben inzwischen ihre Schaufenster für das Fest gestaltet, obwohl immer mehr Mittelständler sofort für das Weihnachtsfest dekorieren. Ansonsten verschwindet die Sinterklaasdekoration schlagartig am 6. Dezember, damit das Weihnachtsgeschäft beginnen kann. Die Ausmaße des Weihnachtsfestes sind hier nicht mit denen z. B. in der Bundesrepublik Deutschland zu vergleichen, denn früher war Sinterklaas das einzige Winterfest, und das Weihnachtsfest kam nur durch äußeren Einfluß dazu, hat also nicht die traditionelle und tiefsitzende Bedeutung wie das Sinterklaasfest. In den meisten protestantischen Ländern verschwand das Sint Nicolaasfest. Es wurde hier durch das Weihnachtsfest ersetzt: Gute Gaben kommen nur von Gott. In den Niederlanden blieb das Fest bestehen, es bekam lediglich einen häuslichen Charakter. So beschenken sich immer noch die meisten Menschen im Kreise der Familie am 5. Dezember.

Am „Sinterklaasavond", also am Abend des 5. Dezember, erzählen die Erwachsenen den Kindern Nicolaasgeschichten, und es wird gemeinsam gesungen. Die Geschenke werden nach

Sinterklaas belohnt die artigen Kinder mit Geschenken

alter Tradition mit Gedichten versehen, worin der Beschenkte gelobt oder kritisiert wird. Auch lustig verpackte Geschenke, „surprises“ genannt, sind obligatorisch. Außerdem gibt es noch weitere traditionelle Elemente, die zur Verehrung von Sinterklaas von Bedeutung sind. Hierbei handelt es sich um Elemente, die ohne den Einfluß des Christentums entstanden sind: Die Schokoladenbuchstaben, die man heutzutage verschenkt, und die Buchstaben aus Kuchen deuten auf Runenzeichen von Wodan hin. Kuchen und Marzipan in Form von Tieren oder Menschen könnten auf Opfergaben zurückgeführt werden. Für die Vorstellung, daß die Geschenke durch den Schornstein kommen, gibt es einen mythologischen Interpretationsansatz: Es soll die Verbindung zwischen den Geistern und den Menschen sein. Das „Schuhaufstellen“ war schon vor langer Zeit ein alter Brauch. Es ist ein Symbol für Unterwürfigkeit, wenn man den Schuh für Sinterklaas auszieht. Dieser Brauch steht im Zusammenhang mit den Opfergaben.

Ob der Trend sich durchsetzt, die Bescherung am 5. Dezember auf Weihnachten zu verlegen, ist abzuwarten. Viele meinen nämlich, daß durch den Schwarzen Piet die Schwarzen diskriminiert werden und man mit der Figur des Sinterklaas den Kindern nur etwas vormacht. Es gibt noch einen Schutzherrn, Wodan, der einige Ähnlichkeiten mit Nicolaas hat. Beide wurden angefleht, die Ernte, die Schiffahrt und den Handel zu beschützen. Beide waren freigebige Spender, beide standen in Zusammenhang mit Gerechtigkeit und Ehe. Und zu guter letzt hatten beide einen treuen Gehilfen, einen Knecht.

Wird das Sinterklaasfest im ganzen Land uniform gefeiert, so gibt es einige Ausnahmen, die im Norden zu beobachten sind. Die Stadt Grouw (Friesland) besucht Sinterklaas nicht; hier gibt es das St. Pieter-Fest, das am 22. Februar, dem Namenstag des Heiligen, gefeiert wird. St. Pieter und sein schwarzer Knecht kommen einige Tage vor diesem Feiertag an. Er war im Mittelalter der Schutzheilige der Stadt Grouw, die Tradition des St. Pieter- Festes ist also schon sehr alt. St. Pieter trägt einen weißen Mantel statt eines roten, reitet auf einem schwarzen Pferd, wird aber mit ebensoviel Achtung empfangen wie Sinterklaas. Früher besuchte er auch andere Orte in Friesland, Drenthe und Gelderland. Dort war er aber wieder ganz anders gekleidet als in Grouw: mit einer alten Jacke und einer Kette am Bein.

Nach altem Brauch werden auch heute noch Weihnachtskrippen aufgestellt

Auf den Inseln im Norden feiert man ebenfalls am 5. Dezember das Sint Nicolaasfest, aber anders als auf dem Festland. Außerdem hat jede Insel ihre eigene Art zu feiern.

Weihnachten

Das Weihnachtsfest ist in den meisten Familien ein ruhiges, gemütliches Fest. Zwar sind die Kirchen zur Nachtmesse voller als sonst, aber das Zusammensein mit der Familie in einem gemütlichen Heim steht im Vordergrund. Gutes Essen, Weihnachtsmusik, Kerzenschein, ein Weihnachtsbaum und vielleicht ein Weihnachtsstall bilden das Drumherum einer niederländischen Weihnachtsfeier. In manchen Familien gibt es auch Geschenke.

Erst seit Mitte des 19. Jahrhunderts wird ein Weihnachtsbaum aufgestellt, ein Brauch, den man von Deutschland übernommen hat. Dagegen stellt man den Weihnachtsstall schon viel länger auf, vor allem in katholischen Familien.

In Nordost-Twente ist die alte Tradition des Mittwinterhornblasens wiederbelebt worden. Das Horn, 1,20 Meter lang, wird aus Holz gefertigt. In einigen katholischen Kirchen spielen Bläser in der Nachtmesse auf diesem Instrument. Am zweiten Weihnachtstag, St. Steffen, blasen die Senioren um die Wette. Doch überall in Twente kann man das Mittwinterhorn schon vom ersten Adventstag an bis zum 6. Januar hören.

Regionale Feste

Eine moderne Version der Erntefeste sind die Blumenumzüge, die es nun schon seit 50 Jahren gibt. Jedes Jahr im April, wenn die Tulpen- und Narzissenfelder in voller Blüte stehen, fahren viele Prunkwagen, mit Hyazinthen, Tulpen und Narzissen verziert, von Noordwijk nach Haarlem (Provinzen Süd- und Nord-Holland). Seit 1948 findet auch in der Stadt Aalsmeer (Provinz Nord-Holland) ein Blumenkorso statt, immer am ersten Samstag im September. Dieses Fest wurde nicht ohne Grund ins Leben gerufen: Es diente zur Verschönerung der Krönung von Prinzessin Juliana.

In Raalte (Provinz Overijssel) ist vor einigen Jahren ein alter Brauch wieder aufgelebt: Stöppelhaene. Man befestigte nämlich in früheren Zeiten einen Holzhahn, den sogenannten Stöppelhaene, am letzten Wagen mit handgemähtem Roggen, der böse Geister vertreiben sollte. Es war auch das Zeichen für die Arbeiter, daß die Ernte abgeschlossen und es damit Zeit für einen Schnaps war. Nun feiert die Stadt Raalte im August mit vielen Aktivitäten wie Umzügen, Feuerwerken, Wettkämpfen, von alten Handwerkern geführten Demonstrationen, Märkten und Flohmärkten. Ähnliche Feste findet man überall im Land.

An der Küste feiern viele Hafenstädte „Vlaggetjesdag". Die Schiffe sind dann mit vielen Fähnchen verziert, und auch hier gibt es viele Attraktionen für das Publikum.

Schützenfeste

In den östlichen und südlichen Provinzen gibt es Schützenvereine, deren Ursprung auf die Zeit des 80jährigen Krieges zurückzuführen ist. In dieser Zeit mußten die Gilden die Festungsmauern der Stadt bewachen. Nachdem zu Verteidigungszwecken eine Armee errichtet wurde, übernahmen die Schützengilden Polizeidienste. Später waren sie nur noch Reservisten. Typisch für die Schützenfeste sind die festlichen Umzüge mit Musikkapellen und in schönen Kostümen gekleideten Schützen. Natürlich wird auch der beste Schütze ermittelt. Es ist nicht verwunderlich, daß diese Feste viele Zuschauer anziehen. Das Fahnenschwingen ist besonders in Brabant eine Attraktion für die Zuschauer.

Sportfeste

Sportveranstaltungen werden manchmal mit großen Festen beendet; daran nehmen dann sowohl Sportler als auch Zuschauer teil. So hat die „Vierdaagse" von Nimwegen, die im Juli stattfindet, einen großen Bekanntheitsgrad erlangt. Die 1909 entstandene Wanderveranstaltung war zuerst für das Militär gedacht, ist aber zu einem Volksfest geworden. Wer vier Tage lang 30, 40 oder 50 km pro Tag zurücklegt, bekommt das Wanderkreuz (Auszeichnung) und einen herzlichen Empfang vom Publikum. In der Innenstadt feiern anschließend rund 1,5 Millionen Menschen aus dem In- und Ausland zusammen.

Ebenfalls im Jahre 1909, am 2. Januar, fand die erste „Elfstedentocht" statt. Bei diesem Schlittschuhwettkampf legen die Sportler eine Strecke von fast 200 km an elf friesischen Orten entlang zurück. Ob die Veranstaltung im Winter überhaupt stattfinden kann, hängt natürlich vom Wetter ab. Bis 1986 konnten die Schlittschuhläufer 14 Mal an den Start gehen. In Friesland ist man völlig aus dem Häuschen, wenn sich die etwa 17.000 Läufer auf den Weg machen.

Folkloristische Gedenkfeiern

Jedes Jahr gedenkt man am 28. August in der Stadt Groningen der Belagerung durch den Bischof von Münster, die 1672 zu Ende ging. Auf dem Programm stehen dann ein historischer Umzug, Reitturniere, Sportwettkämpfe, eine Kirmes und ein Feuerwerk. Am 1. April 1572 wurde Den Briel (Provinz Süd-Holland) von Wilhelm von Oranien und seinem Gefolge eingenommen. Bis zu dem Zeitpunkt herrschte hier der äußerst strenge spanische Herzog Alba. Besonders die Protestanten hatten unter dem katholischen Herzog zu leiden. Die Vereinnahmung von Den Briel brachte die niederländischen Freiheitskämpfer einen Schritt in Richtung Unabhängigkeit, obwohl der Krieg noch bis zum Westfälischen Frieden 1648 andauern sollte.

Den 1. April feierte man zunächst 1772 und 1872 im ganzen Land (1672 gabe es keine Feier wegen des Krieges), danach 1922 und 25 Jahre später 1947. Erst 1966 fand die erste große 1. April-Feier mit historischem Schauspiel und Verkleidungsaktionen der Bürger im historischen Stil statt. Seitdem feiern die Einwohner von Den Briel jedes Jahr ihr mittelalterliches Fest.

Auch die Städte Alkmaar (Nord-Holland) und Leiden (Süd-Holland) feiern ihren Sieg über die Spanier, den sie 1573 bzw. 1574 erlangten. Die Gedenkfeier in Alkmaar findet jedes Jahr um den 8. Oktober herum statt, in Leiden am 3. Oktober. Es gibt dann in Alkmaar Umzüge und eine Kirmes, die Feuerwerke nicht zu vergessen. In Leiden werden mittelalterliche Wettkämpfe abgehalten, außerdem geben Umzüge, Konzerte und Feuerwerke dem Tag einen festlichen Charakter. Wichtig ist auch das traditionelle Essen, das aus Eintopf, Hering und Weißbrot besteht. Die fast verhungerten Einwohner fanden 1574 einen Rest vom Eintopf, den die fliehenden Spanier zurückgelassen hatten. Hering und Weißbrot brachten Wilhelm von Oranien und seine Soldaten mit.

In der heutigen schnellebigen Zeit verändern sich die Vorlieben der Menschen für bestimmte Sachen. Das bedeutet, daß Feste, die gestern noch gefeiert wurden, heute verschwinden, um morgen von neuen abgelöst zu werden. Aber die Art zu feiern drückt immer noch viel von der Eigenart und Lebenseinstellung der Menschen aus, und das ist in den Niederlanden so wie anderswo.

Österreich

Traditionelle Palmeselumzüge wie hier in Thaun bei Innsbruck sind heute leider nur noch selten anzutreffen

Verbundenheit mit Land und Geschichte
So feiert man in Österreich

Der Wiener Opernball an Fasching gehört zu den weltberühmten Festlichkeiten in Österreich

Man muß die Feste feiern, wie sie fallen!" ist eine oft gehörte Devise in Österreich. Das ist vielleicht Erklärung und Entschuldigung zugleich für die bemerkenswerte Festkultur in diesem Land. Das Bild vom genußfreudigen Phäaken, der feiert, während andere arbeiten, ist aber unzutreffend. Auch die Wissenschaft begreift heute Feste als eine Kategorie des Alltags. Sie stehen ihm nicht als etwas ganz anderes gegenüber und schließen ihn aus, sondern ergänzen und überhöhen ihn. Im Feiern erfolgt auch die vielzitierte „Reproduktion der Arbeitskraft".

Feste bedeuten immer einen gewissen – und z. T. sogar enormen – Energieaufwand, aber die Arbeitskraft für diesen ganz anderen Sinn und Zweck belastet nicht das Konto der alltäglichen Mühe und Plage. Im Gegenteil, es gleicht es aus und stellt so die Balance zwischen dem „Muß" der alltäglich notwendigen Lebensbewältigung durch Berufs- und Hausarbeit und dem „Kann" festlicher Lebensgestaltung her.

Die verschiedenen Feste sind hinsichtlich Privatsphäre und Öffentlichkeitscharakter höchst unterschiedlich. Verständlich, daß familiäre Feste wie Geburtstags- und Namenstagsfeiern sowie Taufe, Firmung (Katholiken) und Konfirmation (Protestanten), Hochzeit und Begräbnis einen überwiegend intimen Charakter haben. Gefeiert wird dabei vor allem im Familien-, Verwandten- und Freundeskreis. Allerdings gibt es auch einen gewissen öffentlich wahrnehmbaren Anteil. So stellt die Hochzeit auch einen Akt innerhalb der Gesellschaft dar, die ihn zur Kenntnis nimmt, aber auch handelnd begleitet. Sie unterstützt z. B. die neue Identitätsfindung durch

Riten. Einen Übergangsritus (rite de passage) im Zusammenhang mit der Hochzeit selbst stellt z. B. die ebenso heute noch im ländlichen Bereich übliche Wegsperre dar, die mundartlich unter „Wegabsperren" und regional unter verschiedenen anderen Namen (wie z. B. „Vorziehen" oder „Fürziehen") begegnet. Vor allem Freunde des Bräutigams, häufig maskiert, spannen ein Seil quer über die Straße und bringen so den Hochzeitszug (der zu Fuß oder auch im Autokonvoi von der Kirche kommt) zum Stehen. Freundschaftliche Streitgespräche zwischen den Burschen und dem Bräutigam folgen. Erstere beklagen den Verlust des bisher unverheirateten Mädchens durch die Ehe; sie verweigern zuerst das Weiterziehen der Hochzeitsgesellschaft mit der Braut und fordern schließlich Kompensa tion. Der Bräutigam argumentiert zu seinen Gunsten und lädt zu einem Umtrunk und Weiterfeiern im Gasthaus ein. Das Angebot wird angenommen, die Wegsperre wird aufgehoben.

Verschiedene Hochzeitsbräuche

Weitere Übergangsriten waren vor allem in der Vergangenheit und auf dem Land das feierliche Abnehmen des Brautkranzes und Schleiers als Symbole der Jungfräulichkeit der Braut (z. B. durch die Taufpatin) und das Abstatten des Dankes an die Brauteltern in Verbindung mit dem offiziellen Abschied vom Elternhaus (durch den „Hochzeitsmann", der nicht nur persönlich zur Hochzeit einlud, sondern auch während des ganzen Hochzeitstages als Protokollchef fungierte).

Während die gerade erwähnten Hochzeitsbräuche im Verschwinden begriffen sind, bilden sich neue heraus. Dazu gehört der Schabernack in der Hochzeitsnacht, den man dem Brautpaar spielt. Ziel ist das Zimmer, in dem das Brautpaar offiziell zum ersten Mal gemeinsam die Nacht verbringt. So wird z. B. der ganze Raum mit Luftballons gefüllt u. ä. m.. Das weiße Hochzeitskleid, früher der „jungfräulichen" (bzw. zumindest nicht schwangeren) jungen Braut vorbehalten (wie Kranz und Schleier auch), wird heute auch von nicht mehr jungen Bräuten und sogar bei Wiederverheiratung getragen. Hier ist wohl ein US-amerikanisches Vorbild anzunehmen. Eine österreichische Besonderheit stellt die sogenannte „Trachtenhochzeit" dar, bei der Braut und Bräutigam historische Festkleidung tragen, wobei die Vorlagen nach Epoche, Region und Stand verschieden sein können. Am häufigsten wird für das „Brautdirndl" ein Biedermeiermodell in ländlicher Ausformung gewählt.

Wie jeder Reisende weiß, ist die Schauseite der Feste des Lebenslaufs gering im Vergleich zum intimen Teil, der sich nur der Familie und den geladenen Teilnehmern darbietet. Dies gilt zum Teil auch für Jahresfeste. Manche von ihnen zielen, zumindest in Teilbereichen, ebenfalls auf Familien- und Privatsphäre ab. „Nikolo" (Nikolausfest) und Weihnachten sind beispielhaft für Jahresbrauchtum im Familienkreis, haben aber auch eine starke öffentliche Komponente wie z. B. öffentliche Nikolausaufzüge, große Lichterbäume auf Plätzen („Christbaum für alle"), festliche vorweihnachtliche Straßenbeleuchtung in Form weihnachtlicher Symbole, Christkindlmärkte, Krippenschauen u. a. m..

Profaner und kirchlicher Bereich sind häufig stark verzahnt, der „Brauch ohne Glaube" ist aber ein wichtiges Faktum. Adventskränze sind in sehr vielen Familien üblich, aber nur ein gewisser Prozentsatz erfuhr eine kirchliche Segnung (sogenannte „Adventskranzweihe"). Weihnachten ist für die Christen liturgisch die Feier der Geburt des Herrn, es ist aber auch das wichtigste Bescherfest innerhalb der Familie und unter guten Freunden. Unter diesem Aspekt wird es auch von Andersgläubigen wie z. B. Juden begangen. Eine Reihe von Jahresfesten sind a priori auf Öffentlichkeit angelegt. Dazu gehören die sogenannten „Schaubräuche", in denen sich Gruppen bis hin zu Orten und Regionen darstellen. Sie sind für Besucher unseres Landes von besonderem Interesse, da diese auch ohne private

Kontakte mitfeiern können. Natürlich wird nicht nur zu festgelegten Terminen und fixen Anlässen, sondern auch spontan gefeiert („Wir machen heut' ein Fest! Kommt auch!"), aber immer nach – allerdings graduell unterschiedlich verbindlichen – Regeln. Am stärksten sind diese Regeln im Brauch (richtiges Handeln!) festgeschrieben.

Neujahr – der erste Tag im Kalenderjahr

Wien begrüßt das neue Jahr um Mitternacht mit einem großen Fest auf dem Stephansplatz und in der ganzen Innenstadt. Eine große Menschenmenge trifft sich in der Stadt und feiert das neue Jahr mit Tänzen. Pünktlich um Mitternacht setzt der Walzer „An der schönen blauen Donau" von Johann Strauß Sohn ein, die „heimliche Hymne Österreichs". Mit Sekt und einem großen Feuerwerk, mit den besten Wünschen und guten Vorsätzen stimmen sich die Österreicher wie viele andere Europäer auf das neue Jahr ein.

Dreikönigstag

Der 6. Januar ist der Tag der Perchten, Glöckler, Sternsinger und Dreikönige, die ihre Bräuche manchmal auch schon am Vorabend, dem 5. Januar, bzw. noch am darauffolgenden Tag, dem 7. Januar, ausüben. Glöcklerläufe finden statt, wobei die Glöckler zwar Glocken am Gürtel tragen, ihren Namen jedoch vom „Anklopfen", dem „Klocken" oder „Glocken" herleiten, das sie in der Advents- und Weihnachtszeit ausübten.

Perchtenlauf

Ein besonderer Umzug ist der Perchtenlauf in der Gastein (Salzburg), bei dem die Kappenperchten (Kappen mit Kopfaufsätzen), zwei Turmperchten (mit zwei bis drei Meter hohen Spitzkappen) sowie die Wild-, Jagd- und Fetzenperchten mit ihren „Gesellinnen" (Burschen in Salzburger Mädchentracht) nicht fehlen dürfen. Die Masken laufen im Gänsemarsch. Von ihrem Erscheinen, Tanzen und Springen und von ihren Wünschen hängt, so heißt es, die Güte der kommenden Ernte bzw. das Wohlergehen im allgemeinen ab. Ebenso wie das Sternsingerbrauchtum gehört das Dreikönigssingen bzw. der Dreikönigsritt ebenfalls zu den überlieferten Brauchformen jenes Tages, der nicht nur „Dreikönigstag", sondern auch „Großneujahr" heißt.

Ein deutlicher Zusammenhang zwischen weihnachtlichem Geschehen und Jahresanfang zeigt sich bei den Umzugsbräuchen dieser Zeit. Winterlicher Nebenerwerb als zusätzliche Existenzsicherung ist ebenfalls ein Aspekt dieser Heischebräuche, die früher hauptsächlich von Erwachsenen ausgeübt worden sind. Das Sternsingerbrauchtum in der heute noch üblichen Form ist in Österreich und Bayern seit Mitte des 16. Jahrhunderts bezeugt und basiert auf älteren Ansingebräuchen zu Weihnachten und Neujahr. Das „Dreikönigslied" – „Mir san die drei König vom Morgenland" – ist typisch für die Sternsingerlieder, die auf Flugblattdrucke des 16. Jahrhunderts zurückgehen.

Fasching und Fasnacht

Eng mit dem Februar ist der Fasching verbunden, der in Westösterreich als Fasnacht bezeichnet wird. Den Auftakt der Bräuche setzt allerdings Lichtmeß am 2. Februar; an diesem Tag findet zum Beispiel das steirische „Lichtmeßgeigen" in Ligist statt. Der Fasching beginnt im Januar mit der „Ballsaison". Hierzu gehören Tanzunterhaltungen im Gasthaus und Hotelsaal ebenso wie Nobelbälle in besonderen Räumen – in Wien z. B. in der Hofburg, im Musikvereins-

Der Perchtenlauf zum Dreikönigstag gehört zu den eindrucksvollsten Brauchtumsdarbietungen

Beim Glöcklerlauf tragen die Glöckler bis in die Nacht Kappen mit Glücks-Symbolen, die von innen beleuchtet sind

saal und in der Oper, wo der berühmte „Opernball" am letzten Donnerstag im Fasching stattfindet. Eine besondere Art von Tanzveranstaltung stellen die Maskenbälle dar. In den Städten, vor allem in Wien, wurde das Maskentreiben auf den Straßen schon vor langer Zeit mit Ausnahme der organisierten „Faschingszüge" verboten und spielt sich seither in geschlossenen Räumen ab.

Im ländlichen Bereich hingegen liegt der Akzent nach wie vor auf den traditionellen Umzügen der überlieferten Maskengestalten an den letzten drei Faschingstagen, manchmal auch „die heiligen drei Faschingstage" genannt. Dabei gibt es in Österreich zwei regionale Schwerpunkte, die auch immer viele Zuschauer anlocken: einerseits die „Tiroler Fasnacht", andererseits der „Ausseer Fasching" im steirischen Salzkammergut und der „Ebenseer Fetzenfasching" in Oberösterreich.

Tiroler Fasnacht

Zur Tiroler Fasnacht gehört z. B. das Schemenlaufen in Imst, das Schellerlaufen in Nassereith, das Schleicherlaufen in Telfs, das Mullerlaufen in Thaur sowie das Wampelerreiten in Axams.

Alle Umzugsgestalten sind außergewöhnliche Masken, die zu den „Schönperchten“ mit ihren auffallenden Kopfaufsätzen gehören. Zu den „Schönen“ gesellen sich jeweils auch „Schiache“ (Häßliche, Böse) wie Hexen, aber auch lustige Personen, Volkstypen und andere traditionelle Maskenfiguren wie etwa Bär und Bärentreiber, Kehrer und Rössel.

Der Ausseer Fasching bringt lustige Masken, getrennt nach Geschlechtern

Ausseer und Ebenseer Fasching

Beim Fasching in Bad Aussee (Steiermark) ziehen am Faschingsmontag die „Trommelweiber“, Männer in weißen Schlafgewändern, mit Schlafhauben und glatten, lächelnden Masken, zu den

Die Ratschenbuben wie hier in Niederösterreich „ersetzen“ in der Karwoche das Glockengeläut

Klängen des „Ausseer Faschingsmarsches" durch den Ort. Am Faschingsdienstag gehen die „Flinserln" um, die nach den „Flinserln", den glänzenden Silberplättchen, mit denen ihre weißen Leinenkleider benäht sind, benannt sind. Ihre Tuchmaske verleiht ihnen ein vogelartiges Aussehen. Im nahen Ebensee (Oberösterreich) findet der Fetzenfasching am Faschingsmontag statt. Die „Fetzen" und „Hutzen" sind nach ihrem Aussehen benannt. Sie sprechen mit Fistelstimme, um eine Geisterstimme vorzutäuschen, und schwenken alte Schirme zum „Fetzen-" oder „Parapluiemarsch".

Der Fasching wird begraben

Am Faschingsdienstag um Mitternacht wird der Fasching begraben oder verbrannt; mit dem darauffolgenden Aschermittwoch, an dem in vielen Restaurants und Gasthäusern die traditionelle Aschermittwochsspeise „Heringsschmaus" angeboten wird, beginnt die Fastenzeit, die im wesentlichen bereits in den Monat März fällt.

Ostern in Österreich

Die Fasten- und Osterbräuche im März und April bilden den Brauchstumsschwerpunkt. Am ersten Fastensonntag („Funkensonntag") wird in Vorarlberg und im Tiroler Außerfern ein hoher Scheiterhaufen, der sogenannte „Funke(n)", abgebrannt. An der Spitze des Scheiterhaufens explodiert zuletzt die mit Pulver gefüllte Hexe, auch Funkenhexe genannt. Dieses – und andere – Jahresfeuer werden oft mit Fruchtbarkeitsmagie in Zusammenhang gebracht.

Der vierte Fastensonntag (Lätare) ist bereits durch die Vorfreude auf Ostern bestimmt, was auch in der liturgischen Tagesfarbe Rosa zum Ausdruck kommt. In früherer Zeit war Lätare ein beliebter Besuchstermin, vergleichsweise dem „Mothering Day" in England. In Gmunden (Oberösterreich) heißt der Tag „Liebstattsonntag". „Bstattn" bedeutet hier das Zusammenkommen auf öffentlichen Plätzen. Gleichzeitig ist Lätare ein althergebrachter Markttermin bzw. Richttag für Märkte. Der Palmsonntag eröffnet die Karwoche, auch „Heilige Woche" genannt. Zur Erinnerung an Jesu Einzug in Jerusalem finden überall Palmprozessionen statt, wobei manchmal besondere Palmbuschenformen und Palmeselgruppen mehr als nur liturgisches Interesse hervorrufen.

Der Palmbuschen wird zum Schutz des Hauses oder der Wohnung sowie der Bewohner hinter das Kreuz oder ein Heiligenbild gesteckt. Auf dem Land kommt ein Teil auch in den Stall zum Schutz für das Vieh und unter das Dach, um die Blitzgefahr abzuwehren. Häufig werden die Zweige auch in den Hausgarten und auf die Felder gesteckt. Früher verbrannte man bei herannahendem Gewitter Palmkätzchen im Herdfeuer und schluckte sie bei Halsweh als „heilige Medizin".

Palmesel als Relikte des Mittelalters

Palmeselumzüge waren bis zur Aufklärung weitverbreitet. Heute sind sie exotische und vielbestaunte Relikte. Umzüge mit dem Priester, der auf einer Eselin oder zumindest einem hölzernen Esel reitet, waren im Mittelalter sehr beliebt. Die Aufklärung hatte für den spielerischen Nachvollzug, wie ihn die Volksliturgie liebte und pflegte, nichts übrig und verbot sie als Volksverdummung. Ganz wenige Palmeselgruppen überlebten Verbot und Zerstörung manchmal nur durch bloßen Zufall. Solche Palmesel-Relikte findet man heute hauptsächlich als museale Objekte; nur sehr selten sind sie noch im liturgischen Gebrauch.

Ab Gründonnerstag schweigen die Kirchenglocken. Dem Volksglauben nach sind sie „nach Rom geflogen". Bis zur Auferstehung am Karsamstag ersetzen die Ratschenbuben mit ihren Ratschen und Sprüchen die Glocken. Neben den kirchlichen Feiern ist natürlich auch das weltliche Osterbrauchtum in Österreich zu finden: Der Osterhase bringt nicht nur den Kindern gekochte und gefärbte Ostereier; ausgeblasene verzierte Eier schmücken den Osterbaum oder -strauß; kunstvoll bemalte Ostereier werden auf Ostereierbörsen gehandelt.

Der Maibaum

Der Monat Mai beginnt mit einem spektakulären Auftakt, der historisch und ideologisch verschiedenen Bereichen zuzuordnen ist. Der 1. Mai ist der traditionelle Termin für das Maibaumaufstellen. Mit dem 1. Mai, seit 1919 ein Staatsfeiertag, assoziiert man aber auch die seit 1890 stattfindenden traditionellen Maiaufmärsche der Sozialdemokraten, vor allem der Arbeiter. Dieser politische und gesellschaftliche Schaubrauch, den es in der spektakulären Form mit dem Zug über die Wiener Ringstraße und der Ehrentribüne der Politiker vor dem Rathaus sonst nirgendwo mehr in Europa gibt, lockt jedes Jahr mehr ausländische Zuschauer an.

Neben dem heimlichen nächtlichen Maibaumsetzen, das Mädchen, Honoratioren oder auch Wirten gewidmet ist, werden in zunehmendem Maße auch offiziell Maibäume „für alle“ im Ort oder im Stadtteil in einer Feier aufgestellt. In Scheibbs (Niederösterreich) ist z. B. eine solche Maifeier mit „Maibaumkraxeln“ und „Bandltanz“ verbunden. Ebenso auffallend kann auch das Entfernen des Maibaumes am Monatsende gestaltet werden.

Das festliche Maibaumumschneiden wird mit Frühschoppen, Musikumzug, Festwagen und Darbietungen von Trachtengruppen verbunden. Häufig treten Masken in Spielszenen auf und betätigen sich als Spaßmacher.

Der „Umgang“

Der größte katholische Demonstrationsbrauch ist die Fronleichnamsprozession, auch „Umgang“ genannt, am zweiten Donnerstag nach Pfingsten. Die prachtvolle und teilweise außergewöhnliche Ausgestaltung geht auf gegenreformatorische Maßnahmen mit katholischer Werbestrategie zurück und sollte Macht und Pracht der katholischen Kirche eindringlich vor Augen führen. Die Prozession, an der blumenstreuende Kinder ebenso teilnehmen wie Honoratioren, zieht mit dem Priester, der das Allerheiligste in der Monstranz trägt, unter dem „Himmel“ (Baldachin) zu den vier Altären im Freien. Der Prozessionsweg ist mit jungen Birken gesäumt. Auf dem Land trägt man vielfach die alten Trachten, und die Schützen und Garden in ihren Uniformen, die besonders in Vorarlberg, Tirol und Salzburg sehr farbenprächtig sind, schießen Ehrensalven.

Prangstangen als Festelemente

In einer Reihe von Orten wird zusätzliche Pracht entfaltet: durch blumengeschmückte „Prangstangen“ in Bischofshofen, Hüttau, Pfarrwerfen, Werfenweng, Mühlbach am Hochkönig (Salzburg) und in Rohr im Gebirge (Niederösterreich) oder Blumenteppiche bzw. Blumenmosaike wie in Eibiswald und Deutschlandsberg (Weststeiermark). Prangstangen als Festelement finden wir auch im kirchlichen Prozessionswesen zu anderen Terminen wieder.

Sommerliche Jahresfeuer

Beliebte Bräuche im Juni sind die sommerlichen Jahresfeuer. Die wichtigsten und in ganz Österreich verbreiteten Feuer sind die Sonnwend- bzw. Johannisfeuer, die auf Hügeln und

Bergkuppen entzündet und oft von Fackelschwingen und Scheibenschlagen begleitet werden. Diese Feuer werden unterschiedlich gedeutet. Aus historischer Warte interpretierte man sie z. B. als Not-, Reinigungs- oder Solarfeuer. Darüber hinaus schrieb man ihnen heilbringende Wirkung für Mensch und Feld zu. Ideologische Zuweisungen, wie sie vor allem während des Dritten Reichs erfolgten, haben mit der volkstümlichen Überlieferung nichts zu tun.

Umzüge, Ranggeln und Schifferstechen

Im Sommer finden viele lokale Feste mit unterschiedlichem historischem Hintergrund statt. Als Beispiel sei das „Gassatengehen" der Türkenpfeifer in Waidhofen an der Ybbs (Niederösterreich) genannt, ein nächtlicher Umzug unter Musikbegleitung Mitte Juli. Die Ausführenden, die sich früher aus Sensenschmieden zusammensetzten, tragen den roten Fez, die türkische bzw. muselmanische Kopfbedeckung, und spielen den „türkischen" Marsch. Nicht nur bei diesem Fest zeigen sich östliche, türkische Einflüsse, die in ganz Österreich noch heute immer wieder auftauchen.

Zu „Jakobi" (25. Juli) findet am Hundstein bei Zell am See (Salzburg) die bedeutendste Rangglер-Veranstaltung Österreichs statt, bei der es um den „Hagmoar" geht. Die Schiedsrichter dieses sehr alten Kampfspiels mit teilweise mittelalterlichen Griffen und Würfen heißen „Schermtax" (Schirmtannen). Der Sieger des „Hundstein-" oder „Jakobi-Ranggelns" erhielt früher als Preis die „Schneidfeder" (Schneid = Mut) für den Hut.

„Tod durch Ertränken im Bier"

In Oberndorf (Salzburg) wird jedes dritte Jahr am letzten Sonntag im Juli auf der Salzach die „Historische Piratenschlacht" geschlagen. Das „Räuberlager" befindet sich unterhalb der Staatsbrücke, wo die „Hochzeit" des Räuberhauptmanns stattfinden soll. Ein „Salzschiff" wird überfallen und ausgeraubt, die bayerische Stadt Laufen wird unter Beschuß genommen. Die unterlegenen Räuber versuchen schließlich mit dem „Räuberschiff" zu entkommen. Sie werden gefangen, die Hinrichtung wird schließlich in das Urteil „Tod durch Ertränken im Bier" umgewandelt. Dem Volksfest steht damit nichts mehr

Beim Ranggeln siegte früher wie heute mit mittelalterlichen Griffen und Würfen nur der stärkste Mann

Die unterlegenen Räuber bei der historischen Piratenschlacht werden mit Tod durch Ertränken im Bier „bestraft"

im Wege. Der Brauch ist nicht vor dem 19. Jahrhundert belegt und stammt wahrscheinlich aus der Romantik mit ihrer geschichtlichen Rückbesinnung.

Ebenfalls auf der Salzach zu Oberndorf (Salzburg) findet in unregelmäßigen Abständen (nicht jedes Jahr!) an den Sonntagen im Juli und August das „Schifferstechen" des Schifferschützenkorps' statt. Das „Stechen" wird in der Flußmitte ausgeführt, die drei Besten bekommen Pokale. Anschließend folgen das „Hansl-und Gretl-Spiel" und das „Wurstspringen", zuletzt ein „Flußfest".

Märkte, Kirtage und Stadtfeste

Der August ist wie der September ein Monat der Märkte, Kirtage, Wiesen- und Stadtfeste. In vielen Gemeinden und Städten Österreichs werden diese Feste mit Umzügen, Musik, Schützengarden und Marktständen gefeiert.

Brauchtümlicher Höhepunkt des Monats August ist der sogenannte „Große Frauentag", der Tag der Himmelfahrt Mariens am 15. August. Die Marienbräuche werden am Vorabend, dem 14. August, mit der Marien-Schiffsprozession am Wörther See eingeleitet. In Westösterreich wird die „Kräuterweihe" besonders prächtig gestaltet und hat anderswo, einschließlich der Städte, nur wesentlich einfachere Entsprechungen. Die „geweihten" Kräuterbuschen werden wie andere Segenszweige auch verwendet: zur magischen Krankheits- und Unwetterabwehr und zum Schutz von Haus und Vieh. An diesem hohen

Die verschiedenen Schützenumzüge bieten immer einen beeindruckenden Anblick

Marienfeiertag werden auch Prozessionen und Wallfahrten abgehalten. Ebenfalls am 15. August treffen sich im Salzkammergut (Oberösterreich) seit 1925 die Seitelpfeifer zum „Pfeifertag". Der Ort wird jeweils bekanntgegeben. Am gleichen Tag veranstaltet Bad Goisern (Oberösterreich) seine Gamsbart-Olympiade. Die Teilnehmer kommen aus Österreich und Bayern, wo der Gamsbart in der von der Jägerkleidung stark beeinflußten Tracht einen besonderen Stellenwert hat.

Almabtrieb und Alpabfahrt

Im September findet in Österreich an vielen Orten der Almabtrieb statt – wenn die Tiere von den hochgelegenen Sommerweiden blumengeschmückt in ihre Winterquartiere geführt werden. Am 14. September („Heiligkreuztag" = Fest der Kreuzerhöhung) findet in Egg und Hohenems (Vorarlberg) die Alpabfahrt mit geschmücktem Vieh und Musikempfang statt, am Tag darauf in Schwarzenberg (Vorarlberg), wo auch ein Viehmarkt abgehalten wird. Nur im alemannischen Vorarlberg heißt es „Alp", sonst überall „Alm". In diesem Bundesland arbeiten auch, im Gegensatz zum übrigen Österreich, seit etwa 150 Jahren nur Männer auf der Alp: Für Sennerinnen wären die riesigen Schweizerkäse-Laibe zu schwer.

Das Ende des Jagdjahres

Der 3. November, das Fest des Jagdpatrons, des heiligen Hubertus, ist der Tag der Jägerschaft, die das Ende des Jagdjahres mit Hubertusmessen und Jagdhornblasen begeht und damit auch Dank für Jagdglück abstattet. Im Naturpark von Geras (Niederösterreich) wird die Hubertusmese mit einem Hubertusritt verbunden, wobei der Termin eventuell erst auf den Sonntag nach dem 3. November fallen kann. Weitere Auskünfte zu diesen Festen erteilen die jeweiligen Landesjagdverbände.

„Kathrein stellt den Tanz ein!"

Wegen der „geschlossenen Zeit" des Advents beendete früher „Kathrein" am 25. November die Tanzveranstaltungen, die erst wieder im Fasching aufgenommen wurden. „Kathrein stellt den Tanz ein!" Mit fortschreitender Säkularisierung ist das „Tanzverbot" nicht mehr so streng wie in der Vergangenheit. Dies geschah ostentativ durch die „Kathreintänze" am oder um den 25. November, die es auch heute noch gibt und deren Funktion auch noch bekannt ist. In den Städten werden sie gerne von Volkstanz- und Trachtenvereinen bzw. von Landsmannschaften veranstaltet. In ländlichen Gebieten gibt es oft Kathreintänze in den Gasthäusern.

Advent und Weihnachten

Der Monat Dezember ist von Bräuchen und Veranstaltungen der Advents- und Weihnachtszeit geprägt, die in eine öffentliche und eine private Komponente zerfallen.

In Straßen und Geschäften gibt es viel zu hören und zu sehen: Straßenbeleuchtungen und Auslagendekoration, Weihnachtsmänner (Santa Claus) und Weihnachtslieder bzw. -musik, offizielle „Christbäume für alle" und Lichterbäume in Vorgärten und auf Balkonen. Christkindlmärkte und Krippenausstellungen locken die ganze Vorweihnachtszeit hindurch Besucher an, vor allem natürlich die Kinder. Der altüberlieferte Christkindlmarkt von Wien hat seit 1975 seinen Standort auf dem Rathausplatz. Kleinere Christkindlmärkte verleihen allen Bezirken eine weihnachtliche Note. Besonders beliebt sind der Markt am Spittelberg, wo Kunsthandwerkliches wie auch auf dem Färberplatz in Graz verkauft wird, und jener auf der Wiener Freyung bei der Schottenkirche. Ab dem ersten Adventssonntag ist das „Steyrer Kripperl“ in Steyr (Oberösterreich) aufgestellt und bleibt bis zum 2. Februar jeweils sonntags in Betrieb. In diesem Stockpuppentheater ist der Hauptteil dem Volksleben der Stadt und dem kleinstädtischen Alltag gewidmet. Ein „lebendes“ Krippenspiel gelangt alle vier Jahre in Bad Ischl (Oberösterreich) zur Aufführung. Dieses Ischler Krippenspiel steht in der Tradition einer Spielkultur, wie sie in den nahen Klöstern Lambach und Kremsmünster gepflegt und von den Traunkirchner Jesuiten gefördert worden ist.

Nikolausaufzüge am 5. Dezember

Das Nikolausbrauchtum hat seinen Termin am Vorabend des Festtages des Heiligen. Am Abend des 5. Dezember ziehen der Bischof und sein(e) Begleiter um, teils in überlieferten Gruppen, teils in modernen Formen. Diese öffentlichen Nikolausaufzüge sind Entwicklungen der letzten Jahrzehnte, die vielleicht vom holländischen Nikolausbrauchtum inspiriert wurden.

Turmblasen zum Weihnachtsabend

Am Nachmittag des 24. Dezember ist in vielen Orten das Turmblasen zu hören, das die Kinder aus der Wohnung lockt, wo sie bei den letzten Vorbereitungen für den Weihnachtsabend im Weg sind. Der Christtag am 25. Dezember ist traditionellerweise ein familiärer Tag. Die Gasthäuser und Restaurants halten zumeist geschlossen. Der 26. Dezember, der „Stefanitag“, hingegen ist Besuchs- und Ausgehtag. An diesem Tag „bewegten“ früher die Bauern die Pferde. In dieser Tradition steht der „Stefaniritt“ in St. Stefan im Lavanttal (Kärnten), der auch mit einer Pferdesegnung verbunden ist. Der heilige Stefan ist der älteste Pferdepatron.

Weihnachten und der Jahreswechsel sind Anlaß für Kartengrüße und- wünsche – vielfach die einzige Korrespondenz, die noch aufrechterhalten wird. Man wünscht auch mündlich vor den Feiertagen „Alles Gute zu Weihnachten und im neuen Jahr!“ und unterstützt die Wünsche im Hinblick auf das kommende Jahr mit Glücksbringern, die nach den Weihnachtsfeiertagen an Straßenstandeln feilgeboten werden, und mit „Glücksklee“, einem gezüchteten vierblättrigen Klee. In vielen Orten Kärntens, der Steiermark und im Burgenland werden Wünsche am 28. Dezember, dem „Tag der Unschuldigen Kinder“, in besonderer Form zum Ausdruck gebracht. Beim „Frisch-und-g'sund-Schlagen“ ziehen Kinder mit Ruten durch die Straßen und versetzen den Passanten einen glückbringenden Schlag. Dazu rufen sie Wünsche in Spruchform, auch in den Sprachen der Minderheiten.

Silvester und der Beginn des neuen Jahres

Am letzten Tag des Jahres beschließen die „Altjahresandachten“ in den Kirchen das abgelaufene Jahr mit einem „Jahresrückblick“. Zeitungen und Rundfunk bzw. Fernsehen ziehen ebenfalls eine Jahresbilanz und bieten, teils scherzhaft, eine Vorschau oder Prognose. Jagdgesellschaften „schießen das Jahr aus“ und am Neujahrstag ein, und Orakelbräuche wie Bleigießen sollen die Zeit bis Mitternacht vertreiben. Wer nicht zuhause warten will, feiert entweder auf den Straßen, in Wien auf dem Stephansplatz oder in öffentlichen Lokalen. Auch der Besuch eines Silvesterballs gehört zur Silvestertradition, ebenso wie die Aufführung der Operette „Die Fledermaus“ von Johannes Strauß Sohn in Staats- und Volksoper, die auch im Fernsehen auf dem Programm steht. Das Fernsehen jedoch weitet die öffentliche Sphäre aus und trägt sie einerseits in die Heime, wo sich Privatsphäre und Öffentlichkeit überschneiden, andererseits in die ganze Welt. Die Verfügbarkeit österreichischer Bräuche erhält neue Dimensionen.

Portugal

Blumenumkränzt sind junge Ochsen als Zugtiere Bestandteil der Festzüge in Portugal

Frommes Feiern und Volksfeste
So feiert man in Portugal

Die portugiesischen Trachten bestechen durch ihre harmonische Farbenpracht

Farbenfrohe Trachten, kunstvolle „Kult"-Gegenstände, ein Meer von Blumen und Blüten, gemeinschaftliches Feiern der unterschiedlichsten Feste – oftmals tief durchdrungen vom christlichen Glauben der Bevölkerung: Dieses bunte Bild bietet sich dem Besucher Portugals, der öffentliche, kirchliche oder auch private Feste miterleben kann.

Romarías

Bei den kirchlichen Festen in Portugal kann man sowohl beeindruckende Prozessionen, die mit einer achthundertjährigen bewegten Geschichte in Zusammenhang stehen, als auch farbenfrohe Romarías – Wallfahrten mit Volksfestcharakter – erleben, die Bestandteil einer faszinierenden Volkskultur sind.

Wo Heilige „zur Familie" gehören

Kein Sonntag im Sommer, an dem man nicht, vor allem im Norden Portugals, fröhliche Gruppen mit Körben voller Reiseproviant antrifft, die manchmal zu den Klängen einer Ziehharmonika singen und tanzen. Es sind Wallfahrer, die sich aufgemacht haben, um der Prozession ihres Schutzheiligen zu folgen und ihm oft bizarre Gelübde zu erfüllen. Jede Familie hat ihren eigenen Heiligen, der quasi zur Hausgemeinschaft gehört. Für fast jedes Körperteil, das von Krankheit bedroht ist, und für viele Probleme, die den Hausfrieden stören, ist ein spezieller Heiliger „zuständig".

Und so intim, wie die Portugiesen mit ihrem Heiligen leben, so familiär gehen sie auch mit ihm um: Sie erfüllen ihm Gelübde, denen kein Priester seinen offiziellen Segen gäbe, aber sie beschimpfen, ja bestrafen ihn sogar, wenn er seine Schutzaufgaben mangelhaft erfüllt hat. Dann wird seine Statue unter Wasser getaucht oder auch geschlagen. Im kommenden Jahr darf er sich dann wieder neu bewähren.

Die Kirche hat alle – und oft genug vergebliche – Mühe, die heidnische Spreu vom christlichen Weizen im Brauchtum zu trennen, auch wenn „Romarías" eigentlich „nach Rom gehen", wallfahren also im strengen Sinne, bedeutet.

Der Besucher allerdings wird in diese Intimsphäre der Romarías kaum je tiefer eindringen. Er wird ganz andere, sehr weltliche Eindrücke mit nach Hause nehmen. Jedes Fest, jede Romaría, jede Prozession – mit Ausnahme der bedeutendsten in Fátima – mündet nämlich in ein Volksfest mit Volkstänzen und -gesängen, meist verbunden mit reich beschickten Jahrmärkten.

Gemeinsamer Gaumen-, Ohren- und Augenschmaus

Beim opulenten Picknick ist auch der Tourist herzlich willkommen. Es gibt Spanferkel, auf Holzfeuer gegrillte Sardinen, Würstchen aus Eselszünglein, die in Wacholderschnaps erhitzt werden, feine Stockfischpasteten und natürlich viele Fässer voll köstlichem, selbstgekeltertem Wein. Es wird großzügig angeboten, gemeinsam gegessen und getrunken, und zu den kulinarischen Genüssen gibt es ebenso reichlichen Augen- und Ohrenschmaus: Die Vielfalt der prächtigen Festtrachten (trajes), besonders natürlich die der Frauen, ist bewundernswert.

Berühmt für ihren Farbenreichtum sind die Trachten in den nördlichen Provinzen Minho und Douro: bunt bestickte Röcke und Westen, kombiniert mit weißen Blusen und Strümpfen. Kopf-, Schultertücher und Schmuck komplettieren das reizvolle Bild. Schwarze Trachten dominieren vor allem an der Algarve. Im Ribatejo tragen die „campinos", eine Art portugiesischer Cowboys, zur Kniebundhose bunte Westen und Strümpfe, helle Hemden und die in Portugal auch sonst beliebte Strumpfmütze.

Fátima

Der „Altar der Welt"

1917 erschien in der Heidelandschaft von Fátima (Costa de Prata), drei Hirtenkindern die Heilige Jungfrau mit dem Rosenkranz. Heute besuchen jährlich über vier Millionen Pilger aus der ganzen Welt die Wallfahrtsstätte Fátima, nunmehr ein Ort geworden, wo der katholische Glaube zutiefst erlebt und gelebt wird. Papst Paul VI., der diese Stätte den „Altar der Welt" nannte, zelebrierte hier zur 50-Jahrfeier der ersten Vision die Messe in der Landessprache.

Die großen religiösen Feierlichkeiten werden im Freien abgehalten und beginnen in der Nacht vom 12. Mai mit der unvergeßlichen Kerzenprozession, die den riesigen Platz vor der Basilika in ein weites Lichtermeer verwandelt.

Ihren Höhepunkt erreichen die Feierlichkeiten am 13. Mai mit der ergreifenden Abschiedsprozession, bei der die Muttergottesstatue vom Hochaltar zur schlichten Kapelle der Erscheinungen zurückgebracht wird, während die Menschenmenge voller Rührung mit weißen Taschentüchern zum Abschied winkt.

Festa das Cruzes oder Festa do Castelo

Zwischen dem 3. und 5. Mai findet in Idanha-a-Nova ein etwas eigenartiges Fest statt, das dennoch schon als das typischste von Portugal bezeichnet wurde. Für die Ureinwohner war der felsige Hügel hoch über einer Ebene ein geheimnisvoller, verehrungswürdiger Ort, ihr „heiliger Berg“, und in Sagen und alten Bräuchen hat sich etwas von diesem Mysterium bis in unsere Tage erhalten. Dieses Fest erinnert an eine legendäre Belagerung der Burg, in deren Verlauf die Hunger leidenden Eingeschlossenen ein fettes Kalb, das sie mit dem letzten Weizen gemästet hatten, von oben hinunterwarfen, um zu beweisen, daß sie über Vorräte im Überfluß verfügten, und die Angreifer so zur Aufgabe der Belagerung zu zwangen.

Am Festtag begeben sich die Frauen von Monsanto zum Klang von Handtrommeln und alten Liedern hinauf auf die hohen Burgmauern und werfen von dort ein Kalb aus Rosen hinab. Die ältesten unter ihnen singen und tanzen mit merkwürdigen Stoffpuppen, den sogenannten „marafonas“, denen sie eine Kraft gegen Gewitter zuschreiben.

Die Festa dos Tabuleiros

Besonders eindrucksvoll ist auch die „festa dos tabuleiros“, die in unregelmäßigem Abstand Anfang Juni in Tomar gefeiert wird. Hier ist der „Heilige Geist“ allgegenwärtig. Sein Symbol, die weiße Taube, wippt auf den Kronen der „tabuleiros“, weht von purpurnen Seidenfahnen, sitzt fein ziseliert auf kostbaren, silbernen Kronen. Er ist unsichtbar-sichtbare Hauptperson bei diesem Spektakel, das seit Jahrhunderten in der mittelalterlichen Stadt Tomar im Ribatejo stattfindet. Die festesfreudigen Portugiesen überbieten sich hier selbst an Pracht der Farben, des Rituals und nicht zuletzt der Präsentation weiblicher Anmut und Würde. „Tabuleiros“ heißen die hohen, auf den Köpfen balancierten Gestelle, an denen dreißig kleine 400 g-Brote, aufgereiht zwischen Papierblumen, eine gewichtige Last für ihre Trägerinnen bedeuten, auch wenn der „Heilige Geist“ als liebevoll mit Watte und Papierkrausen herausgeputzte Taube sie beflügelt und beseelt. Noch stehen hunderte von „tabuleiros“ im Park „Mata dos Sete Montes“ aufgereiht. Welche ist die schönste?

Die Stadtleute von Tomar und die Dörfler der Umgebung schlendern langsam, wiegenden Schrittes an den phantastischen Kreationen entlang und begutachten kritisch die Arbeit von Maria Conceição, Maria Rosa, Maria Joãna (die portugiesischen Frauen verbinden oft ihren Namen mit dem der Gottesmutter), all der geschickten Hände, die weiße Lilien, rosa Nelken, Rosen und Dahlien, alle Arten von Sommerblumen, aus Papier falteten. Die traditionelle Kombination aus rotem Mohn und weißen Margeriten mit gelben Ähren verrät, daß es sich bei der „festa dos tabuleiros“ nicht zuletzt um ein Erntedankfest handelt.

Die ganze Stadt ist festlich geschmückt. Schmale Straßen und Gassen haben sich in sonnendurchflirrte Laubengänge verwandelt. Orangenfarben, rosa, türkisblau, weiß und rot spannen sich die Girlanden von Dach zu Dach der niedrigen Häuser. Blumen- und Grasteppiche bedecken das Kopfsteinpflaster. Aus den Fenstern der höheren Bürgerhäuser wallen dunkelrote Samt- und Damastdecken, gestickte Bettüberwürfe, die – auf fromme Weise zweckentfremdet – geordnete Wohnlichkeit verraten.

Umzug und Messe

Mit 21 Böllerschüssen um acht Uhr früh hatte der Festsonntag begonnen. Die vormittägliche

Tomar, Festas dos Tabuleiros
Festlich geschmückt sind alle Straßen in Tomar

„Proçissao dos Pendoes e Coronas do Spiritu Santo" wird von einem Dudelsackpfeifer und zwei Trommlern angeführt. Es folgen die „Mordomos", würdige Herren in Schwarz, die auf silbernen Tabletts oder roten Kissen kostbare Kronen tragen: die Kronen des „Heiligen Geistes". Bei der feierlichen Messe in der gotischen Stadtkirche São João Baptista stehen diese verehrten Kultobjekte der Gemeinden, im Kerzenschein funkelnd, auf dem Hochaltar.

Das morgendliche Ritual führt zu den religiösen Wurzeln des Festes und den Ursprüngen des ungewöhnlichen Kultes vom „Heiligen Geist". Die 1625 heiliggesprochene portugiesische Königin Isabel von Aragon, Gemahlin von König Denis, in franziskanischem Geist erzogen und beseelt von den Idealen brüderlicher Liebe, stiftete im 14. Jahrhundert die „Kongregation vom Heiligen Geist". Sie begründete ein Fest zu Ehren dieses Geistes der Liebe, bei dem die Armen gespeist und die Gemeinschaft aller gefestigt werden sollte.

Tomar, Festas dos Tabuleiros
Der große Festzug: ein farbenprächtiger Augenschmaus

Auf dem Weg zur Prozession: Jetzt heißt es durchhalten!

Die dritte Person der Dreifaltigkeit empfängt hier am Rande Europas ihre Bedeutung als bewegende Kraft für eine ganze Epoche, die der Entdeckungen und der Missionierung. Daß hier gerade oft gegen den Geist der Brüderlichkeit verstoßen wurde, gehört zur Tragik mancher bedeutenden Geistesströmung.

Bis tief in die Nacht wird getanzt

Die Vielschichtigkeit des Festes, bei dem vorchristliche Opferrituale, heidnische Fruchtbarkeitsriten und christlich-theologische Spekulationen zusammenfließen, zeigt sich beim nachmittäglichen Umzug „Grande Cortejo dos Tabuleiros". Wie Priesterinnen schreiten hunderte von jungen Mädchen und Frauen in königlicher Haltung stundenlang durch die Straßen Tomars, auf ihren Häuptern die hohen, schweren Erntekronen, eskortiert von ihren Kavalieren in weißem Hemd, schwarzer Hose und Seidenschärpe. Die

Mädchen und Frauen, alle gekleidet im weißen, traditionellen Brautkleid aus Baumwollstoff (bis 1950 durften nur Jungfrauen am Festzug teilnehmen), mit roten und blauen Seidenschärpen dekoriert, verraten in ihren Gesichtern die Kraftanstrengung dieses archaischen Opferganges.

Dennoch lächeln sie, wenn ihnen vom Straßenrand Ermunterung oder Gruß zugerufen wird, ihre Begleiter die „tabuleiro“ zurechtrücken oder erleichternd abstützen, in einzelnen Fällen sogar übernehmen, was von den zahlreichen Zuschauern mit Sonderapplaus bedacht wird.

Endlich, nach etwa zwei Stunden, gönnen sich alle eine Pause. Im Herzen der Altstadt auf dem weiten „Platz der Republik“, der mit den typischen schwarzweißen Steinmosaiken (Calçadas) ausgelegt ist, setzen die Blaskapellen ihre Instrumente, die Mädchen ihre „tabuleiros“ ab, nehmen einen tiefen Schluck Wasser aus dem dargereichten Tonkrug, einen Zug aus der angebotenen Zigarette. Die hoheitsvollen Priesterinnen verwandeln sich in moderne junge Frauen. Früher wurden junge Ochsen als Opfertiere mitgeführt, heute nehmen sie als Zugtiere an der Prozession teil, mit blumenumkränztem Gehörn und Hals vor die landesüblichen, mit Scheibenrädern ausgestatteten Karren gespannt, von denen kleine Jungen und Mädchen herunterwinken.

Bis spät in die Nacht bleibt die Stadt erfüllt von den Klängen portugiesischer Folklore. Bäuerliche Volkstanzgruppen wetteifern in der Kunst komplizierter Schrittfolgen und konzentrieren sich begeistert und hingebungsvoll auf Formation und Bewegungsabläufe. Sie holen Zuschauer auf die Bühne, und die Mädchen und Jungen in Jeans zeigen, daß sie nicht nur in Diskotheken zu Hause sind. Und wie bei fast allen portugiesischen Festen, den christlichen und weltlichen, den großen Volks- und kleinen Kirchweihfesten, gibt es auch hier ein Feuerwerk: Um Mitternacht steigen Raketen in den Himmel und ergießen farbige Lichtkaskaden über Stadt und Fluß.

Der portugiesische Stierkampf

Unblutiges Kräftemessen

Ein anderer Bestandteil vieler großer portugiesischer Feste ist der Stierkampf. Die Kampfstiere, meist aus dem Ribatejo, sind nicht minder stark und wild als die spanischen. Auch sie sind dazu erzogen, anzugreifen und zu töten. Ihre Hörner allerdings stecken in Lederfutteralen, die jeden Stoß nahezu bis zur Ungefährlichkeit abschwächen. Und auch die „cavaleiros“ und „forcados“, wie die portugiesischen Stierkämpfer zu Pferd und zu Fuß heißen, wollen nur Mut, Kampfgeist, Geschicklichkeit und vor allem Reitkunst beweisen. Alle, auch der Stier, verlassen am Ende lebend, unter Applaus und gefeiert, die Arena.

Doch nicht allein darin unterscheiden sich portugiesischer und spanischer Stierkampf. In Portugal wird vor allem vom Pferd aus gekämpft. Die edlen, kraftvollen, nicht zu großen Pferde der iberischen Rasse sind nicht wie in Spanien „Komparsen“ des Kampfes, sondern wendige, schnelle, spurt- und reaktionsstarke Hauptdarsteller, die alle Gangarten der Hohen Schule beherrschen.

Erst wenn der „cavaleiro“ vom Pferd aus nach einem kunstvollen Dressurritt vier bis acht bebänderte Pfeile, die „farpas“, zwischen die Schultern des Tieres gesetzt hat, treten die „forcados“, acht junge Männer in der traditionellen Tracht der Viehhirten aus dem Ribatejo, auf. Sie nähern sich dem Stier Mann hinter Mann, ein paar Schritte voraus der Anführer mit dem „barrete verde“, einer grünen Mütze. Er wartet den ihm am günstigsten erscheinenden Moment ab und springt dem Stier zwischen die gesenkten Hörner, während die übrigen das Tier an Hörnern, Beinen und Schwanz ergreifen und kampfunfähig zu machen versuchen. Oft gelingt dies keineswegs beim ersten Anlauf. Portugiesische „touradas“ sind Kampfspiele, die nicht nur einen Star und vor allem keine blutigen Opfer kennen. Spannung und Attraktivität des Schauspiels tut dies keinen Abbruch, gerade weil nicht der Tod des Stiers das einzige, allem übergeordnete Kampfziel ist.

Festas de Santo António

Seelischer Beistand und leibliche Genüsse

Zur kulturellen Identität des Landes gehört auch der Heilige Antonius, Schutzpatron Portugals und Stadtheiliger Lissabons. Er, der auch als Heiliger Antonius von Padua weltbekannt ist, wurde 1195 nahe der Sé, Lissabons Kathedrale, als Fernando Martins de Bulhões geboren.

Gegenüber der Kathedrale ist das Zentrum seiner Verehrung, die barocke Kirche S. António, in deren Krypta sich nach der Überlieferung das Geburtszimmer des Heiligen befindet, ein viel besuchtes Ziel der Pilger. Die Kirche darüber wurde nach dem Erdbeben von 1755 wieder errichtet, finanziert von den Gläubigen.

Auch die Kinder, als deren Beschützer er gilt, beteiligten sich eifrig an den Sammelaktionen und haben bis heute die Sitte, um eine Gabe für Santo António zu bitten, beibehalten – nur daß sie die Spenden für ihn heute in Bonbons umsetzen. Doch diesen kleinen Schmu wird der für seine liebreiche Zuwendung und Hilfe in Liebesangelegenheiten und für verlorene Gegenstände zuständige, viel beschäftigte Heilige den Kindern sicherlich verzeihen.

Sein Namenstag am 13. Juni wird mit einer großen Messe in pompösem, beeindruckendem Ausmaß begangen, doch schon am Abend davor wird das fromme Ritual des Festtages durch weltlich-fröhliches Feiern in der Alfama, der Altstadt Lissabons, eingeleitet. Das ganze Viertel ist farbenfroh geschmückt mit Papiergirlanden und Lampions. Als Auftakt formiert sich bei Einbruch der Dunkelheit ein phantastischer Festzug, innerhalb dessen einzelne Stadtteile, Sportclubs und andere Vereinigungen an Pracht der Kostüme, Einfallsreichtum in tänzerischen wie musikalischen Darbietungen untereinander wetteifern.

Aus dem Dunkel der Avenida da Liberdade, Lissabons Prachtstraße, marschieren die Gruppen tanzend ins grelle Licht der Scheinwerfer. Vor würdevoll dreinblickenden Honoratioren und begeisterten Zuschauern auf den Tribünen hält die von einer Band angeführte Truppe, tanzt nach sorgfältig einstudierter Choreografie und singt dazu aus Leibeskräften Lieder, die zu diesem Anlaß komponiert und gedichtet wurden.

Hunderte von „tronos“

Zu Ehren des Heiligen Antonius sind hunderte von Altären, „tronos“ genannt, in den ältesten und typischsten Stadtvierteln errichtet worden; sie sind überhäuft mit Blumenschmuck und tragen die Tonfigur des Heiligen. Auf den geschmückten Plätzen und Gäßchen, durch die der Duft von Nelken und Majoranzweigen zieht, die von den Balkonen herabhängen, tanzen und singen die Menschen die ganze Nacht lang, und es werden gegrillte Sardinen gegessen und Wein getrunken.

Weihnachtsbräuche

Ein religiöses Fest, das dagegen hauptsächlich in familiärem Rahmen gefeiert wird, ist in Portugal, wie in so vielen anderen Ländern auch, Weihnachten. Das Bild, das die Portugiesen sofort mit dem Begriff Weihnachten verbinden, ist zweifellos die „consoada“, das Festessen am

Madeira, Blumenfest
Wohin das Auge sieht: Ein Meer von Farben und Blüten

Weihnachtsabend, wenn sich die ganze Familie um den Tisch versammelt, auf dem alle traditionellen Gerichte aufgetischt sind. Typische Gerichte sind gekochter Stockfisch (Bacalhau), Oktopus mit Kartoffeln, Truthahn, Eier und Gemüse. Zum Nachtisch gibt es unterschiedlichste Süßspeisen, wie „Rabanadas" (Arme Ritter), Kürbisplätzchen, süße Nudeln mit Eiern,

Gabensammlung für Santo Antonio, den Beschützer der Kinder

Waffeln, Windbeutel und den Weihnachtskuchen „Bolo Rei“ (den sogenannten Königskuchen, eine Art Hefekranz mit Trockenfrüchten).

Auch die Engel essen mit …

Der Tisch wird nach dem Essen nicht abgeräumt – damit die Engel und die guten Seelen – nachts essen können. Vor dem Zubettgehen ziehen die Kinder ihre Schuhe aus und stellen sie neben den Kamin. Am nächsten Morgen sehen sie nach, was das Christkind ihnen beschert hat.

Die Erwachsenen und die älteren Kinder gehen an Heilig Abend in die Kirche zur „Missa do Galo“, zur Christmette. Im Anschluß an die Messe (und auch an die, die acht Tage nach Weihnachten stattfindet) nimmt der Pfarrer das Jesuskind aus der aufgebauten Krippe, und nacheinander darf es jeder küssen. Das Aufstellen einer Krippe ist auch zu Hause Tradition. Diese Krippen mit bis zu 100 Keramikfiguren werden von Generation zu Generation weitervererbt, manche Figuren ersetzt oder neu dazu gekauft.

Lissabon, Festas de Santo Antonio
Fröhliches Feiern in der geschmückten Altstadt

Lissabon, Festas de Santo Antonio
Auf der Avenida da Liberdade marschieren die prächtigen Gruppen

Aber auch die aus nördlichen Ländern stammende Sitte, einen Weihnachtsbaum, hier meist eine Pinie, aufzustellen, verbreitet sich immer mehr. Nach dem Gottesdienst wird auf dem Kirchplatz das Weihnachtsfeuer angezündet, das bis zum 6. Januar, dem Tag der Ankunft der Heiligen Drei Könige, brennen wird. Alle versammeln sich um das Feuer, es werden Weihnachtslieder gesungen, und man wünscht sich frohe Weihnachten.

Die Sternsinger

In vielen portugiesischen Dörfern „erwarten" die jungen Leute am letzten Tag des Weihnachtsfeuers, um Mitternacht zwischen dem 5. und 6. Januar, die Heiligen Drei Könige. Sie ziehen mit großem Lärm durch die Straßen der Dörfer. Sie schlagen Topfdeckel zusammen und trommeln auf Kochtöpfen, um dadurch die „Sternsinger" anzukündigen. Die „Stern- oder Königssinger" ziehen am 6. Januar von Tür zu Tür. Es sind Gruppen von Kindern und Jugendlichen, die einfache Vierzeiler, die sogenannten „Janeiras" vorsingen und dafür Kuchen, Nüsse, Maronen, Feigen, Pinien und andere Leckereien bekommen.

Das Blumenfest in Madeira

Auf Madeira, Portugals schöner Insel im Atlantik, die berühmt ist für ihre exotische Vegetation, ihre überwältigende Landschaft und ihr mildes Klima, wird seit siebzehn Jahren im April zur Osterzeit das Blumenfest als großes Volksfest gefeiert. Bei diesem, mittlerweile schon zu einer touristischen Attraktion gewordenen Spektakel, gehen die Bewohner der „schwimmenden Gärten" verschwenderisch mit ihrer berühmten Blumenpracht um.Schon am Morgen wimmelt es auf dem Platz vor der prachtvollen Jesuitenkirche (Igreja do Colegio) in der Hauptstadt Funchal von Kindern aller Altersstufen, die dabei sind, den beeindruckenden Kinderumzug vorzubereiten.

Die Mauer der Hoffnung

Die Kleinsten tragen bunte Kittel, die Größeren dunkelblaue Schuluniformen. Auf einer Bühne stehen Jungen und Mädchen in der farbenfrohen Inseltracht. Sie halten Blumen im Arm und balancieren Blumenkörbe auf dem Kopf. Später wird eine riesige Kinderschar Blumen in eine dafür vorbereitete Wand stecken, als Symbol der Hoffnung auf eine friedlichere Welt. Es ist die sogenannte „Mauer der Hoffnung", die von Tausenden von Kindern auf dem Platz Largo do Colégio aus einem Meer von Blüten aller Farben und Formen errichtet wird.

Ein Meer von Farben

Nachmittags tanzen in einem prachtvollen Umzug kostümierte Gruppen nach wohlkomponierten Choreografien durch die violett blühenden Jacaranda-Alleen der Hauptstadt, gefolgt von allegorischen Festwagen, die in Blumen versinken. Sie vermitteln ein eindrucksvolles Bild von der Vielfalt der auf der Insel gedeihenden Blumenarten, und Themen der Wagen und Gruppen sind die Blumen selbst – Orchideen und Weihnachtssterne in allen Größen, Sonnenblumen und Rosen-Ballerinen bewegen sich graziös, teils zu heißen Sambarhythmen. Noch am Abend, wenn alles schon vorbei ist, wird getanzt, lassen sich flanierende Schöne in ihren kostbaren Kostümen bewundern. Im Einkaufszentrum von Funchal, dem Ateneu, findet gleichzeitig mit dem Fest eine Blumenausstellung statt, bei der die schönsten Produkte der Züchter prämiiert werden. Die verschwenderischen Blumenarrangements, die Schönheit der Blüten, die ausgelassen feiernde Jugend, die zahlreichen Darbietungen klassischer, moderner und folkloristischer Musik verbreiten zu dieser Zeit eine ganz besondere Atmosphäre in der Stadt.

Heilig-Geist-Feste auf den Azoren

Etwa 1400 Kilometer westlich vor Portugal liegt im Atlantik die vulkanische Inselgruppe der „Açores". Auf ihren neun Inseln sind die „Festas do Divino Espírito Santo", die Heilig-Geist-Feste, wesentlicher Bestandteil des jährlichen Festzyklus', und von Pfingsten an bis in die Sommermonate hinein werden sie in den Dörfern mit Gastmälern und Musik gefeiert.

Es sind weniger vom Klerus als vom Volk getragene Feste. Nicht die Gottesmutter, wie auf den Kanarischen Inseln, sondern der Heilige Geist soll hier die Inselbewohner vor Vulkanausbrüchen und Erdbeben bewahren. In dessen Geist der Liebe und Brüderlichkeit werden die Armen gespeist, findet sich die Dorfgemeinschaft zum Mahl zusammen.

Das Pfingstfest, das auf dem Festland seit dem 13. Jahrhundert Tradition ist, hat auf den Azoren dank ihrer isolierten Lage viele der ursprünglichen Merkmale behalten, die auf dem Kontinent schon verloren gegangen sind. In der „coroaçao do imperador"-Zeremonie wird ein König gekrönt, der mit der Bewirtung des ganzen Dorfes oft ein Gelübde erfüllt.

Acht Tage wird die silberne, mit einer Taube verzierte Krone auf einem blumengeschmückten Altar in den „Impérios" ausgestellt, den bunten, schon im 19. Jahrhundert errichteten Kapellen, die es fast überall auf den Inseln gibt. Die phantasievollsten finden sich auf Terceira; es sind etwa fünfzig. Dort werden die Heilig-Geist-Feste besonders prächtig gefeiert.

Festas de São João

In der Hauptstadt der Insel Terceira, in Angra do Heroísmo, einer Renaissance-Stadt, die seit 1983 zu den UNESCO-Weltkulturgütern gehört, wird vom 19. bis 24. Juni das Fest des Heiligen Johannes gefeiert, bei dem die sehr alten und für diese Insel typischen Straßenstierkämpfe nicht fehlen dürfen. Dieser Festtag wird nicht nur religiös begangen, sondern es ist ein weltliches, kulturelles und sportliches Spektakel, bei dem man auch einheimische Folklore mit Volkstanzgruppen und Ausstellungen von regionalem Kunsthandwerk bewundern kann.

Cavalhadas de S. Pedro

Nur wenige Tage später, am 29. Juni, wird zu Ehren des Heiligen Petrus auf São Miguel, der größten Insel des Archipels, in Ribeira Grande schon seit dem 16. Jahrhundert ein beeindrukkender Reiterzug veranstaltet. Eine prächtige Parade maskierter Reiter mit mehr als hundert Teilnehmern, bestehend aus dem König, den Rittern, den Lanzenreitern, den Vorratsverwaltern und den Hornisten, zieht durch die Straßen der Stadt, sehr zur Freude der jungen Mädchen, die den Heiligen Petrus für einen guten Heiratsvermittler halten, und der Bauern, die ihn als Schutzpatron des Viehs anrufen.

So verbinden sich die religiösen Traditionen und die heidnischen Ursprünge, die Feierlichkeit und die Freude am Festlichen zu einer Symbiose der Lebensfreude, die jeden beeindruckt, der sich auf diese Erfahrung in Portugal einmal einläßt. Ein Land mit stolzer Geschichte, mit freundlichen Menschen und mit einer Kultur auch des Feierns, die im restlichen Europa nicht so bekannt ist, wie sie es verdient. Ein Grund, dies zu ändern!

Schweden

Lucia in weißem Hemd und mit Kerzenkrone ist die Hauptperson der Weihnachtsfeier

Maibaum und Lucia
So feiert man in Schweden

In Landestracht gekleidete „Dalarna-Burschen" richten den Maibaum auf

Die volkstümliche Kultur Schwedens ist neben einer Widerspiegelung der Umwelt zum Teil auch das Ergebnis äußerer Einflüsse. Das ganz alte Schweden schaute nach Osten und nahm wichtige Impulse aus Rußland auf; von dort übernahmen die Schweden die Kunst, fest gezimmerte Häuser aus Baumstämmen zu bauen, als auch das Vergnügen, in der Sauna zu schwitzen, sowie die Fertigkeit, aus Getreide Schnaps zu brennen. Das Schweden des Mittelalters war ein unterentwickeltes Land mit reichen Bodenschätzen, zu deren Nutzbarmachung fremdes Kapital erforderlich war.

Einflüsse aus ganz Europa

So kam es, daß süddeutsche und wallonische Bergleute die Berg- und Metallindustrie schufen und die Norddeutschen der Hanse den Handel in Gang brachten und nicht zuletzt die Städte mit einer funktionsfähigen Verwaltung ausstatteten. Ihre Gegenwart erklärt auch, warum die schwedischen Volksbräuche so stark durch deutsche Vorbilder geprägt wurden: Man denke nur an den Maibaum, die Lucia und die Martinsgans. Im 17. Jahrhundert eroberten die Schweden ihre Westküste von den Dänen, und im 18. Jahrhundert konnte man ernsthaft damit beginnen, sich am Welthandel zu beteiligen. Da fingen auch die Schotten und Engländer an, sich für die noch schlummernden Ressourcen Schwedens zu interessieren, und im 19. Jahrhundert erbrachten sie wichtige Leistungen im Bereich Bergbau und Industrie und eröffneten dem schwedischen Export einen neuen Markt. Englische Unternehmen leiteten in Lappland den Bergbau ein und gründeten die später so erfolgreiche schwedische Maschinenbauindustrie. Doch erst in unserer Zeit nahm der angelsächsische Einfluß auf die schwedische Kultur Ausmaße an, die sogar zu neuen Festbräuchen führten, wie der Feier des St. Valentins-Tages und den Halloween-Umzügen. Die europäische Kulturgroßmacht des 18. Jahrhunderts, Frankreich, hatte ein ganzes Jahrhundert lang starken Einfluß auf die Gebräuche der schwedischen Aristokratie, doch blieb die eigentliche Volkskultur davon weitgehend unberührt. Zu der Gleichschaltung der volkstümlichen Festtraditionen hat in der Vergangenheit in hohem Maße die Kirche beigetragen. Fast alle vererbten Festbräuche haben einen kirchlichen Hintergrund, und dieser geht erstaunlicherweise oft auf den Katholizismus des Mittelalters, der ansonsten weitgehend durch die Reformation abgeschafft worden war, zurück, z. B. die Ostereier, der eingelaugte Lengfisch und in gewisser Weise auch die Lucia-Feier.

Von den traditionellen schwedischen Festbräuchen sind eigentlich nur die Feier zum 1. Mai und das Mittsommerfest auf einen profanen Ursprung zurückzuführen. Das Luthertum erhob die Familie zum Mittelpunkt des Feste-Feierns. Prozessionen und andere gemeinsame Veranstaltungen verschwanden, die Feiertagsbräuche wurden zu einer Angelegenheit im Kreise der Familie, wenngleich in enger Beziehung zu der kirchlichen Verkündigung. So hat z. B. die Weihnachtsfeier ihren Charakter bis in unsere Zeit beibehalten. Heute sind es die Massenmedien – vor allem das Fernsehen –, die einerseits unsere alten Bräuche gleichschalten, uns andererseits aber neue geben.

Geburt und Taufe

Wenn ein schwedisches Kind geboren wird, erwirbt es durch die Taufe die Mitgliedschaft in der lutherischen Schwedischen Kirche, die erst seit 1995 nicht mehr Staatskirche ist. Die Eltern können aber auch später einfach durch eine Anzeige mitteilen, daß das Kind der Kirche angehören soll, und dann ist die Taufe nicht notwendig. Daß man ohne Taufe Kirchenmitglied werden kann, dürfte ziemlich einzigartig sein. Doch werden in Schweden immer noch drei von vier Kindern getauft, heute meistens im Anschluß an den sonntäglichen Hauptgottesdienst. In letzter Zeit ist ein mittelalterlicher Brauch zu neuem Leben erweckt worden, nämlich, daß der Pfarrer ein Tauflicht überreicht, das jeweils am Jahrestag der Taufe angezündet werden soll. Bei einem Fest im Hause des Täuflings pflegen Verwandte und Freunde Taufgeschenke zu überreichen.

Hochzeit

Nach der Konfirmation, die heute noch etwa 55 Prozent der Fünfzehnjährigen ablegen, sind Verlobung, Aufgebot und Hochzeit diejenigen Feiern, die als wichtigste empfunden werden, obwohl auch sie im Laufe der letzten fünfzig Jahre zunehmend teilweise als weniger notwendige Formalitäten behandelt werden. Doch galten sie in bürgerlichen Kreisen lange als Selbstverständlichkeit. Von den gut vier Millionen Schweden, die als „zusammenlebend" gemeldet sind, sind jedoch vier von fünf verheiratet, und die Tendenz zur Eheschließung steigt.

Es ist nicht ungewöhnlich, daß man erst dann heiratet, wenn man gemeinsame Kinder hat. Bei der Verlobung geben die Partner einander einen Ring, bei der Trauung gibt der Mann der Frau noch einen weiteren, den Ehering. Dies hat zur Folge, daß verheiratete schwedische Männer in der Regel einen Ring am Ringfinger der linken Hand tragen, die Frau jedoch zwei, welches in manchen Ländern zu Mißverständnissen führen kann, weil dies dort den Witwen vorbehalten ist. Wenn keine Aufgebots-Empfänge stattfinden, von denen früher bis zu drei abgehalten werden mußten, feiert man das Brautpaar nach der Trauung. Pfingsten und Mittsommer sind besonders beliebte Hochzeitstermine. Die Sitte, den Junggesellen/innen-Abschied zu feiern, kann auf eine sehr alte Tradition zurückblicken (die weibliche Variante wird bereits im 16. Jahrhundert erwähnt). In den letzten Jahren wurde sie jedoch mehr und mehr durch Feiern internationalen Zuschnitts ersetzt, die vom Freundes- und Kollegenkreis veranstaltet werden. Diese pflegen mit einer „Entführung" zu beginnen, wobei das Opfer dann mit verbundenen Augen zu Überraschungen unterschiedlichster Art geleitet wird.

Geburtstag

Namens- und Geburtstagsfeiern hat es in Kreisen des Adels und des Bürgertums schon sehr lange gegeben, als allgemeiner Volksbrauch sind sie jedoch nur wenige Generationen alt. Vor einigen Jahrzehnten ging das Feiern des Namenstages zurück, erlebte dann jedoch einen neuen Aufschwung, als ein großer Kalenderverlag das Namensverzeichnis des Kalenders modernisierte und für jeden Tag zwei oder drei verschiedene Namen angab. Die Geburtstage, die wirklich gefeiert und darüber hinaus noch in der Tagespresse erwähnt werden, sind die „runden", gewöhnlich ab Vollendung des 50. Lebensjahres.

Die Fastenzeit und das Fasten

Inzwischen ist fast ein halbes Jahrtausend vergangen, seitdem die Reformation die vorösterliche Fastenzeit zu einem für die Schweden inhaltslosen Begriff verwandelte. Zwar steht sie nach wir vor im Kalender verzeichnet, doch denkt niemand daran, ihretwegen seine Eßgewohnheiten zu ändern. Doch – in einer Hinsicht, aber wohl kaum im Sinne des Fastengedankens. Kaum sind die weihnachtlichen Marzipanschweine aus den Schaufenstern der Konditorei verschwunden, füllen sich die Auslagen der Geschäfte nämlich mit einer anderen schwedischen Spezialität, den Fettdienstagskrapfen (semla). Früher war es Usus, sie an den Montagen oder Dienstagen der Fastenzeit auf einem tiefen Teller mit heißer Milch gefüllt und mit Zimt gewürzt als Nachtisch zu verzehren.

König Adolf Fredrik und die Fastenkrapfen ...

Heute werden diese Krapfen meistens ohne Beilagen und vor allem in den Kaffeepausen der Büros und anderer Arbeitsplätze genossen. Der Brauch der Fastenkrapfen stammt aus Deutschland und hinterließ, als er im 18. Jahrhundert in Schweden eingeführt wurde, sogar seine Spur in der Geschichte: An einem Fastenmontag des Jahres 1771 aß sich der schwedische König Adolf Fredrik nämlich u. a. an Fastenkrapfen mit Champagner zu Tode.

Ostern

Für den Teil der schwedischen Bevölkerung, der sich nicht für die Kirche und ihre Botschaft interessiert, verbindet sich das Osterfest nur mit vier arbeitsfreien Tagen, die – wenigstens in Süd- und Mittelschweden – zeitlich so liegen können, daß sie sich z. B. für einen Großeinsatz im Garten, eine Überprüfung des Segelbootes oder den ersten Besuch im Sommerhäuschen eignen.

Doch ist Ostern ja ein bewegliches Fest, und es läßt sich daher nicht ausschließen, daß es, wenn es bereits auf den März fällt, in den nördlichen Teilen des Landes eher Gelegenheit zum Wintersport als zu anderen Betätigungen im Freien bietet. Aber auch sonst nehmen viele die Gelegenheit wahr, eine Woche Skiurlaub in den Alpen oder in den einheimischen Gebirgen einzulegen. Probleme bereiten die alljährlich wechselnden Zeitpunkte des Osterfestes, insbesondere

Die „Osterweiber" erbetteln Süßigkeiten von freigebigen Nachbarn

den Gärtnern, die für die Woche vor Ostern all die vielen gelben Narzissen produzieren sollen, die, oft zusammen mit Birkenzweigen, zum üblichen Osterschmuck in schwedischen Heimen geworden sind.

zum Beispiel „Pfingsteier"

Gelb ist die Farbe des Osterfestes; dies hängt mit der Rolle der Eier und Küken zu Ostern zusammen. Überall in der Welt verzehren Christen zu Ostern – unabhängig von ihrer Konfession – Millionen und aber Millionen von Eiern. Der Grund hierfür war anfänglich, daß die Fastenzeit die Gläubigen sechs Wochen lang daran gehindert hatte, jene Eier zu essen, die gerade zu dieser Jahreszeit von zahmen Hühnern und wildem Federvieh in großen Mengen produziert werden. Wenn das Osterfest dann da war, hatte man so viele Eier zur Verfügung, daß sich das Menü ganz von allein ergab. Um die Ostermahlzeit festlicher zu gestalten, pflegte man die Ostereier überall in Europa bunt zu bemalen, eine Kunst, die in Schweden am stärksten in den südlichen Landesteilen gepflegt wurde (im Norden konnten die Eier bei einem frühen Ostertermin rar sein – dann aß man ersatzweise Pfingsteier!). Traditionsbewußte Schweden färben ihre Eier heute noch mit Zwiebelschalen, Ähren und Birkenlaub, die, um die Eier gebunden und mit ihnen zusammen gekocht, auf der Schale hübsche Muster hinterlassen.

Ein etwas gruseliger, urzeitlicher Einschlag in den schwedischen Osterbräuchen ist heute in ein Vergnügen für Kinder umgewandelt worden. Die kleinen Mädchen, mit Kopftüchern und langen Röcken verkleidet, schleppen einen Kaffeekessel durch die Gegend und erwarten, daß die Erwachsenen ihn mit Münzen und Süßigkeiten füllen. Sie nennen sich Osterweiber oder Osterhexen und erinnern damit daran, daß die Hexen im schwedischen Volksglauben zu Ostern zu dem Teufel auf den Berg Blåkulla flogen, was den dergestalt Verdächtigen noch im 18. Jahrhundert die Todesstrafe einbringen konnte. Tatsächlich pflegen die Schweden unbewußt auch noch andere Reste früheren Hexenglaubens. So knallen insbesondere in Westschweden Schüsse und explodieren Feuerwerkskörper in der Osternacht, die hier und da durch das Licht brennender Scheiterhaufen erleuchtet wird.

Überall kommt man am Wochenende nach dem Mittsommertag im Freien zusammen, um gemeinsam zu feiern und zu tanzen

Walpurgisabend

Chorgesang im Feuerschein

Der Chorgesang ist in Schweden eine weit verbreitete Freizeitbeschäftigung. Und die große Gelegenheit, wo fast alle Sänger des Landes zur gleichen Zeit ihre Lungen trainieren können, ergibt sich am Abend des 30. April, der Walpurgisabend (Valborgsmässoafton) genannt wird, weil er am Vorabend des Tages der Heiligen Walpurga am 1. Mai ist. Dann brennen die Feuer – gern auf den Höhen, wo sie weithin sichtbar sind. Und wenn die Flammen am höchsten schlagen, treten eine Anzahl Herren (obwohl der weibliche Einschlag in letzter Zeit zugenommen hat) vor – weiße Schirmmützen mit einer Leier über dem schwarzen Lackschirm auf dem Kopf –, ähnlich den Mützen, die die Studenten an diesem Abend aufsetzen. Dann singen sie einige Lieder, die gleichen, die überall im Lande angestimmt werden, und weisen darauf hin, daß mit diesem Abend der Winter zu Ende und der Frühling gekommen ist.

Der 6. Juni

Schweden war lange das vielleicht einzige Land, das keinen offiziellen Nationalfeiertag besaß, bis – auf private Initiative hin – der 6. Juni zum Tag der „Schwedischen Fahne“ erklärt und gefeiert wurde. Daß man sich gerade für dieses

Die ursprüngliche schwedische Fahne wurde erstmals im 16. Jahrhundert auf schwedischen Kriegsschiffen gehißt

Datum entschied, lag daran, daß Gustav Wasa, der Befreier von der seit dem späten Mittelalter aufgezwungenen Union mit Dänemark, am 6. Juni 1523 zum König Schwedens gewählt und die schwedische Verfassung am 6. Juni 1809 unterzeichnet worden war. Seit 1916 fand am 6. Juni ein großes, paradeartiges Fest im Stadion in Stockholm statt, bei dem der König an Vertreter verschiedener Körperschaften Fahnen verteilte. Später siedelte das Fest in das Freilichtmuseum Skansen um, wo es gleichzeitig auch weitgehend auf seine militärische Prägung verzichtete. Doch erhielt der 6. Juni erst 1983 den Rang eines offiziellen Nationalfeiertages. Bemerkenswert ist dabei die im Hinblick auf den Nationalismus herrschende Zurückhaltung, die sich daran ablesen läßt, daß der Nationalfeiertag ein ganz normaler Arbeitstag ist! Daher wird die vielerorts mit feierlichen Reden begleitete Flaggenparade häufig auf den Abend verlegt – ebenso wie die königliche Flaggenverteilung auf Skansen –, und den Charakter eines „Volks festes“ (wie z. B. in Norwegen) hat der 6. Juni nie erhalten.

Mittsommer

An dem Wochenende, das dem „echten“ Mittsommertag, dem 24. Juni, am nächsten liegt, feiern die Schweden ihr großes Sommerfest, dessen nicht ganz genau zu ortende Wurzeln in einem möglicherweise prähistorischen Sommersonnenwendenfest vermutet werden. Schon mehrere Tage vor dem Fest beginnen sich aus den Städten Auto-Karawanen in Richtung auf Sommerhäuschen, Campingplätze und Bootsliegeplätze in Bewegung zu setzen. Die Jugendlichen haben oft ihre besonderen Treffpunkte, wo sie sich zu Tausenden zusammenfinden, so auf der Insel Öland, in den Stockholmer Schären und in Bohuslän an der Westküste – besonders aber in den Touristendörfern in Dalarna. Diejenigen, die in ihren Einfamilien- oder Reihenhausvierteln zurückbleiben, versammeln sich am Freitag, dem „Mittsommerabend“, zu Spiel und Tanz auf einem geeigneten, offenen Rasenplatz; in Hochhausgebieten decken Stadtviertelvereine auf Spielplätzen lange Tische, und in Altersheimen oder anderen Einrichtungen wird dafür gesorgt, daß die Alten draußen im Park Kaffee trinken können. Bei all diesen Veranstaltungen steht der Mittsommer- oder Maibaum, den man im Laufe des Tages gemeinsam mit Blattwerk und Blumen geschmückt hat, im Mittelpunkt.

Maibaum im Sommer

Auf dem Kontinent existierte bereits im Mittelalter ein weiterer Frühsommerbrauch, nämlich der Maibaum. Dieser ging auf das alte Rom und das Frankreich und Deutschland des Mittelalters zurück, wo er Bestandteil der Feier zum 1. Mai war. Die Deutschen, die in schwedischen Städten starke Minderheiten darstellten, hatten oft ihre alten Bräuche in die neue Heimat mitgebracht, wobei der Maibaum allerdings Probleme aufwarf.

Im kühlen Norden gab es nämlich am 1. Mai nicht genug Laub und Blumen, um einen Maibaum gebührend schmücken zu können. Wenn man dies tun wollte, mußte man wohl oder übel eine wärmere Jahreszeit abwarten, und daher verwandelte sich der kontinentale Maibaum in einen schwedischen Mittsommerbaum. Und jetzt hält man den Mittsommerbaum für ein urschwedisches Brauchtum, dessen Wurzel in der ehrwürdigen Bauernkultur der Provinz Dalarna zu finden sei.

Die Gans des Heiligen Martin

Am 10. November, dem St. Martins-Abend, versammeln sich hier und dort – meist in einem Speiselokal – Gesellschaften, deren Teilnehmer aus der südlichen Provinz Schwedens, Schonen, stammen. Das Triumvirat Gans, Wein und Martin wurde in Frankreich etabliert, von wo es sich zuerst nach Deutschland und im 16. Jahrhundert nach Schweden verbreitete. Gänse hat es hierzulande seit Urzeiten gegeben, aber von einer Verbindung mit St. Martin wird erstmals 1567 aus der Stockholmer Gegend berichtet. Bis Ende des 18. Jahrhunderts delektierte sich die schwedische Oberschicht an der Martinsgans. Dann nämlich verschwanden die Gänse aus dem größten Teil Schwedens, weil ihr natürlicher Lebensraum, das Brachland, aufgrund der verbesserten Bodennutzung vernichtet wurde. Vor 200 Jahren waren die Gänse überall in Schweden selten geworden, außer in Schonen, wo sie aufgrund des Weidelands, das die Dörfer umgab, überleben konnten – und die Bewohner Schonens waren die einzigen, die weiterhin ihre Gans zum St. Martins-Tag verzehren konnten. Deshalb glauben viele, daß der Tag schonischen Ursprungs ist.

Advent

Weihnachtsfreude auf Vorschuß

Schon ab Ende November kann man auch Gesellschaften aller Arten beobachten, die sich abends in einem Restaurant zusammenfinden, um sich an dem „Weihnachtstisch“ zu ergötzen, einem Buffet, bei dem die traditionellen Weihnachtsgerichte mit den Leckereien des normalen Smörgåsbord kombiniert werden. In den letzten Jahren erfreuen sich diese Weihnachtstische auch auf den Fähren nach Finnland, Deutschland und Dänemark zunehmender Beliebtheit.

Im häuslichen Bereich kündigt sich das nahende Weihnachtsfest u. a. dadurch an, daß man seinen Adventsleuchter, oft ein kleines Kästchen mit vier Kerzenhaltern, eingebettet in Moos und Preiselbeerkraut, hervorholt. Am ersten Sonntag im Advent zündet man die erste Kerze an und läßt sie zu einem Viertel herunterbrennen. Am nächsten Sonntag dann die zweite usw., bis die erste am vierten Sonntag fast heruntergebrannt ist und die vierte angezündet wird. Dieser Brauch ist heute exklusiv schwedisch, doch hat er seinen Ursprung in den deutschen Adventskränzen; allgemein durchgesetzt hat er sich in Schweden in den 20er Jahren.

In der Adventszeit erstrahlt in vielen Fenstern ein „Adventsstern“ aus rotem Papier, der in dieser Form in den 30er Jahren eine Novität war, heute aber häufig durch verfeinerte Modelle aus Stroh, Holzspänen oder Metall ersetzt wird. Auch dieser Brauch hat deutsche Wurzeln, wird in letzter Zeit jedoch durch treppenförmige Fensterleuchter überflügelt, die inzwischen auch in Betrieben und Institutionen leuchten.

Lucia

Italiener, die um den 13. Dezember herum in Schweden weilen, sind immer äußerst erstaunt darüber, wie eifrig die lutheranischen Schweden die sizilianische Heilige Lucia feiern, die in ihrem Heimatland keineswegs Gegenstand vergleichbaren Interesses ist. Allerdings ist der Name auch das einzige, was die schwedische Lucia mit ihrer italienischen Namensschwester gemeinsam hat, die in Wirklichkeit eine Erscheinungsform völlig andersartiger mittelalterlicher Heiliger, und zwar des Heiligen Nikolaus und des Christkindes ist. In Schweden hat man beide Gestalten aus Deutschland eingeführt, aber Christkind in Lucia verwandelt, weil die Kirche fand, daß sie hier zu den Weihnachtsfeiern besser passe. Und Nikolaus wurde dann im Laufe der Zeit „Jultomte“.

Das Lucia-Fest wird auf vielen Ebenen gefeiert. Zunächst gibt es die offizielle. Eine Lokalzeitung veranstaltet einen „Lucia-Wettbewerb“: Das heißt, die Leser können ihre Lucia aus einer

Reihe von in der Zeitung abgebildeten jungen Mädchen wählen (eine der wichtigsten Qualifikationsbedingungen ist langes, möglichst blondes Haar!). Sie ist dann die Hauptperson des Lucia-Zuges, der – wenngleich heute nicht mehr so allgemein verbreitet wie noch vor 30 Jahren – in vielen Gemeinden durch die Hauptstraße zieht. Lucia tritt auch in sozialen Einrichtungen wie Altenheimen und Krankenhäusern auf. Als „Jungfern" (tärnor) schreiten die abgeschlagenen Bewerberinnen um den Titel der Lucia, mit zur Anbetung erhobenen Händen und dem traditionellen Lucia-Lied auf den Lippen, in ihrem Gefolge einher.

Bei den Mittsommerfeiern steht der mit Blattwerk und Blumen geschmückte Maibaum im Mittelpunkt

Lucia und die Sternknaben

Lucia ist in ein fußlanges, weißes Hemd mit einem roten Band um die Taille gehüllt und trägt einen Kranz aus Preiselbeerkraut auf dem Haar. Darauf sind Kerzenhalter mit brennenden Kerzen oder – wegen der Feuergefahr – auch schon einmal elektrischen Lichtern befestigt. Der Lich-

Unter Musikbegleitung ziehen die Kinder los, den Maibaum zu schmücken

terkranz soll die Illusion eines Heiligenscheins erwecken. Oft ist das Gefolge noch um weitere Personen erweitert, z. B. die „Sternknaben", die eigentlich in einen völlig anderen Zusammenhang der Weihnachtsfeier gehören. Alle zusammen bilden einen Chor, der eine Reihe bekannter Weihnachtslieder vorträgt. Die zweite Variante des Lucia-Feierns unterscheidet sich äußerlich nicht von der ersten, spielt sich jedoch in einer privateren Umgebung ab – in der Schule, in einem Vereinslokal oder Gemeindesaal –, und dort wird der Lucia-Kaffee serviert, mit safrangewürztem Hefegebäck, das man „Lucia-Katzen" (lussekatt) nennt und das in althergebrachten Formen gebacken wird. Die dritte Art, Lucia zu feiern, ist die in der Familie; Mutter oder ältere Geschwister stehen frühmorgens auf und decken ein Tablett mit Kaffee und „Lucia-Katzen", worauf das jüngste weibliche Mitglied der Familie als Lucia auftritt. Im allgemeinen wird dann die einzige noch schlafende Person im Hause – der Vater – durch den Klang des Lucia-Liedes geweckt.

Weihnachten

Das Weihnachtsfest ist in Schweden – wie in anderen Ländern – eine Mischung aus Altem und Neuem, Religiösem und Profanem, Einheimischem und Ausländischem. Auf schwedi-

Typisch schwedisches Brauchtum ist die Feier des Lucia-Festes

Farbenfrohe Oster- oder Fastenruten, die aus Birkenzweigen mit bunten Federn gefertigt werden

schen Weihnachtskarten erscheint das Fest fast immer als „weiße“ Weihnacht. Das heißt, der Schnee liegt tief und lädt zum Skifahren ein. Tatsächlich kann man ein solches Idealweihnachten im südlichen Drittel des Landes jedoch höchst selten genießen. Im häuslichen Bereich sind der „Weihnachtskalender“ der Kinder und die Adventslichter die ersten Vorboten des nahenden Weihnachtsfestes. Doch schon zu diesem Zeitpunkt glitzern und glänzen jede Menge Weihnachtsdekorationen auffälligerer Art in Schaufenstern und über Geschäftsstraßen, insbesondere während der „Schaufenster-Sonntage“ im Dezember. In Schweden nennt man die Weihnachtsgeschenke „julklapp“, ein Name, der aus einer Zeit stammt, in der man an einen „Weihnachtsmann“ überhaupt noch nicht dachte. Damals schlich man sich am Heiligen Abend an die Tür desjenigen, den man beschenken wollte, klopfte (klappade) fest daran und warf ein Geschenk hinein, um dann sofort wieder – nach Möglichkeit unerkannt – in der Dunkelheit zu verschwinden.

Julklapp-Verse zu Weihnachten

Auf der Verpackung des „julklapp“ stand damals nämlich oft eine ironische, ja gehässige Widmung in Versform. Dieses poetische Genre hat in Form der heute eher lustigen als ehrenrührigen julklapp-Reime, welche Schweden in den Wochen vor Weihnachten in eine Nation von Dichtern verwandelt, überlebt. Weniger lyrisch – gewöhnlich reicht es mit einem „Frohe Weihnachten“ (God Jul) – sind die Grüße in Gestalt von Weihnachtskarten, die auch die schwedische Post im Dezember in rauhen Mengen übermittelt.

Kurz vor Weihnachten werden die Wohnungen mit allerlei Weihnachtsschmuck verziert – Kerzenhaltern, Tischläufern und Wandbehängen, Weihnachtsmännern, Engeln und nach dem vorweihnachtlichen Backrausch vielleicht auch mit einem Pfefferkuchenhäuschen. Dazu gehört auch winterliches Grün wie Preiselbeerkraut und Kiefernzweige, z. B. in Gestalt eines Kranzes an der Haustür. Die Weihnachtsblumen sind meistens rot – Weihnachtenssterne, Tulpen und Begonien –, aber auch rosa, weiß und hellblau wie die stark duftende und sehr beliebte Hyazinthe.

Eine Besonderheit der nordischen Länder ist, daß als eigentlicher Höhepunkt des Weihnachtsfestes der 24. Dezember, Heiligabend, gefeiert wird. Das ist der Abend des traditionellen Weihnachtsessens und der Bescherung, die aber nicht vor der ungeheuer beliebten klassischen Donald-Duck-Sendung im Fernsehen stattfinden kann!

Der Weihnachtsmann (jultomte) ist die schwedische Version jener Figur, die den Kindern in den meisten europäischen Ländern die Geschenke beschert – des Heiligen Nikolaus. Bevor er Schweden erreichte, war dies die Aufgabe des Weihnachtsbocks gewesen, doch wurde der alte Herr in den 70er Jahren des vorigen Jahrhunderts durch die Einfuhr deutschen Weihnachtsschmucks in Schweden so bekannt, daß man sich seiner nicht mehr erwehren konnte. Als dann aber die bekannte schwedische Künstlerin Jenny Nyström dem Weihnachtsmann ab Anfang der 80er Jahre des vorigen Jahrhunderts in tausenden von Weihnachtsbildern ein eigenes schwedisches Profil verlieh, das sich an dem vermuteten Aussehen des „jultomte“ orientierte, wurde er schnell zum wichtigsten Symbol der schwedischen Weihnacht.

Weihnachtsbock als Symbol

Der Weihnachtsbock ist ein typisch schwedisches Weihnachtsattribut, das meist aus Stroh hergestellt wird. Er ist das älteste Weihnachtssymbol der Schweden und stammt wahrscheinlich von der Teufelsfigur ab, die im Mittelalter in den Nikolaus-Zügen in Schulen auftrat. Danach spielte er die Hauptrolle in einem lustigen kleinen Weihnachtsspiel, das die Jugendlichen auf den Höfen aufführten, um Essen und Trinken für die weihnachtlichen Tanzveranstaltungen zu erbetteln. Im 18. Jahrhundert wurde dann eine Person in Bocksgestalt beauftragt, am Heiligen Abend die Weihnachtsgeschenke zu verteilen. Nachdem der Weihnachtsmann diese Aufgabe vor gut 100 Jahren übernommen hat, lebt der Bock nur noch als Schmuckgegenstand weiter.

Sylvester und Neujahr

Die Art, wie man in Schweden den Anbruch des Neuen Jahres feiert, unterscheidet sich nicht wesentlich von der anderer Länder, aber stark von den Weihnachtsfestlichkeiten. Während die Straßen zu Weihnachten abends so gut wie leergefegt sind, ist in der Sylvesternacht umso mehr los. Weihnachten ist das häusliche Fest im Familienkreis. Sylvester dagegen feiert man mit Freunden und Bekannten zu Hause oder in einem Lokal, und es herrscht lebhafter Verkehr von fröhlichen Menschen, die zwischen Diskotheken und Bars spazieren. Mitternacht, Schlag 12 Uhr, wirft man Luftschlangen, läßt Trompetenfanfaren erklingen und bläst Papierschlangen auf. Von Balkonen und Gärten werden Raketen und anderes Feuerwerk in die Luft geschossen. Anschließend wird man sentimental, denkt über das vergangene Jahr nach und faßt für das neue eine Menge guter Vorsätze.

Das Dreikönigsfest und der 13. Januar

Der dreizehnte Tag nach Weihnachten oder, wie er in den meisten Ländern heißt, der Tag der Heiligen Drei Könige, gehört nicht zu den symbolträchtigen Kirchenfesten, ja er ist in vielen Kirchen noch nicht einmal Feiertag. Meist wird er als willkommener, zusätzlich freier Tag betrachtet, und die örtlichen Weihnachtsrevuen pflegen an diesem Tag noch einmal vor vollen Häusern zu spielen, bevor sie die Saison endgültig abschließen.

In Schweden sind mit dem Dreikönigsfest keine besonderen Traditionen mehr verbunden, doch traten noch im 19. Jahrhundert an diesem Tag die „Sternsinger“ auf. Eine Handvoll Schüler verkleidete sich als Heilige Drei Könige und zog mitsamt dem König Herodes und Judas mit seinem Klingelbeutel von Hof zu Hof, wobei sie ein kleines Schauspiel über den Stern von Bethlehem, den Kindermord von Bethlehem und die Flucht nach Ägypten aufführten. Heutzutage gehen immer einige Sternknaben, d. h. Jungen mit spitzen, weißen Papiertüten mit aufgeklebten Goldsternen auf dem Kopf, im Lucia-Zug mit, wo sie allerdings nur als Gegengewicht zu der weiblichen Übermacht fungieren.

Die Schweden feiern weiter

In den meisten anderen Ländern stellt das Dreikönigsfest den endgültigen Abschluß der Weihnachtszeit dar. Doch finden die Schweden, die Finnen und die Bevölkerung in einem Teil Norwegens, es sei schade, schon so früh mit dem Feiern aufzuhören, und ziehen es daher vor, die Weihnachtszeit noch um eine weitere Woche in das neue Jahr hinein zu verlängern. Dieser letzte Tag ist dann der 13. Januar, der im schwedischen Kalender den Namen Knut trägt, weshalb er im Volksmund „der zwanzigste Tag Knut“ (tjugondedag Knut) genannt wird. Er ist der Tag, an dem schwedische Familien mit ihren Kindern den Weihnachtsbaum plündern. Hierbei versammeln sich die Kinder des Freundeskreises und der Verwandtschaft, um den Schmuck aus dem nadelnden Tannenbaum herauszuklauben, Spiele zu spielen, Kuchen zu essen und Saft zu trinken, den Baum hinauszuwerfen und anschließend mit einer Tüte Süßigkeiten in der einen und den Kostbarkeiten, die man in einer Ecke des Wohnzimmers beim „Angelspiel“ erobert hat, in der anderen Hand nach Hause zu ziehen.

Spanien

Alcoy, Alicante
Die Mauren ziehen in die „Schlacht“ gegen die Christen

Das Leben – eine Fiesta
So feiert man in Spanien

Pamplona, Fiestas de S. Fermin
Ein jährliches Spektakel, das weit über die Grenzen berühmt ist

Die Spanier scheinen - auf liebenswerte Art – verrückt zu sein: verrückt auf Feste. Wollte man die Festtage aller spanischen Ortschaften zusammenzählen, käme man auf etliche Hunderttausend im Jahr. Von Neujahr in Abejera (Provinz Zamora), wo der Teufel und andere mythische Figuren eine Maskerade nach altem karnevalistischen Brauch abhalten, bis Silvester in Centelles (Barcelona), wo ein Baum auf dem Platz errichtet, Scheiterhaufen angezündet und ein ohrenbetäubendes Feuerwerk abgebrannt werden, vergeht kaum ein Kalendertag, an dem zwischen dem Baskenland und den Kanarischen Inseln, zwischen Galicien und den Balearen nicht irgendwo ein Volksfest gefeiert würde. Man könnte mehrere Jahre lang von Fiesta zu Fiesta durch Spanien reisen, ohne auch nur ein Fest zweimal zu sehen. Spanien ist eines der festreichsten Länder der Welt.

Die Spanier scheinen keine Gelegenheit zum Feiern auslassen zu wollen. Fällt ein gesetzlicher Feiertag, zum Beispiel Neujahr oder der Tag der Arbeit, auf einen Sonntag, so wird am 2. Januar bzw. 2. Mai auch nicht gearbeitet. Fällt ein Feiertag auf einen Dienstag, so ist der Montag oft ebenfalls frei. Das nennen die Spanier „puente“, Brücke, ein langes Wochenende.

Festbesessene Spanier

Eine Brücke pflegen sie ebenso zwischen dem 6. Dezember, der Verfassungstag ist, und Mariä Empfängnis am 8. Dezember zu schlagen. Neben dem Verfassungstag haben die Spanier gleich einen zweiten Nationalfeiertag, den Tag der Hispanität am 12. Oktober, an dem Kolumbus Amerika entdeckte.

In der Anzahl gesetzlicher Feiertage weicht Spanien jedoch nicht wesentlich von anderen Ländern ab.

Was Spanien jedoch von anderen Ländern unterscheidet, ist, daß an den Tagen um einen Feiertag herum oft ebenfalls gefeiert wird. Die Trennung zwischen Werktag und Feiertag ist nicht so streng. An Feiertagen mögen die Geschäfte geöffnet sein, an Arbeitstagen werden Feste veranstaltet. Das Leben ist Arbeit und immer ein bißchen Fiesta zugleich.

Jedes Dorf hat seinen Schutzheiligen. An dessen Tag sind die Büros geschlossen, im Nachbardorf sind sie geöffnet. Jeder Berufsstand hat seinen Patron. All das wird gefeiert, doch nicht am Tag des Heiligen, denn der ist – für die jeweilige Berufsgruppe – frei, sondern an einem Tag davor oder danach. Man hat Anspruch auf den Feiertag; dafür gibt es weniger Urlaub als anderswo.

Geburtstag und Namenstag

Oft eine Sache der Schutzheiligen

Jeder Tag steht unter dem Schutz eines Heiligen, und manchmal werden die Kinder nach dem Heiligen ihres Geburtstages benannt, dann fällt er mit dem Namenstag, der traditionell wichtiger ist, aber nicht mehr besonders gefeiert wird, praktischerweise zusammen. Die typisch spanische Tradition, den Kindern religiöse Namen zu geben, die Jungen vorzugsweise nach Aposteln und Heiligen zu nennen und die Mädchen nach Objekten der Leidensgeschichte Christi und Erscheinungsformen der Muttergottes, verblaßt zwar, ist für Nicht-Spanier und -Hispanoamerikaner dennoch immer wieder verblüffend. So erstaunen männliche Vornamen wie Jesus, Retter, Engel, Martyrium und noch ungewöhnlichere weibliche Vornamen wie Fleischwerdung, Empfängnis, Gnadenreiche, Unbefleckte, Schmerzen, Ängste, Pietät, Einsamkeit, Kreuz, Himmelfahrt, Rosenkranz, Dreifaltigkeit, Hoffnung, Erlösung, Trost, Reinigung, Auferstehung.

Vieles ist anders

Die Spanier scheinen – in fremden Augen – bei der Einordnung der Feste recht schwierig nachvollziehbar vorzugehen: Sie bringen manches durcheinander. Die Heiligen drei Könige verwandeln sie in Karnevalsprinzen, die auf Wagen durch die Straßen ziehen und Karamellen, Konfetti, Luftschlangen in die Menge werfen. Karneval feiern sie in einer Reihe von Orten bereits im Januar, im Dezember gar.

Ihr Unglückstag ist nicht Freitag, sondern Dienstag der Dreizehnte, am 19. März begehen sie Vatertag, und am 28. Dezember schicken sie in den April. Aber (fast) alles hat eine Erklärung, und es entspricht nur christlicher Logik, daß der Josephstag Vatertag ist und der Tag der „heiligen Unschuldigen", der Kinder, die Herodes töten ließ, den 1. April ersetzt. Das Fremde ist nur dem Fremden fremd.

Die Fallas von Valencia

Alles für eine Nacht

Noch aus einem anderen Grund erscheint die Art und Weise, wie Spanier ihre Feierlichkeiten begehen, Fremden etwas seltsam: Viele Feste zeichnen sich durch eine Verschwendungssucht aus, die ihresgleichen sucht. Bei den Fallas von Valencia (12. bis 19. März), dem großen Frühlingsfest, werden mehr als 370 große, bunte, abstruse Gebilde aus Holz, Pappmaché, Glasfiber und Polyester und noch einmal so viele „Kinder-Fallas" auf Plätzen und Straßenkreuzungen errichtet, an denen das ganze Jahr gebaut worden ist und von denen die größten den Wert eines mittleren Eigenheims erreichen können.

Glanzvolle Verschwendung

In der Nacht vom 19. auf den 20. März werden alle verbrannt, in einem Akt kollektiver Sühne dem Feuergott dargebracht. Zuvor werden in mittäglichen und nächtlichen Feuerwerken buchstäblich Millionen verpulvert und den Schutzheiligen der Stadt an zwei Prozessionsnachmittagen 50 Tonnen Blumen geopfert, von 150.000 in den Falla-Vereinen organisierten Valencianern und Valencianerinnen, deren Galatracht wiederum so viel wie eine kleine Eigentumswohnung kosten kann. Jedes Jahr leistet Valencia sich den Luxus, in wenigen Tagen den Jahresetat einer 20.000-Einwohner-Stadt in Duft, Rauch und Asche aufzulösen.

Karneval

Der afrokaribisch und brasilianisch beeinflußte Karneval von Santa Cruz de Tenerife - eine Orgie der Ver- und Entkleidungslust, der Phantasie in Perlen und Federn, der Travestie und Tanzeswut - nimmt ähnliche Dimensionen an. Der große Umzug der Karnevalsvereine am Faschingsdienstag und die „Beerdigung der Sardine“ am Aschermittwoch, die Don Carnal, Inkarnation der Fleischeslust, den Tod bringt und Doña Cuaresma, der Fastenzeit, zur Herrschaft verhilft, sind die aufwendigsten Höhepunkte.

Bei den Moros y Cristianos von Alcoy (22. bis 24. April) und vielen anderen Orten der Provinz Alicante feiert die zur Philosophie des Prassens zugespitzte mediterrane Mentalität der Sinnesfreuden eines ihrer größten Feste. Wenn am 23. April die vierzehn christlichen und vierzehn maurischen Schwadrone in jedes Jahr neuen, phantastischen Kostümen zur mitreißenden Marschmusik der Kapellen im Triumph in Alcoy einziehen, ist dies hauptsächlich ein Augenschmaus. Wenn die Stadt am nächsten Tag von ungezählten Detonationen widerhallt und sich in Rauch hüllt, wird die Grenze zum Ohrenschmerz allerdings fast überschritten, so verschwenderisch ist Alcoy auch im Schießpulververbrauch bei der simulierten Schlacht zwischen unterliegenden Mauren und siegreichen Christen.

Hochzeit

Familienpomp pur

Auch private Feiern wie Hochzeiten werden unter einem Aufwand begangen, der viele Eltern verschulden läßt. Hierzu mag die sprichwörtliche spanische Großzügigkeit und Verachtung des Geldes ebenso beitragen wie das typisch mediterrane, in Spanien zudem orientalisch akzentuierte Bedürfnis, mehr zu scheinen als man ist, sowie Gesicht und Schein zu wahren. Waren Taufe, Erstkommunion und Hochzeit früher kirchliche Akte mit anschließender kurzer Familienfeier im engsten Kreis zuhause, so sind sie heute soziale Ereignisse, zu denen man Freunde, Klienten und Kollegen aus Verpflichtung und Prestigegründen einlädt. Aus Raummangel werden sie in Restaurants zelebriert, es sei denn, man hat einen großen Garten und beauftragt ein Service-Unternehmen mit Vorbereitung und Ausrichtung der Feier. Nach Statistiken erreichen die Kosten einer durchschnittlichen Hochzeit – den Wert eines Wagens der oberen Mittelklasse.

Die Hand der Braut ist wichtig

Die Verlobung wurde und wird nicht formalisiert, wohl aber das um die-Hand-Anhalten, eine nach wie vor praktizierte Zeremonie orientalischen Erbes, bei der die Familie des Bräutigams – mit sämtlichen Geschwistern – der Familie der Braut einen Besuch abstattet, die Familien Geschenke austauschen und die Modalitäten der Hochzeit aushandeln. Zur Aussteuer gehörten

Ganz in Weiß: Die strahlenden Täuflinge

traditionell Schlafzimmer, Salon und Wäsche, während der Bräutigam sein Junggesellenzimmer mit in die Ehe einbrachte. Das Hochzeitskleid wurde der Braut von den Eltern des Bräutigams geschenkt, und vor der Hochzeitsnacht pflegte die Mutter der Braut das Ehebett zu richten. Heute sind die Brautleute selbständiger, suchen selbst das Brautkleid aus und richten die Wohnung gemeinsam ein.

Die Anzahl der Hochzeitsgäste steigt mit Leichtigkeit auf zweihundert und mehr, selbst bei Familien mit geringem Einkommen, zumal, wenn es sich um eine Zigeunerhochzeit handelt, die im übrigen mit ihren Flamenco-Gesängen in der Kirche von eigener Art ist.

Taufe und Kommunion

Da man zu einer Taufe nur Angehörige und Bekannte zweier Familien und zur Kommunion höchstens noch die Freunde des Kommunikanten einzuladen hat, sind diese Feiern nicht so kostenträchtig. Eine wichtige Rolle spielen nach wie vor die Taufpaten, nicht nur, weil die nach Möglichkeit vermögenden und einflußreichen „padrinos" die Rolle des Beschützers und Förderers des Kindes übernehmen, sondern auch, weil so Bindungen zwischen Familien geschaffen oder gefestigt werden, die zu gegenseitiger Hilfe verpflichten und die Klientel erweitern.

Ungebändigte Vergnügungssucht

Bei manchen Festen treiben es die Spanier ausgelassener als Kinder und vergnügen sich göttlich dabei. In Haro (La Rioja, 29. Juni) bespritzen sie sich gegenseitig mit Hektolitern Wein, in Buñol (Valencia, letzter Mittwoch im August) bewerfen sie sich mit Tonnen reifer Tomaten, wobei Feuerwehrleute Wasser in die Menge spritzen müssen, um den Säureeffekt auf der Haut zu mindern. Mit Asche, Mehl und Erde voller Ameisen beschmeißt man sich beim Karneval von Laza (Orense) und beim Karneval von Aguilas (Murcia) - wenn die Tage wieder länger

Karneval in Santa Cruz de Tenerife
Unverkennbare afrokaribische und brasilianische Einflüsse

werden - mit Symbolen der Wiedergeburt: Eiern. Selbstverständlich gibt es auch „Schlachten“, bei denen Blumen oder Öl als Munition Verwendung finden, zum Beispiel in Laredo (Cantabria, letzter Freitag im August) bzw. in Baza-Guadix (Granada, 6. bis 9. September). Mit langen, brennenden Besen bekämpft man sich in Jarandilla de la Vera (Cáceres, 7. Dezember).

Die Mauren und die Christen

Wie die „Fiestas de Moros y Cristianos“ und die „Reconquista“-Feiern historischer Begebenheiten während der jahrhundertelangen kriegerischen Auseinandersetzungen zwischen Mauren und Christen gedenken, so gehen manche jener „Schlachten“ auf historische Rivalitäten zweier benachbarter Orte zurück. Sei es wegen eines Grenzkonflikts wie zwischen Haro und Miranda de Ebro (Burgos), sei es aufgrund eines Streits um eine Muttergottesfigur wie zwischen Baza und Guadix - oder wegen des Kampfes zweier sozialer Gruppen eines Dorfes wie in Jarandilla zwischen Bauern und Schäfern um die Nutzung des Bodens als Acker- oder Weideland. Andere „Schlachten“ befriedigen lediglich das profane Bedürfnis nach wilden Formen dessen, was den Spaniern heilig ist: das Vergnügen.

Fiestas mit mehrstöckigen Menschentürmen beeindrucken die Feiernden

Christliche Bruderschaften in ihren Kutten und Kapuzen bei den Osterprozessionen

Lebensfreude und Leidenslust: Ferias

Ein Schaufenster spanischer, zumal andalusisch überschäumender Lebensfreude ist die Feria de Abril in Sevilla jeweils am dritten Dienstag nach Ostern bis zum folgenden Sonntag, die an Spitzentagen von anderthalb Millionen Menschen besucht wird. Für sechs Tage und sieben Nächte befreien sich die Sevillanos von allen banalen ökonomischen Notwendigkeiten und leben ihre Utopie vom Glück: Auf dem Rummelplatz mit Hunderten von Attraktionen, Kirmesbuden und Verkaufsständen; beim nachmittäglichen „paseo", dem Umzug, der etwa dreitausend Reiter und dreihundert prächtig geschmückte, bis zu achtspännige Pferde- und Maultierkutschen der Grafen und Baronessen, Stierzüchter und Großgrundbesitzerinnen umfaßt oder auch beim Stierkampf in der Arena.

Hauptsächlich aber in den „casetas", den mehr als eintausend Festzelten, in denen von abends bis morgens getrunken und gelacht, gesungen und – dies vor allem – Sevillanas getanzt werden. Dieser sinnliche, obgleich nicht laszive Tanz der Freude, der es den Frauen erlaubt, zu kokettieren und zu provozieren. Ferias, meist aus Viehmärkten hervorgegangen, gibt es überall in Spanien, doch nirgendwo schlägt der zivilisierte, urbane Frohsinn wohl so hohe Wellen wie in Andalusien, in Jerez de la Frontera (Anfang Mai), in Córdoba (Ende Mai), in Granada (um Fronleichnam) oder in Málaga (Mitte August).

Pamplona

Eine Explosion der Lebensfreude sind aber auch die rauheren, ruppigeren Sanfermines von Pamplona (6. bis 14. Juli), dank Ernest Hemingway wohl die bekannteste Fiesta Spaniens, ein Tag und Nacht ununterbrochenes Fest des Essens und – hauptsächlich – Trinkens. Und der Stiere natürlich. Kaum drei Minuten dauert – wenn alles glatt geht – das „encierro", der Lauf der Stiere und der jungen und nicht mehr so jungen Männer durch die Altstadt zur Arena jeden Morgen um acht Uhr. Je dichter und länger die „Mozos" vor den Hörnern laufen, desto besser. „Correr los toros", „die Stiere laufen", ist Mutprobe und Männlichkeitsbeweis, den man vor dem anderen Geschlecht ablegt. Und es ist ein Spiel, ein Spiel mit Gefahr und Tod freilich, das Nervenkitzel und höchste Emotionen weckt und auskosten läßt: Das Gefühl der Todesnähe wie auch der Unsterblichkeit. Vielleicht suchen die Spanier „starke Emotionen" gerade aus Freude am Leben.

Karwoche und Ostern

Das andere Extrem auf der Skala spanischer Fiesta-Gefühle bilden die iberisch übersteigerte Leidenslust in der Karwoche und die Strenge kastilischer Osterprozessionen, von denen die in Valladolid und Zamora zu den eindrucksvollsten gehören. Obwohl die mittelalterlichen Bruderschaften der Geißler seit Mitte des 14. Jahrhunderts von den Päpsten wiederholt verboten wurden, waren sie in Spanien vornehmlich im 16. und 17. Jahrhundert weit verbreitet. Noch heute gibt es Dörfer, in denen verschiedene Formen der Selbstkasteiung praktiziert werden. Die „Picaos" von San Vicente de la Sonsierra (La Rioja) peitschen sich bei den Donnerstags- und Freitagsprozessionen die nackten Rücken mit Leinensträngen, bis sich Blasen bilden, die sie sich von Laienbrüdern mit Glasscherben aufstechen lassen, um sich erneut zu peitschen, bis Blut fließt. Die „Empalaos" von Valverde de la Vera (Cáceres) lassen sich den Oberkörper mit Espartoseilen fest zuschnüren und die Arme an

Deichseln binden, so daß sie ein Kreuz bilden, und treten in der Nacht von Gründonnerstag auf Karfreitag ihren Leidensweg durch das Dorf an. Neben der kleinen Gruppe der Flagellanten und Disziplinanten gibt es viele Spanier, die auf die eine oder andere Weise in der Karwoche öffentlich Buße tun.

Trommeln, bis es schmerzt

In acht benachbarten Orten Niederaragoniens, von denen Calanda (Teruel) durch den Filmregisseur Luis Buñuel, der dort geboren wurde, am bekanntesten ist, trommeln Hunderte von Männern, Frauen und Kindern zwischen der Todesstunde und der Auferstehung Christi unaufhörlich immer die gleiche kurze Schlagfolge. Das monotone, dumpfe, durchdringende, auch nachts nicht aussetzende Trommeln führt zu körperlicher und geistiger Erschöpfung, das Schlagen der Baßtrommeln darüber hinaus zu blutenden Fingerknöcheln.

Doch auch an den normalen Osterprozessionen nehmen allenthalben Büßer teil, nicht nur die Mitglieder der Bruderschaften in ihren Kutten und spitz zulaufenden Kapuzen, sondern auch Durchschnittsbürger, die barfuß mit Ketten um die Füße, auf Knien, mit verbundenen Augen oder Kreuze schleppend eine Christus- oder Marienfigur begleiten. Im modernen, großstädtischen, tourismusgewohnten Málaga zum Beispiel, das die größten und schwersten Podeste Spaniens hat, auf denen die Figuren montiert sind und die von insgesamt elftausend Brüdern durch die Straßen getragen werden, ziehen zwanzigtausend Menschen hinter dem als wundertätig geltenden „Christus der Gefangene" her. In einer Reihe meist kleinerer Dörfer werden Passionsspiele aufgeführt, unter anderem in Riogordo, Carratraca (beide Málaga) und Alcorisa (Teruel).

Romerías – Wallfahrten

Szenen religiöser Leidenschaft und aufrichtiger Devotion beobachtet man auch bei den Romerías, den Wallfahrten, obwohl der religiöse Ritus oftmals – und seit jeher – nur Vorspiel und Vorwand für weltliche Genüsse und leibliche Ausschweifungen darstellt. So ist der „Rocío" (Huelva, Pfingsten) – die mit rund einer Million Teilnehmern größte spanische Wallfahrt, auf die sich 90 Bruderschaften unter anderem von so weit entfernten Punkten wie Barcelona, Valencia, Madrid, Gran Canaria und Ceuta in Nordafrika begeben – teilweise die in das Marschland der Guadalquivir-Mündung exportierte Feria de Abril von Sevilla. Andererseits können Romerías Reisen in heidnische Vorzeiten sein, so etwa die Wallfahrt nach San Andrés de Teixido (la Coruña, ganzjährig, vor allem aber vom 27. bis 30. November) auf der anderen Seite der Halbinsel an der nordgalicischen Steilküste. In dieser wichtigsten, genuin galicischen Wallfahrt bündeln sich galicischer Aberglaube, Ahnenkult keltischen Ursprungs, Stein-, Wasser- und Kräuterkulte wie in einem Brennglas. Sie war jahrhundertelang ebenso frequentiert wie die eher gesamtspanisch-europäische Wallfahrt nach Santiago de Compostela (La Coruña, ganzjährig, vor allem am 25. Juni).

Vorchristlicher Ursprung

Infolge der Isolation Spaniens von Europa bis in die 60er Jahre bzw. seiner kulturellen Selbstgenügsamkeit sowie aufgrund der geringen Bevölkerungsdichte und der bis in die 80er Jahre rückständigen Infrastruktur hat sich in den Dörfern Spaniens eine Fülle alter Bräuche, heidnischer Riten, magischer Praktiken und mysteriöser Kulte erhalten, die vornehmlich in den Festen überlebt haben und seit den 80er Jahren auch wiederbelebt werden. Die meisten Fiestas sind vorchristlichen – iberischen, keltischen, griechischen, römischen, asiatischen - Ursprungs, nehmen Bezug auf den Naturzyklus und sind lediglich christlich umgedeutet und überformt.

Weihnachten

Selbst das christliche Fest schlechthin, Weihnachten, ist ja auch das Fest der Wintersonnenwende, Mithras-Kult der Perser, Dionysos-Fest bei den Griechen, Saturnalien der Römer, das Fest der unbesiegten Sonne im Römischen Kaiserreich. Heute noch werden in Spanien zur Feier des neuen Lichts Bäume abgebrannt - nicht nur symbolisch Kerzen angezündet -, deren Asche der Überlieferung nach magische Kräfte hat, fruchtbringend und heilsam ist. Spanien war eines der letzten Länder Europas, das den stilisierten Weihnachtsbaum akzeptiert hat. In Spanien, vor allem in Katalonien und Murcia, haben die Krippen und Krippenspiele, die plastische und szenische Darstellung der Weihnachtsgeschichte, seit der Gegenreformation große Tradition ebenso wie theatralische Inszenierungen der Geschichte der drei Weisen aus dem Morgenland. Das älteste erhaltene spanische Theaterstück ist das Auto de los Reyes Magos von Toledo aus dem 13. Jahrhundert.

Bescherung am Dreikönigstag

Bis vor kurzem pflegte man in Spanien Geschenke ausschließlich am Dreikönigstag auszutauschen, jetzt wird es immer mehr Brauch, einen Teil der Geschenke schon am Heiligabend zu bescheren. Die Christmette, spanisch „Misa del Gallo“, „Messe des Hahns“ – Symbol des neuen Tages und Lichtes sowie der Fruchtbarkeit – wird nach wie vor gern besucht. Auch von Jugendlichen, die sich in der Kirche treffen, weil Kinos und Diskotheken geschlossen sind. So kurios wie verbindlich ist die Sitte, daß Töchter mit ihren Familien den Heiligabend bei ihren Eltern – vor allem mit Essen – verbringen und man am Weihnachtstag mittags zu den Eltern des

Toledo, die Fronleichnamsprozession zieht durch festlich geschmückte Straßen

Mannes geht. Entsprechendes gilt für Silvester und Neujahr, nur daß man an Silvester nach Mitternacht außer Haus weiterfeiert. Besonders feierlich geht es selbst am Heiligabend nicht zu: Der unvermeidlicherweise laut laufende Fernseher strahlt reine Unterhaltungsprogramme aus, die zwar niemand anschaut, doch alle übertönen müssen.

Die Prozessionen

Katholische Feierlichkeit

Die Fronleichnamsprozessionen von Toledo, Valencia, Sevilla und Granada sind dagegen Feierlichkeit schlechthin. Waren sie zunächst Triumphzüge des Christentums über die Heiden, so verwandelten sie sich mit der Gegenreformation in pompöse, barocke Machtdemonstrationen der katholischen Kirche, die ihr Dogma von der leibhaftigen Präsenz Christi in der Eucharistie zelebrierte, und zugleich in prunkvolle Spiegel der geschichtlichen Hierarchie sowie der Symbiose zwischen Kirche und Staat. Heute sind sie ein protokollarisches Defilieren kirchlicher, ziviler

Málaga, über 20.000 Menschen ziehen hinter „Christus dem Gefangenen" in der Karwoche durch die Stadt

und militärischer Würdenträger. Die Balkone am Prozessionsweg sind mit Nationalflaggen und reich bestickten Tüchern geschmückt, auf den Boden gestreute Kräuter verbreiten ein erhebendes Aroma, Straßen und Plätze sind mit Sonnensegeln überspannt, die alles in ein weiches Licht tauchen. Pagen, Lakaien, Zeremonienmeister in historischen Gewändern tragen altehrwürdige Insignien der Stadt und des Landes vorbei: wertvolle Wappen und Standarten, Kronen, Zepter oder Schwerter der Könige. Dem Kreuz der Kathedrale folgen Vertretungen der Laienbruderschaften und anderer religiöser Vereinigungen, der Klerus und das Domkapitel im Ornat; Weihrauch schwängert die Luft. Auf die Monstranz mit dem Altarsakrament regnen Blütenblätter von den Balkonen herab, Lobrufe und Applaus erschallen aus der Menge.

Gigantes und Cabezudos

Spanien ist das Land der monströsen Monstranzen, aber Spanien wäre nicht Spanien, wenn dies alles wäre. An den Fronleichnamsprozessionen, die in den meisten Orten auf den folgenden Sonntag verlegt worden sind, sowie den Umzügen des Vortags, die eher Volksfestcharakter haben, nehmen Gigantes (Riesen) und Cabezudos (Dickköpfe, Zwerge) teil, die ursprünglich die sieben Todsünden bzw. den Teufel repräsentierten, doch nach und nach durch historische Persönlichkeiten und stadtbekannte Originale ersetzt wurden. Die „Cabezudos", die von den Kindern gereizt, beleidigt und mit Objekten beworfen werden, schlagen mit aufgepumpten Schweineblasen um sich und bahnen dem Gefolge den Weg.

Gehörnte Drachen, geflügelte Riesenechsen, Schlangen, Adler und andere mythologische Ungeheuer – wie die von der heiligen Martha bezwungene „tarasca" in Valencia und Granada – stellen das besiegte Heidentum bzw. den protestantischen Unglauben dar. In Berga (Barcelona) ziehen „Türken" und „Ritter", in Camuña (Toledo) „Tänzer" und „Sünden" mit; sie könnten sich auch Mauren und Christen, Gut und Böse nennen. In Castrillo de Murcia (Burgos) überspringt der als Narr gekleidete Teufel auf seiner Flucht vor der Eucharistie Matratzen mit

Fronleichnam in Castrillo de Murcia
Der Teufel als Narr überspringt kleine Kinder

kleinen Kindern, die so zeit ihres Lebens vor dem Bösen bewahrt werden.

Früher, als das Volk an den Prozessionen noch aktiv teilnehmen durfte und nicht nur zuschaute, waren auch Volkstänze gang und gäbe. Daran erinnern heute noch die „Seises“ von Sevilla und Granada. Chorknaben, die langsam mit den Füßen geometrische Figuren in die Luft malen und sich bei jedem Tanzschritt auf die Zehenspitzen stellen, sowie der Tanz der von „momos“ (Sünden) umgebenen „mona“ (Tugend) in Valencia, wo darüber hinaus Figuren des Alten Testaments und die 24 Alten der Apokalypse an der Prozession teilnehmen.

Blütenteppiche im Frühling

Selbst der Corpus Christi (Fronleichnam) hat seine heidnischen Vorläufer, und eine Reminiszenz an die im vorchristlichen Spanien zu dieser Zeit der Blüte, des Pflanzenwachstums und des Gedeihens der Ernte praktizierten Riten stellen die Blütenteppiche dar, die in vielen Orten vor allem Kataloniens, Galiciens und der Kanarischen Inseln gewoben werden; in Sitges (Barcelona) findet gar ein Blumenteppich-Wettbewerb statt. Wo Blumen teuer oder Mangelware sind, formt man aus gefärbtem Salz (Lanzarote), Sand oder Sägemehl florale Ornamente

Christianisierte heidnische Riten

Das Feuer als Symbol der licht-, wärme-, lebens- und fruchtbarkeitsspendenen Sonne, als Attribut göttlicher Macht und als Medium der Katharsis spielt bei vielen spanischen Festen eine herausragende Rolle. Typisch für die Christianisierung heidnischer Feuerkulte ist das Fest San Antón (17. Januar), an dessen Vorabend auf Mallorca (Balearen) und im Maestrazgo (Castellón/Teruel) in einer Reihe von Orten Scheiterhaufen angezündet werden. Teufel – oder Priester des Sonnengottes – tanzen um die Feuer und springen durch die Flammen, als wenn es die Hölle wäre, und zum Teil stellen sie auch die Versuchungen des heiligen Antonius dar. In Lucena del Cid und Villanueva de Alcolea (beide Castellón) sowie in San Bartolomé de Pinares (Avila) werden in dieser Nacht des Schutzheiligen der Haustiere Pferde, Esel und Ziegen durch das Feuer getrieben, dessen reinigende Kraft die Tiere vor Krankheiten bewahrt.

Feuer werden in ganz Spanien in der magischen Johannisnacht, Noche de San Juan (23. Juni), zur Feier der Sommersonnenwende entfacht; man sitzt um sie herum, singt und tanzt. Weitverbreitete Praxis ist es, um null Uhr an Quellen, in Flüssen, Seen oder im Meer zu baden oder sich im Tau einer Wiese zu wälzen, sich zumindest Hände, Füße und Gesicht zu waschen; Narben verschwinden, die Haut wird geschmeidig, überhaupt macht das Wasser dieser Nacht schön.

Der Zauber von Feuer und Wasser

Die Kirche, die die iberischen und keltischen Riten der Mittsommernacht in christliche Bahnen zu lenken versuchte, indem sie – wie Weihnachten als Ersatz für das Fest der Wintersonnenwende – das Fest Johannes des Täufers auf dieses Datum, ein halbes Jahr vor Christi Geburt legte, konnte den Spaniern den Glauben an das Teufelswerk des Feuers und die Hexerei mit Wasser nie recht austreiben. Spektakulär ist der Feuerlauf von San Pedro Manrique (Soria), wo rund zwei Dutzend Männer mit nackten Füßen über einen Teppich aus glühender Holzkohle laufen, ohne Brandwunden davonzutragen. Die Feuerläufer sagen, dies sei ihnen nur in dieser Nacht und nur in ihrem Dorf möglich. Man weiß nicht genau, ob es sich um einen keltiberischen Initiationsritus handelt, eine Feuer-Mutprobe, die es heute noch ist, oder um einen Unsterblichkeitsritus der Keltiberer, bei dem der Gang über die Glut das Mittel war, sich in einen Gott zu verwandeln, der das Feuer beherrscht.

Die Maifeste

Bei den Maifesten Spaniens, die auf Fruchtbarkeits-, Liebes- und Vegetationskulte der griechischen Wachstumsgöttin Maia – der römischen Maya –, der altitalischen Frühlingsgöttin Flora und der kleinasiatischen Fruchtbarkeitsgöttin Kybele zurückgehen, wurden die Statuen der heidnischen Gottheiten im Zuge der Christianisierung durch „mayas" ersetzt. Mädchen, die – wie heute noch in Madrid – stundenlang stillzusitzen hatten.

Die „mayos", Maibäume, die sich – in Katalonien hauptsächlich und nicht nur im Mai – als Phallussymbole gegen die Sonne aufrichten und deren fruchtbare Asche man früher über die Felder streute, wurden in den Gegenden Spaniens, die am längsten unter islamischem und jüdischem Einfluß gestanden hatten, in Maikreuze umgewandelt. In der Mancha (vor allem in der Provinz Ciudad Real), der südlichen Estremadura (Badajoz) und in ganz Andalusien, aber auch auf Teneriffa und La Palma sind die Maikreuze verbreitet, und zum Teil singt man unter ihnen Mailieder oder tanzt Sevillanas. In Córdoba und Granada dauert der „Tag des Kreuzes" (3. Mai) eine Woche und hat sich zu großen Stadtfesten säkularisiert.

Bei den Regenfürbitten - Mairegen gilt als besonders wachstums- und erntefördernd - haben Marien - und Heiligenfiguren die alten Kultgegenstände verdrängt, aber der Ritus ist der gleiche geblieben. Prozessionen über die Felder und Wallfahrten zu besonderen Kultstätten gibt es nach wie vor in vielen Orten Spaniens, besonders in Dürrejahren. Zu den regelmäßigen Fürbitten am 1. Mai gehören die Wallfahrt von Tirteafuera (Ciudad Real), wo sich zwei Figuren aus zwei Dörfern in einem Flüßchen treffen, und die Romería „unserer Lieben Frau vom Wasser" aus Castellote (Teruel) zur „Einsiedelei des Regenmachers".

Viva la fiesta

Das große Kaleidoskop spanischer Feste weist so viele Farbtupfer auf, daß noch nächtelang von märchenhaften Fiestas zu erzählen wäre, die alle etwas Besonderes und Spektakuläres aufweisen, wie die bis zu neunstöckigen Menschentürme in den südkatalanischen Gemarkungen Camp de Tarragona und Penedés, die makabren Sargprozessionen in drei Dörfern der galicischen Provinz Pontevedra oder die derwischhaften Stelzentänzer von Anguiano (La Rioja).

Über die nationale Zigeunerwallfahrt nach Cabra (Córdoba) wäre zu berichten, über das Mysterium von Elche (Alicante) an Mariä Himmelfahrt und die Curros von Galicien, bei denen Wildpferde aus den Bergen in Pferche getrieben werden, um sie zu markieren und ihnen Mähnen und Schwänze zu schneiden. Fehlen dürften weder die Meeresprozessionen der Virgen del Carmen, „der heiligen Jungfrau vom Berg Karmen", die am 16. Juli an allen spanischen Küsten gefeiert werden, noch die Erntedankfeste wie das Safran-Fest in Consuegra (Toledo) oder das Apfelwein-Fest in Nava (Asturias), noch La Mercé, das größte Fest von Barcelona mit Teufeln, Drachen und Riesen aus ganz Katalonien.

Die Spanier genießen ihre Fiestas. Feiertage sind nicht Tage der Langeweile, Festtage nicht Anlaß zu Flucht und Ausflug, im Gegenteil: Arbeitsemigranten kommen, wenn irgend möglich, in ihr Dorf zurück, um ihr Fest „zu leben". Vivir la fiesta gehört zu den Maximen der Spanier, denn das Leben ist zwar keine Fiesta, aber nur lebenswert, wenn es ab und zu etwas zu feiern gibt. Dann vergessen sie sich und das Leben, dann sind sie dem Alltag entrückt.

Das umfassende Thema dieses Buches – wie feiert man in den verschiedenen europäischen Ländern die unterschiedlichsten Feste – erforderte eine Zusammenarbeit der Redaktion mit zahlreichen Personen und Institutionen. Wir danken allen, die uns behilflich waren, für ihre Unterstützung.

Für einige Länder konnten wir direkt die kompetenten Autoren/Innen „an Land ziehen“. Für andere Länder waren wir gezwungen, Umwege zu gehen, auf denen wir aber wiederum wichtige Informationen erhalten haben.

Hilfreich waren Botschaften vieler Länder, Universitäten – hier besonders volkskundliche Institute und Abteilungen –, aber auch kulturelle Institutionen und Vereine sowie Einzelpersonen.

Besonders erwähnen wollen wir die Fremdenverkehrsämter einzelner Länder, Städte und Gemeinden, die uns sehr entgegenkommend ihr Material zur Verfügung gestellt haben. Dies sind sicherlich auch die wichtigsten Adressen für Urlauber, die informatives Material für die nächste Reise suchen.

Wir hoffen, daß wir auf den folgenden Seiten dem interessierten Leser wichtige Informationen zu den Mitgliedsstaaten der Europäischen Union liefern können.

Der Textbeitrag „Belgien“ für dieses Buch stammt von Freddy Derwahl (geboren 1946). Nach seinem Studium in Löwen, Aachen und Paris war er als Journalist und Brüssel-Korrespondent der Aachener Volkszeitung tätig, heute ist er Leiter der Kulturredaktion des Belgischen Rundfunks. Freddy Derwahl, Mitglied des PEN-Clubs, hat mehrere Romane und Reisebücher in verschiedenen Sprachen veröffentlicht. Er erhielt Literaturpreise der Künstler aus Eifel und Ardennen sowie den Deutschsprachigen Literaturpreis in Belgien.

Für unsere Nachforschungen zu Festen und Brauchtum war unter anderem folgende empfehlenswerte Literatur von großem Nutzen:

Carlo Lejeune:
Leben und Feiern auf dem Lande:
Die Bräuche der belgischen Eifel. St. Vith 1993.

Wenn Sie mehr über „Belgien“ erfahren möchten:

Belgisches Verkehrsamt
Berliner Allee 47
D - 40212 Düsseldorf

Verkehrsamt der Ostkantone
Mühlenbachstraße 2
B - 4780 St. Vith

Zahlreichen Personen haben wir Dank abzustatten, denn auch für unser Kapitel „Belgien“ standen uns viele hilfreiche Menschen zur Seite:

Belgisches Verkehrsamt, Düsseldorf

Frau Herrmann, Düsseldorf

Verkehrsamt der Ostkantone, St. Vith

Herr Kesteloot, Belgische Botschaft/Kulturabteilung, Köln

Herr Heinz Warny, „Grenzecho“, Chefredaktion

Herr Rainer Hackenberg, Köln

Der Textbeitrag „Dänemark“ für dieses Buch stammt von Reinhold Dey (geboren 1928). Er hat 22 Jahre in Finnland und neun Jahre in Dänemark gelebt. Er ist als Journalist, Buchautor und Übersetzer tätig.

Für unsere Nachforschungen zu Festen und Brauchtum war unter anderem folgende empfehlenswerte Literatur von großem Nutzen:

Verschiedene Publikationen zu Tradition und Festbräuchen, herausgegeben von der Presse- und Kulturabteilung des Königlichen Dänischen Außenministeriums, Kopenhagen

Wenn Sie mehr über „Dänemark“ erfahren möchten:

Dänisches Fremdenverkehrsamt
Glockengießerwall 2
D - 20095 Hamburg

Königlich Dänische Botschaft
Presse- und Kulturabteilung
Pfälzer Straße 14
D - 53111 Bonn

Zahlreichen Personen haben wir Dank abzustatten, denn auch für unser Kapitel „Dänemark“ standen uns viele hilfreiche Menschen zur Seite:

Dänisches Fremdenverkehrsamt, Hamburg

Königlich Dänische Botschaft, Bonn

Skan Wort GmbH, Hamburg

Der Textbeitrag „Deutschland“ für dieses Buch stammt von Prof. Dietz-Rüdiger Moser (geboren 1939). Er studierte Musikwissenschaft, Germanistik, Mittellateinische Philologie, Kunstgeschichte und Volkskunde. Dietz-Rüdiger Moser ist Professor für Volkskunde und Direktor des Institutes für Bayerische Literaturgeschichte an der Universität München.

Für unsere Nachforschungen zu Festen und Brauchtum war unter anderem folgende empfehlenswerte Literatur von großem Nutzen:

Dietz-Rüdiger Moser: Bräuche und Feste im christlichen Jahreslauf. Graz, Wien, Köln 1993.

Sybil Gräfin Schönfeldt: Feste und Bräuche. Durch das Jahr und den Lebenslauf. Ravensburg 1987.

Weitere Auskünfte und Informationen erhalten Sie bei den jeweiligen Verkehrsämtern oder Touristik-Büros der Städte und Gemeinden.

Zahlreichen Personen haben wir Dank abzustatten, denn auch für unser Kapitel „Deutschland“ standen uns viele hilfreiche Menschen zur Seite:

Verkehrsamt Bad Dürkheim

Tourismus-Zentrale Hamburg

Verkehrsamt Bremen

Verkehrsamt Köln

Presse- und Informationsamt der Bundesregierung, Bundesbildstelle, Bonn

Herr Rainer Hackenberg, Köln

Der Textbeitrag „Finnland“ für dieses Buch stammt von Reinhold Dey
(geboren 1928). Er hat 22 Jahre in Finnland und neun Jahre
in Dänemark gelebt. Er ist als Journalist,
Buchautor und Übersetzer tätig.

Für unsere Nachforschungen zu Festen und Brauchtum war unter anderem
folgende empfehlenswerte Literatur von großem Nutzen:

Hier ist Finnland.
Herausgegeben von Matti Eskola. Helsinki 1995.

Anttila, V. und Talve, i.: Finnische Volkskunde.
Hamburg 1980.

Wenn Sie mehr über „Finnland“ erfahren möchten:

Finnische Zentrale für Tourismus
Lessingstraße 5
D - 60325 Frankfurt am Main

Ministerium für Auswärtige Angelegenheiten
Presse- und Kulturabteilung
Kanavakatu 3 C
SF - 00160 Helsinki

Zahlreichen Personen haben wir Dank abzustatten, denn auch für unser Kapitel
„Finnland“ standen uns viele hilfreiche Menschen zur Seite:

Finnische Zentrale für Tourismus, Frankfurt am Main

Skan Wort GmbH, Hamburg

Botschaft von Finnland, Bonn

Der Textbeitrag „Frankreich“ für dieses Buch stammt von Elfi Schumacher. Nach dem Studium der Romanistik und Geschichte an der Universität Bonn beschäftigte sie sich mit grenzüberschreitenden deutsch-französischen Studien an den Universitäten Saarbrücken und Metz. Sie ist freie Mitarbeiterin bei Übersetzungen und erteilt Deutschunterricht in französischen Schulen. Schwerpunkt ihrer Beschäftigung ist die Sprache im Grundschulbereich der deutsch-französischen Grenzregion.

Für unsere Nachforschungen zu Festen und Brauchtum war unter anderem folgende empfehlenswerte Literatur von großem Nutzen:

Feste in Frankreich.
Herausgeber: Maison de la France. Paris 1996.

Ingo Kolboom, Hans Joachim Neyer (Hrsg.):
Frankreich - Menschen, Landschaften. Berlin 1988.

Wenn Sie mehr über „Frankreich“ erfahren möchten:

Französisches Fremdenverkehrsamt
Maison de la France
Westendstraße 47
D - 60325 Frankfurt am Main

Zahlreichen Personen haben wir Dank abzustatten, denn auch für unser Kapitel „Frankreich“ standen uns viele hilfreiche Menschen zur Seite:

Frau Petra Grothof, Paris / Französische Botschaft, Bonn

Service Communication, Cagnes-sur-Mer

Office de Tourisme, Mortagne-au-Perche

Office de Tourisme, Chambon sur Voueize

Office de Tourisme, Metz / Office de Tourisme, Creutzwald

Hotel de Ville, Menton / Maison d'Alsace, Paris

Der Textbeitrag „Griechenland“ für dieses Buch stammt von Maria Christmann (geboren in Piräus, Griechenland). Nach dem Besuch des griechisch-französischen Gymnasiums in Athen studierte sie Klassische Philologie in Athen und München. 1958 erhielt sie ein Stipendium des DAAD. Seit 1968 ist Maria Christmann Lehrbeauftragte für neugriechische Sprache und Literatur an der Universität Heidelberg. 1986 verfaßte sie ein Lehrbuch für neugriechische Sprache.

Für unsere Nachforschungen zu Festen und Brauchtum war unter anderem folgende empfehlenswerte Literatur von großem Nutzen:

Elena Galini:
Die drei Jahreszeiten. Brauchtum und Natur in Griechenland unter besonderer Berücksichtigung Kretas. Gnas (Österreich) 1996.

Veröffentlichungen der Griechischen Zentrale für Fremdenverkehr, Frankfurt am Main

Wenn Sie mehr über „Griechenland“ erfahren möchten:

Griechische Zentrale für Fremdenverkehr
Direktion für Deutschland
Neue Mainzer Straße 22
D - 60311 Frankfurt am Main

Wichtig für deutschsprachige Griechenland-Reisende ist die „Athener Zeitung“, die wöchentlich in deutscher Sprache erscheint.

Zahlreichen Personen haben wir Dank abzustatten, denn auch für unser Kapitel „Griechenland“ standen uns viele hilfreiche Menschen zur Seite:

Frau Elena Galini, München

Frau Niki Eideneier, Verlag Romiosini, Köln

Deutsche Botschaft, Athen

Herr Robert Stadler, „Athener Zeitung“, Athen

Griechische Zentrale für Fremdenverkehr, Frankfurt am Main

Herr Rainer Hackenberg, Köln

Der Textbeitrag „Großbritannien“ für dieses Buch stammt von
Rolf David (geboren 1966). Er hat Anglistik und Germanistik an der Universität
in Saarbrücken studiert. Schwerpunktmäßig beschäftigt sich
Rolf David mit Volksethymologie.

Für unsere Nachforschungen zu Festen und Brauchtum war unter anderem
folgende empfehlenswerte Literatur von großem Nutzen:

Britain Events. Britain's official directory of major events for
the international travel trade. January 1996 - June 1997.
Published by the British Tourist Authority.
London 1995.

Britain Information. Customs and Folklore.
Published by the British Tourist Authority.
London 1988

Wenn Sie mehr über „Großbritannien“ erfahren möchten:

Britische Zentrale für Fremdenverkehr
Taunusstraße 52-60
D - 60329 Frankfurt am Main

Zahlreichen Personen haben wir Dank abzustatten, denn auch für unser Kapitel
„Großbritannien“ standen uns viele hilfreiche Menschen zur Seite:

Mr. Bob Bird, Chief Exevutive's Department,
County Hall, Aylesbury

Essex County Council,

Tourist Information Centre, Chelmsford

Wales Tourist Board, Cardiff

London Tourist Board, London

City of Rochester upon Medway,

Civic Centre, Rochester

Der Textbeitrag „Irland“ für dieses Buch stammt von Sylvia Botheroyd. Seit dem Studium der Anglistik, Geschichte und Germanistik beschäftigt sie sich seit 30 Jahren als Universitätslehrerin, Forscherin, Schriftstellerin und Übersetzerin mit der Kultur Irlands.

Für unsere Nachforschungen zu Festen und Brauchtum war unter anderem folgende empfehlenswerte Literatur von großem Nutzen:

Calendar of Events 1996.
Herausgegeben von Bord Fáilte - Irish Tourist Board. 1995.

Irland Journal.
Quartalszeitschrift des Christian Ludwig Verlages, Moers.

Sylvia Botheroyd: Lexikon der keltischen Mythologie. München 1992.

Sylvia Botheroyd: Irland:
Mythologie in der Landschaft. Darmstadt 1996.

Wenn Sie mehr über „Irland“ erfahren möchten:

Bord Fáilte
Irische Fremdenverkehrszentrale
Untermainanlage 7
D - 60329 Frankfurt am Main

Irland Journal
Christian Ludwig Verlag
Dorfstraße 70
D - 47447 Moers

Zahlreichen Personen haben wir Dank abzustatten, denn auch für unser Kapitel „Irland“ standen uns viele hilfreiche Menschen zur Seite:

Irische Fremdenverkehrszentrale, Frankfurt am Main

Irische Botschaft, Bonn

Herr Ludwig, Irland Journal, Moers

Herr Dr. Patrick Patridge, Frankfurt am Main

Der Textbeitrag „Italien“ für dieses Buch stammt von Oliver Koch (geboren 1969). Er studierte Italienisch für das Lehramt an Gymnasien und hatte bereits mehrere Studien- und Arbeitsaufenthalte in verschiedenen Regionen Italiens (u. a. Apulien, Toskana, Friaul). Schwerpunkte seiner Arbeit sind Dolmetschen und Übersetzungen, nicht zuletzt im Zuge der interkulturellen Kommunikation.

Für unsere Nachforschungen zu Festen und Brauchtum war unter anderem folgende empfehlenswerte Literatur von großem Nutzen:

La Mia Italia. Führer zur Entdeckung neuer Reisewege.
(Fremdenverkehrsamt ENIT, Frankfurt am Main.)

1991. An Italian Year.
Fremdenverkehrsamt ENIT, Frankfurt am Main.

Wenn Sie mehr über „Italien“ erfahren möchten:

Fremdenverkehrsamt ENIT
Kaiserstraße 65
D - 60329 Frankfurt

Zahlreichen Personen haben wir Dank abzustatten, denn auch für unser Kapitel „Italien“ standen uns viele hilfreiche Menschen zur Seite:

Herr Corrado Lampe, „Il Giornale Locale“, Rom

Herr Oliver Koch, Neunkirchen

Frau Dorothee Koch, Waldböckelheim

Museo Nazionale delle Arti e Tradizioni Popolari, Rom

Frau Terharr, Frankfurt am Main

Der Textbeitrag „Luxemburg“ für dieses Buch stammt von Monique Hermes (geboren 1950). Neben ihrer Tätigkeit als Grundschullehrerin in Grevenmacher arbeitet sie in den Bereichen Kunst, Folklore, Reisen als freie Mitarbeiterin für die Tageszeitung „Luxemburger Wort“. Für ihr kulturelles Engagement in der Region wurde sie bereits mit mehreren Auszeichnungen bedacht, so unter anderem mit dem Europäischen Verdienstabzeichen.

Für unsere Nachforschungen zu Festen und Brauchtum war unter anderem folgende empfehlenswerte Literatur von großem Nutzen:

Das ist Luxemburg, 1983, Seewald-Verlag

Luxemburg, Hauptstadt, 1990; Luxemburg, Landschaften, 1992;
beide Verlag der St. Paulus-Druckerei

Luxemburger Monographien, Verlag Guy Binsfeld

Wenn Sie mehr über „Luxemburg“ erfahren möchten:

Office National du Tourisme
Boite Postale 1001
L - 1010 Luxembourg

Ministère d’Etat
Service Information et Presse
43, Boulevard Roosevelt
L - 2450 Luxembourg

Entente des plus grandes manifestations folkloriques du Grand-Duché de Luxembourg
9 a, Quartier de l’Eglise
L - 4443 Belvaux

Zahlreichen Personen haben wir Dank abzustatten, denn auch für unser Kapitel „Luxemburg“ standen uns viele hilfreiche Menschen zur Seite:

Herr Camille Klein, Office National du Tourisme

Herr Serge Krier, Grevenmacher

Herr Léon Kirsch, Luxemburg

Der Textbeitrag „Niederlande“ für dieses Buch stammt von Marguérite Freiberger (geboren 1946). Nach dem Abitur in Rotterdam absolvierte sie eine Banklehre, anschließend ein Wirtschaftsstudium an der Erasmus-Universität, Rotterdam. 1971 siedelte sie nach Deutschland um.

Für unsere Nachforschungen zu Festen und Brauchtum war unter anderem folgende empfehlenswerte Literatur von großem Nutzen:

Kleiner Bildatlas der Niederlande.
Herausgegeben vom Ministerium für Auswärtige Angelegenheiten,
Den Haag. Utrecht, Den Haag 1985.

Holland – Freu' Dich drauf!
Herausgegeben vom Niederländischen
Büro für Tourismus, Köln.

Wenn Sie mehr über „Niederlande“ erfahren möchten:

Niederländisches Büro für Tourismus
Postfach 27 05 80
D - 50511 Köln

Fachvereinigung Niederländisch e. V.
Haus der Niederlande
Alter Steinweg 6/7
D - 48143 Münster

Nederlands Centrum voor Volkscultuur
lucasbolwerk 11
NL - 3512 eh Utrecht

Zahlreichen Personen haben wir Dank abzustatten, denn auch für unser Kapitel „Niederlande“ standen uns viele hilfreiche Menschen zur Seite:

Frau Saskia Freiberger, Rheine

Nederlands Centrum voor Volkscultuur, Utrecht

Herr Wanink, Haus der Niederlande, Münster

Der Textbeitrag „Österreich“ für dieses Buch stammt von
Prof. Editha Hörandner. Sie ist die Leiterin des Institutes für Volkskunde
und Europäische Ethnologie der Universität Graz. Gleichzeitig ist sie
Mitarbeiterin am Österreichischen Volkskundeatlas.
Ihre Forschungsschwerpunkte sind
Brauchtum und Alltagskultur.

Für unsere Nachforschungen zu Festen und Brauchtum war unter anderem
folgende empfehlenswerte Literatur von
großem Nutzen:

Österreich Brauchtum.
Herausgegeben vom Bundespressedienst
Wien 1993.

Wenn Sie mehr über „Österreich“ erfahren möchten:

Österreich-Werbung
Mannheimer Straße 15
D - 60329 Frankfurt

Wien-Tourismus
A - 1025 Wien

Zahlreichen Personen haben wir Dank abzustatten, denn auch für unser Kapitel
„Österreich“ standen uns viele hilfreiche Menschen zur Seite:

Frau Tschida, Österreich-Werbung, Frankfurt

Herr Rainer Hackenberg, Köln

Bundespressedienst, Wien

Der Textteil „Portugal" für dieses Buch stammt aus Beiträgen von Dr. Brigitte Macher (geboren 1924) und dem Portugiesischen Fremdenverkehrsamt, Frankfurt am Main. Brigitte Macher hat Slawistik und osteuropäische Geschichte in Heidelberg und Marburg studiert. Ein dreijähriger Aufenthalt in New York gab den Impuls zur journalistischen Laufbahn. Seitdem ist sie als freie Journalistin für Reportagen und Interviews tätig.

Für unsere Nachforschungen zu Festen und Brauchtum war unter anderem folgende empfehlenswerte Literatur von großem Nutzen:

Portugal Report.
Herausgegeben vom Portugiesischen
Touristik-Amt, Frankfurt am Main.

Portugal – Kirchliche Feste.
Herausgegeben von
ICEP – Investimentos, Comércio e Turismo de Portugal 1994.

Portugal – Feste, Märkte und Wallfahrten.
Herausgegeben von
Direcção-Geral do Turismo - Centro de Turismo Interno.

Wenn Sie mehr über „Portugal" erfahren möchten:

Portugiesisches Fremdenverkehrsamt
Schäfergasse 17
D - 60313 Frankfurt am Main

Zahlreichen Personen haben wir Dank abzustatten, denn auch für unser Kapitel „Portugal" standen uns viele hilfreiche Menschen zur Seite:

ICEP Portugiesisches Touristik- und Handelsbüro

Portugiesisches Fremdenverkehrsamt, Frankfurt am Main

Herr Francisco Assunçao, Berlin

Herr Theo Ferrer de Mesquita, Frankfurt am Main

Der Textbeitrag „Schweden“ für dieses Buch stammt von Prof. Jan-Öjvind Swahn (geboren 1925). Er ist Kulturhistoriker mit besonderem Interesse für Volksglauben, volkstümliche Sitten und Dichtung. Er hat an mehreren Universitäten gelehrt. In über 1.000 Rundfunk- und mehr als 300 Fernsehsendungen hat Jan-Öjvind Swahn sein kulturhistorisches Wissen an Zuhörer und Zuschauer in sämtlichen nordischen Ländern weitergegeben.

Für unsere Nachforschungen zu Festen und Brauchtum war unter anderem folgende empfehlenswerte Literatur von großem Nutzen:

Jan-Öjvind Swahn: Maibaum, Flußkrebse und Lucia. Herausgegeben vom Schwedischen Institut. Stockholm 1994.

Ingvar Andersson, Jörgen Weibull: Schwedische Geschichte im Abriß. Herausgegeben vom Schwedischen Institut. Stockholm 1989.

Hans-Ingvar Johnsson: Blickpunkt Schweden. Herausgegeben vom Schwedischen Institut. Stockholm 1995.

Wenn Sie mehr über „Schweden“ erfahren möchten:

Svenska Institutet
Box 7434
S - 103 91 Stockholm

Schweden-Werbung für Reisen und Touristik GmbH
Lilienstraße 19
D - 20095 Hamburg

Schwedenbuchladen im Schwedenhaus
Hamngatan/Kungsträdgården
S - Stockholm

Zahlreichen Personen haben wir Dank abzustatten, denn auch für unser Kapitel „Schweden“ standen uns viele hilfreiche Menschen zur Seite:

Herr Prof. Jan-Öjvind Swahn, Lund

Schweden-Werbung für Reisen und Touristik GmbH, Hamburg

Svenska Institutet, Stockholm

Der Textbeitrag „Spanien“ für dieses Buch stammt von Dr. Rolf Neuhaus (geboren 1951). Nach dem Studium der Geschichte und Sozialwissenschaften an der Universität Bonn arbeitete er elf Jahre in der empirischen Sozialforschung und wissenschaftlichen Politikberatung in Bonn und Berlin. Seit 1987 lebt er in Spanien, schreibt hauptsächlich für die „Frankfurter Allgemeine Zeitung“ über das Land und arbeitet zur Zeit u. a. an einem Buch über spanische Fiestas.

Für unsere Nachforschungen zu Festen und Brauchtum war unter anderem folgende empfehlenswerte Literatur von großem Nutzen:

Fiestas de España – Feste in Spanien.
Herausgegeben vom Ministerio
de Transportes,
Turismo y Comunicaciones.

Verschiedene Publikationen zu Kultur und Geschichte der einzelnen Regionen, herausgegeben von Secretaria General de Turismo.

Wenn Sie mehr über „Spanien“ erfahren möchten:

Spanisches Fremdenverkehrsamt
Myliusstraße 14
D - 60323 Frankfurt am Main

Zahlreichen Personen haben wir Dank abzustatten, denn auch für unser Kapitel „Spanien“ standen uns viele hilfreiche Menschen zur Seite:

Herr Dr. Rolf Neuhaus, Almuñécar/Granada

Spanisches Fremdenverkehrsamt, Frankfurt am Main

Frau Brita Schleinitz, Frankfurt am Main

Titelbild, S. 6, S. 7 Dr. Rolf Neuhaus, Almuñécar; S. 10, S. 11, S. 14, S. 15 oben Belgisches Verkehrsamt Düsseldorf; S. 15 unten Rainer Hackenberg Köln; S. 18, S. 19 oben Belgisches Verkehrsamt Düsseldorf; S. 19 unten Verkehrsamt der Ostkantone St. Vith (H. Even); S. 22 Dänisches Fremdenverkehrsamt Hamburg (Lennard); S. 23 ~ (Nebbia); S. 26 oben ~ (John Sommer); S. 26 unten ~ (Wedigo Ferchland); S. 27 oben ~ (Lennard); S. 27 unten ~ (Cees van Roeden); S. 30 ~ (Ole Winther); S. 31 oben ~ (Jørgen Schytte); S. 31 unten ~ (Ole Malling); S. 34, S. 35, S. 38 oben Prof. Dr. Dietz-Rüdiger Moser, München; S. 38 unten Verkehrsamt Köln (Decker); S. 39, S. 42 oben Prof. Dr. Dietz-Rüdiger Moser, München; S. 42 unten Verkehrsamt Bad Dürkheim; S. 43 oben Verkehrsamt Köln (H. Berl); S. 43 unten Prof. Dr. Dietz-Rüdiger Moser, München; S.46 Finnische Zentrale für Tourismus Frankfurt (M. Juntnnen); S. 47 Reinhold Dey, Hamburg; S. 50 oben Finnische Zentrale für Tourismus Frankfurt (J. Jäppinen); S. 50 unten ~ (Pradnik); S. 51 Reinhold Dey, Hamburg; S. 54 oben Finnische Zentrale für Tourismus Frankfurt (Bertinetti); S. 54 unten ~ ; S. 55 oben ~ (P. Lempiäinen); S. 55 unten ~ ; S. 58 Creuse Petanque Promotion Chambon sur Voueize; S. 59 Mairie de Menton (M.Ajuria); S. 62 oben Sygma Paris (Thierry Prat); S. 62 unten Maison d'Alsace Paris (Bob Fleck); S. 63 oben Mairie de Cagnes-sur-Mer-Service Communication; S. 63 unten Sygma Paris (Bernard Annebicque); S. 66 oben Maison d'Alsace; S. 66 unten Syndicat d'Initiative Creutzwald; S. 67 oben Sygma Paris (A. Keler); S. 67 unten Französische Botschaft Bonn, Documentation Française; S. 70, S. 71, S. 74 oben Elena Galini, München; S. 74 unten Griechische Zentrale für Fremdenverkehr Frankfurt; S. 75 Elena Galini, München; S. 78 oben Rainer Hackenberg, Köln; S. 78 unten, S. 79 Elena Galini, München; S. 82 Tourism and Marketing Civic Centre Rochester; S. 83 Rolf David, Friedrichsthal; S. 86 oben Tourism and Marketing Civic Centre Rochester; S. 86 unten Tourist Information Centre Essex County Council; S. 87 London Tourist Board; S. 90 Wales Tourist Board; S. 91 oben Tourism and Marketing Civic Centre Rochester; S. 91 unten Wales Tourist Board; S.94 Irish Tourist Board Dublin; S. 95 Bildarchiv Irland Journal Moers (Karl Johaentges); S. 98 Brendan-Martin Botheroyd, Bochum; S. 99, S. 102 oben Irische Fremdenverkehrszentrale Frankfurt; S. 102 unten Irish Tourist Board Dublin (Brian Lynch); S. 103 oben Bildarchiv Irland Journal Moers (Karl Johaentges); S. 103 unten Irish Tourist Board Dublin (Pat Odea); S. 106 Museo Nazionale delle Arti e Tradizioni Popolari Rom; S. 107 Dorothee Koch, Waldböckelheim; S. 110, S. 111, S. 114, S. 115 Museo Nazionale delle Arti e Tradizioni Popolari Rom; S. 118 Luxembourg National Tourist Office; S.119 Luxemburgisches Verkehrsamt Luxemburg; S. 122 oben ~ ; S. 122 unten ~ (Marc Theis); S. 123 oben ~ ; S. 123 unten ~ (Marc Theis); S. 126 oben Léon Kirsch, Luxemburg; S. 126 unten, S. 127 Entente des Plus Grandes Manifestations Folkloriques du Grand-Duché de Luxembourg; S. 130 Nederlands Centrum voor Volkscultuur Utrecht (Stichting Boerebrulloft Joure); S. 131, S. 134, S. 135 ~ (Kollektion I. Strouken); S. 138 Saskia Freiberger, Rheine; S. 139 Nederlands Centrum voor Volkscultuur (Kollektion I. Strouken); S.142 Institut für Volkskunde der Universität Graz; S. 143 Wiener Tourismusverband (Wiesenhofer); S. 146 oben Österreich Werbung Frankfurt (Carniel); S. 146 unten ~ (Markowitsch); S. 147 oben ~ (Herzberger); S. 147 unten ~ (Markowitsch); S. 150 ~ (A. Niederstrasser); S. 151 oben ~ (Trumler); S. 151 unten ~ (Grieder); S. 154 Dr. Brigitte Macher, Münster; S. 155 Portugiesisches Touristik- und Handelsbüro Frankfurt; S. 158, S. 159, S. 162, S. 163 Dr. Brigitte Macher, Münster; S. 166 Schweden-Werbung Hamburg (J. Tham); S. 167 Tiofoto Stockholm (Ragnar Andersson); S. 170 Schweden-Werbung Hamburg (J. Tham); S. 171 oben ~ (Hans Nelsäter); S. 171 unten ~ (Turistrådet); S. 174 oben ~ (Schäfer); S. 174 unten, S. 175 oben ~ (Per Klaesson); S. 175 unten Bildhuset Stockholm (Bruno Ehrs); S. 178 Dr. Rolf Neuhaus, Almuñécar; S. 179 Spanisches Fremdenverkehrsamt Frankfurt; S. 182 Dr. Rolf Neuhaus, Almuñécar; S. 183, S. 186 Spanisches Fremdenverkehrsamt Frankfurt; S. 187, S. 190 Dr. Rolf Neuhaus, Almuñécar.

Edition Europa

Regionale Literatur – Vademecum

Fromann, Spaziergänge durch Homburg; 100 Seiten mit ausklappbarem Straßenplan; DM 7,50; ISBN 3-931773-09-4.

Fromann, Spaziergänge durch Zweibrücken; 92 Seiten mit ausklappbarem Straßenplan; DM 7,50; ISBN 3-931773-03-5.

Fromann, Spaziergänge durch Blieskastel – erscheint im Frühjahr 97

Europäische Food Edition

Guth, Es geht auch ohne ... Weizen, Gerste, Roggen, Hafer; Ein Leitfaden für die genußvolle Ernährung trotz Glutenunverträglichkeit bei Menschen mit Zöliakie und Sprue; 228 Seiten; DM 29,80; ISBN 3-931773-04-3.

Dr. Tholl, Preussens blutige Mauern; Der Schlachthof als öffentliche Bauaufgabe im 19. Jahrhundert; 658 Seiten, 280 Abbildungen; DM 98.00; ISBN 3-9803415-5-0.

Kuhn-Hein, 12 Sterne Küche – Die ganze Vielfalt europäischer Kochkultur; reich bebildert; hochwertige Verarbeitung; 164 Seiten; DM 29.80, ISBN 3-9803415-0-X.

Westpfälzer Kochbücher in verschiedenen Ausgaben:
Ausgabe Hornbach: Grumbeersupp mit Krachelcher; mit Sprüch' und Illustrationen, DM 18.50; ISBN 3-9803415-1-8.

Ausgabe Zweibrücken: Deheem schmeckts noch am beschte!; Zeichnungen, DM 18.50; ISBN 3-9803415-2-6

Ausgabe Landstuhl: So schmackts im Sickinger Land; mit Zeichnungen & Gedichten; DM 18.50; ISBN 3-9803415-3-4.

Saarländische Kochbücher in verschiedenen Ausgaben:
Ausgabe Blieskastel: Guddes aus de Kaschtler Küch'; mit Zeichnungen & Gedichten; DM 18.50, ISBN 3-9803415-7-7.

Ausgabe Homburg: Herzdrigger unn Dummgebabbel; mit Zeichnungen & Gedichten; DM 18.50, ISBN 3-9803415-6-9.

Insel-Kochbücher in verschiedenen Ausgaben:
Ausgabe Amrum: Friesische Inselküche von Amrum; mit Illustrationen von Quedens; DM 18.50, ISBN 3-9803415-8-5.

Ausgabe Norderney: Friesische Inselküche von Norderney; Zeichnungen von Döpper; DM 18.50; ISBN 3-9803415-9-3.

Ausgabe Borkum: Friesische Inselküche von Borkum; mit Zeichnungen von Grieger; DM 18.50; ISBN 3-9803415-4-2.

Ausgabe Föhr: Friesische Inselküche von Föhr; mit Zeichnungen von Bordel; DM 18.50; ISBN 3-931773-00-0.

Ausgabe Sylt: Friesische Inselküche von Sylt; mit Illustrationen von C.P.Hansen; DM 18.50; ISBN 3-931773-01-9.